珍藏本
纪念版

汉译世界学术名著丛书

面包与自由

〔俄〕克鲁泡特金 著

巴金 译

商务印书馆
SINCE 1897
The Commercial Press

2017年·北京

Opere Complete di Pietro Kropotkin

Volume IV

LA CONQUISTA DEL PANE

汉译世界学术名著丛书
（120 年纪念版·珍藏本）
出 版 说 明

2017 年 2 月 11 日，商务印书馆迎来 120 岁的生日。120 年前，商务印书馆前贤怀揣文化救国的理想，抱持“昌明教育，开启民智”的使命，立足本土，放眼寰宇，以出版为津梁，沟通中西，为中国、为世界提供最富智慧的思想文化成果。无论世事白云苍狗，潮流左右激荡，甚至战火硝烟弥漫，始终践行学术报国之志，无改初心。

逐译世界各国学术名著，即其一端。早在 20 世纪初年便出版《原富》《天演论》等影响至今的代表性著作，1950 年代后更致力于外国哲学和社会科学经典的译介，及至 1980 年代，辑为“汉译世界学术名著丛书”，汇涓为流，蔚为大观。丛书自 1981 年开始出版，历时三十余年，迄今已推出七百种，是我国现代出版史上规模最大、最为重要的学术翻译工程。

丛书所选之书，立场观点不囿于一派，学科领域不限于一门，皆为文明开启以来，各时代、各国家、各民族的思想与文化精粹，代表着人类已经到达过的精神境界。丛书系统译介世界学术经典，引领时代思想，为本土原创学术的发展提供丰富的文化滋养，为推动中国现代学术和现代化进程做出了突出的贡献。

为纪念商务印书馆成立120周年，我们整体推出“汉译世界学术名著丛书”120年纪念版的珍藏本，寄望既利于文化积累，又便于研读查考，同时向长期支持丛书出版的译者、编者和读者致以敬意。

两甲子后的今天，商务印书馆又站在了一个新的历史时间节点上。我们不仅要铭记先辈的身影和足迹，更须让我们的步伐充满新的时代精神。这是商务人代代相传的事业，更是与国家和民族的命运始终紧密相连的事业。我们责无旁贷，必须做好我们这代人的传承与创造，让我们的努力和成果不仅凝聚成民族文化的记忆，还能成为后来人可以接续的事业。唯此，才能不负前贤，无愧来者。

商务印书馆编辑部

2017年10月

出版说明

本书作者克鲁泡特金（P. A. Kropotkin，1842—1921年），是俄国著名无政府主义活动家、理论家和杰出的地理学家。他出生在莫斯科一个贵族家庭，青少年时代接受宫廷封建教育，后于贵胄军官学校毕业。1862年他到西伯利亚伊尔库茨克总督府任军职，由于职务的便利，曾多次游历西伯利亚东部，到过我国东北，对地理学和人类学做过重要调查。1867年，克鲁泡特金退职回到莫斯科，积极参加地理协会的工作。到1872年，他已经是一个颇有声望的地理学家。这年春天，他去瑞士旅行，受到当时西欧革命运动和俄国流亡者的影响，从此投入了革命的洪流。不久即加入第一国际，在这里，他开始接触巴枯宁派，后来随着第一国际的分裂，他反对马克思主义而很快加入了巴枯宁所建立的无政府主义组织。旅行结束后，他以一个无政府主义者的姿态回到俄国，放弃了地理工作，参加了民粹主义运动。1874年，因宣传革命被沙皇政府监禁，1876年越狱逃往西欧，先后居于瑞士、法国和英国，直至1917年2月革命后才返回俄国，在国外流亡四十年之久。

在逃亡国外的四十年当中，克鲁泡特金逐渐成为著名的无政府主义的活动家和理论家。起初，他从事无政府主义的组织活动，1883年被法国政府逮捕，监禁三年，1886年1月恢复了自由，稍后便移居英国伦敦，很少参加组织活动，埋头于无政府共产主义的理论研究与写作。克鲁泡特金的几部主要著作大都是在逃亡西欧期间写成的，如《一个反抗者的话》、《田园、工厂、手工场》、《一个革命者的回忆》、《互助论》以及本书。他的这些著作曾被译成许多种文字，在19世纪末叶和20世纪初期有过巨大的影响，是有关无政府共产主义运动思想体系的主要典籍。

《面包与自由》是作者1886年在研究无政府共产主义的哲学与社会学的基础的同时，为法国的社会改造而写成的一些连续的论文。起先在《反抗者》与《反抗》杂志上连续发表[①]，后于1892年被印成单行本出版。

克鲁泡特金的《面包与自由》的前一部著作是《一个反抗者的话》，该书激烈地抨击了当时残酷而腐败的资产阶级社会，同时力图唤起革命力量以反抗国家和资本主义制度。本书《面包与自由》可以视为《一个反抗者的话》的续篇，如果说《一个反抗者的话》主要是号召人们起来革命，那么《面包与自由》则是告诉人们怎样来进行这场革命。作者通篇都是以平和的笔调在向那些真心实意地愿意襄助社会改革事业的人，阐述他对于实行无政府共产主义的经济的与政治的主张。克鲁泡特金认为，大自然留给人类的财富和人类通过集体劳动所创造出来的机器，足以使一切人得到所需要的面包；如果废除私有制，实行共产共有，经济平等，便可保证一切人过上安居乐业的生活。但是，他认为这个任务必须由无政府的共产主义来完成。因此，他主张消灭国家，取消政府，废除法律，

① 当时是以《面包略取》为题名发表的，详见译者后记。

由各种社团的自由联合来代替滥施权威的国家；由自由结合与相互了解来代替法律的力量。

本书题名《面包与自由》是对克鲁泡特金的全部社会思想的概括。这里的“面包”的含义是非常广泛的，首先是指一切人的面包，其次是指人类生活的一切其他必需品；这里的“自由”是指克鲁泡特金所主张的在无政府社会中人们在政治上的一切自由。在自由联合的基础上，以互助的形式和科学的方法创造全人类所需要的面包，这是克鲁泡特金的无政府主义的要义。“面包”与“自由”的综合表现就是克鲁泡特金的理想的无政府共产主义社会。

在《面包与自由》中，我们深切地体会到克鲁泡特金对于理想的自由社会的憧憬和对于当时不合理社会制度的憎恶；他向我们描绘出一副自由社会的美好图画；他企图通过从实际生活中搜集来的大量事实向我们证明这种社会的实现是可能的。然而，克鲁泡特金的理想终究只是一种空想，他所设想的一套改革措施也只能是主观唯心主义的产物，是永远不可能实现的。

克鲁泡特金试图以实证论者斯宾塞和孔德的资产阶级哲学来论证他的无政府主义理论。他在哲学中的庸俗的机械论和呆板的进化论，在社会学中的主观唯心主义和形而上学，是他的无政府主义世界观在方法论上的基础。尽管克鲁泡特金有反抗黑暗的资本主义社会的良好愿望，也敢于向反动统治进行挑战，但他进行活动的时代已在马克思主义创立之后，巴黎工人的第一次无产阶级革命和无产阶级专政的尝试也已经揭示了新的革命前景，而克鲁泡特金却始终坚持反对马克思主义的辩证法及阶级斗争和无产阶级专政的学说。因此，他对马克思主义的攻击，曾给工人阶级的解放运动带来了巨大的危害。列宁和斯大林曾对克鲁泡特金的敌视马克思主义的无政府主义思想进行过揭露和批判。

作为一个地理学家,克鲁泡特金至今在苏联学术界仍有一定的地位;作为一个无政府主义的著名活动家和理论家,他始终是反对马克思主义的。

本书是根据平明书店 1940 年出版的巴金同志的中译本重印的,除个别人名、地名和标点符号外,译文基本未作改动。

1981 年 6 月

目　　录

爱利赛·邵可侣序

（法文本序）

彼得·克鲁泡特金要我在他的著作的卷头写几句话，虽然这使我感到某种困难，我也顺从了他的意思。对于他在这著作中所阐明的种种论据，我不能添加一点新的见解，我恐怕我来说话，反会减弱他的话的力量。但是友谊会宽恕我。当法国的"共和党人"以匍匐在"沙皇"[①]的脚下为无上美味的时候，我却爱接近那些会受他鞭笞，会被他监禁在要塞的地牢中或绞死在堡垒的僻院里的自由人。我和这些朋友在一起的时候，我会暂时忘却那般在年青时代高呼"自由！自由！"叫哑了喉咙，而现在却将《马赛曲》和《上帝保佑沙皇》两首歌同唱的变节者的卑鄙行为。[②]

克鲁泡特金的前一本著作，《一个反抗者的话》，[③]特别注重于激烈地抨击这个残酷而又腐败的资产阶级社会，同时唤起革命的力量来反抗国家和资本主义制度。本书是《一个反抗者的话》的续篇，它的笔调比较平和。它在对那些真心愿意来襄助社会改革事

---

① Tsar，俄国皇帝的称号。——译者

② 克鲁泡特金1883年在里昂法庭被判处徒刑后，检察官等居然得到俄国政府奖给的圣安娜十字章，法国政府也允许他们接收。又本书出版时俄法两国甚为接近，《俄法密约》也在酝酿中。——译者

③ 中译本全集第三卷，这书是由爱利赛·邵可侣编辑出版的，作者当时被囚在法国监狱中，故书名也由邵可侣代拟。——译者

业的有善意的人说话，并且以雄伟的笔调向他们指出当前的历史的局面，此等局面便使我们能够在银行与国家的废墟上建立起人类的家族来。

对于本书的题名：《面包略取》，我们应该加以最广义的解释，因为“人不单是靠着面包生活”。在某个时代那些仁爱勇敢的人企图使他们的社会正义之理想成为现实，那时候我们的欲望也并不是只限于夺回面包，甚至夺回酒和盐之类；同时我们还以为应该夺回安乐生活所必需的或者单是对安乐有益的一切东西；应该使我们能够保证万人的需要与享乐都得以完全满足。只要我们还没有做到这样的“略取”（夺回），只要“在我们中间还有穷人存在”，那么把现在这个像一群关在斗兽场里的猛兽似的彼此嫉恨互相残害的人类集合体称做“社会”，实在是一个刻薄的讽刺。

从本书的第一章起，著者就列举出人类已有的莫大的财富和由于集合的劳动得来的不可思议的机械的工具。就现在说，每年的出产品便足以供给一切人的面包；倘使都市、房屋、可耕的田地、工厂、运输的道路与学校等等的巨大资本不再归私人占有，而变成公共的财产，万人的安乐便是很容易得到的：那时我们可以自由支配的力量也不会再用到无益的或矛盾的劳动上面了；它们却要被用来生产人类的营养、住居、衣服、安适、学术研究与艺术修养等等方面所必需的一切物品。

然而人类财富的取回，简言之，即充公，只能由无政府的共产主义来完成：应该消灭政府，撕碎它的法律，摒弃它的道德，不理它的办事人，只顾依着自己的发意力，并且照着自己的亲和力、自己的利益、自己的理想和所进行的事业的性质来从事工作。这个充公的问题乃是本书的核心，也是作者以平静的态度和明澈的眼光，很清楚、很平和地论得最详细的一个问题，这种平静的态度与明澈的眼光正是研究那个下次的不可避免的革命时所不可缺少的。在国家消灭以后，解放了的劳动者的团体不必再替那些垄断者和寄生虫出力了，他们可以尽力于自由选择的合意工作，可以依照科学的方法来耕种土地，来从事于工业的生产，并且还有闲暇来研究学问和行乐。本书中论述农业劳动的一部分是极有兴味的，因为它叙述的事实都是经过了实验的，并且可以大规模地在各地应用，以谋万人的利益，却不像现在这样只替少数人赚钱。

那些爱笑谈的人常以“世纪末”的话来讥讽一般阔少年的恶习与乖僻；然而现在所说的一个世纪的末日却另有一种意义；我们现在到了一个时代的末日，一个历史的纪元的末日了。我们会看见全部古代文明的毁灭。武力的权利和强权的反复任性，犹太的苛酷的传统与罗马的残忍的法学，对我们再没有威压的力量；我们宣布一种新的信仰，要是这个信仰（它同时又是科学）将来成为一切探求真理的人的信仰时，它就会在现实的世界中具体实现，因为历史法则的第一个便是：社会依据着它的理想构成它的形式。那般陈腐的秩序的拥护者怎么能够保持这种秩序呢？他们并不再信仰什么了；他们既无领导者，又无旗帜，他们只是无目的地作战。他们固然还有着法律和枪炮，带棒的警察和炮兵工厂来对付改革者，但是这一切都不是一种思想的对手，而且全部专制与压迫的旧制度也注定了不久便要湮没无闻的。

的确这个即来的革命不管它在人类发展中会占着如何重要的位置，但是在完成“一个突然的跳跃”这一点上，却与以前的革命无异。这突然的跳跃在自然界中是没有的。但我们可以说，无政府的社会借着无数的现象，借着无数的深的变化，早已充分地发育起来了。只要在一个地方，自由思想脱离了教条的死文字的束缚，探求真理者的天才打破了陈旧的公式，人类的意志借独立的行动表现出来，只要在一个地方，那些反抗一切强迫的纪律的诚实人自动地联合起来，互相交换知识，并且（不要头目长官之类）共同去夺回他们在生活上应有的一部分，使他们的欲求得以完全满足，——在这样一个地方，无政府的社会就实现了。这一切就是无政府主义，（即使它并没有知道自身是无政府主义，其实也还是一样），而且它渐渐地显露出来了。它有着它的理想，它有着勇敢的意志，而它的大群的仇敌却已经失掉了信仰，把自己交给命运去支配，整天发出"世纪末！世纪末！"的悲鸣；对这些敌人它怎么会不得到胜利呢？

这个已经显出兆候的革命是要成功的，而我们的友人克鲁泡特金依着他的历史家的权利，出来在革命的时期中阐明他的夺回由万人的劳动而积成的共同的财产的见解，并且唤起那般懦弱的人来参加这伟大的革命工作——那般人也很知道目前的不公道的情形，但是他们却被无数的利益与传统的绳索系在这个社会上面，因此他们对这个社会便不敢明目张胆地加以反抗。他们知道法律是不公平的、虚伪的，他们知道官吏是强者的侍臣和弱者的暴君，他们知道生活上的正规的行为和借劳力以维持生活的诚实态度，时常得不到一片面包的报酬，而证券投机者的无耻卑鄙和以押当为业者的冷酷残忍却是较好的武器，它在"略取面包"与安乐一点上反而胜过一切的美德；但是他们中的大多数人并不依照他们的正确的正义心规定他们的思想、决心、计划和行动，他们却遁入一条侧面的窄路以避免采取率直态度的危险。例如新宗教家,他们不能再信奉他们的祖先的“荒谬的信仰”,便沉溺在某种更独创的神秘教示中,并没有确定的教条,而且迷入在混乱的感情的云雾里:他们会变做行降神术者、炼金术士[1]、佛教徒、通神者之类。又如那般患忧郁症的绅士与害神经病的淑女,他们自命为释迦牟尼的信徒,却不花费一点工夫去研究他们祖师的教义,他们假装着要在所谓涅槃的寂灭中寻求和平。

但是这般新宗教者既然不断地谈论着理想,那么就请这些“优美的灵魂”安心罢。我们的身体是属于物质的,我们当然有想得食物的弱点,因为我们从来就没有得到过充足的食物;现在我们的数百万的斯拉夫的兄弟,沙皇的臣民就缺乏着食物,还有别的地方的千百万人也缺乏粮食。然而在面包以外,在安乐和一切集合的财富以外(这些是我们把我们的田野认真经营起来以后便可以得到的),我们还看见一个新的世界远远地在我们前面显现出来,在这个新世界中我们可以充分地相亲相爱,可以满足这种理想的崇高的感情(那般轻视物质生活的美的溺爱者说,这感情是他们的灵魂的不止之渴!)当世界上再没有贫富之分,当啼饥的人不再以羡妒的眼光望着饱暖者的时候,自然的友情就可以在人们中间复生,而现今受压抑被摧残的休戚相关(即连带性)的宗教就会代替目前这种专门描绘浮云上的幻影的空虚的宗教而存在了。

革命的成就会超过他所预计的,它要革新生命的泉源,给我们

① Rose-Croix,即15世纪中德人 C. Rosenkreuz 创设的一种秘密结社的社员,他们以行奇术或魔法为事。——译者

洗净一切警察的龌龊的接触，把我们终于从那些毒害我们生存的金钱的勾当中解救出来。那时候每个人都可以自由地走自己的路，劳动者会完成对他适合的工作，探求真理者会毫无隐匿地努力研究，艺术家也不再为了糊口的缘故而出卖他的美的理想，一切的人以后都是朋友了，我们可以同心协力地来实现诗人们所隐约见到的伟大的事业。

这时人一定会偶尔记起那些用他们的热诚的宣传（为着这种宣传他们受到了流亡与监禁的处罚）对新社会的建立工作有过大贡献的人的名字。我们出版《面包略取》时想着的便是他们：他们在囚窗中或在异国的土地上收到这个共同的思想的证据，他们会感到一点精神舒畅的。作者一定允许我将他的这本书献给一切为我们的主义受苦的人，尤其是献给一个亲爱的朋友[①]，他的一生便是一个拥护正义的长期的斗争。我用不着举出他的名字，不过他读到他的一个弟兄的这些话时，他会随着他的心的跳动而理解他自己的。

爱利赛·邵可侣[②]

① 即 Pierre Martin，克鲁泡特金的好友，法国伟也勒的织工，曾和克鲁泡特金一起被禁在法国克来服中央监狱内。1916 年 6 月 6 日病故。——译者

② Elisée Reclus(1830—1905)，法国地理学家，著有《人与地》(L'homme et la terre 1905—1908)，《世界新地理》(La nouvelle Géographie Universelle，1875—1894)等。他还是一个无政府主义者，并且是克鲁泡特金的好友，本书的题名便是他代拟的。——译者

自序一

（俄文本序）

本书原名“面包略取”，用法文写成出版，我想在这书里，把无政府共产主义的革命的发端的时期尽可能地描写出来。

从政治方面与经济方面来批判现社会制度，并且对于代议制、法律与强权等等成见，加以分析与抨击，我在《一个反抗者的话》（俄文译本的名称为“现社会制度的崩坏或一个反抗者的话”）一书里已经做过了。那书的结论是：应该实行充公，即一切土地与积聚的财产，必须为人类的生产与生活而使用，因此现在被私人占有了的均须归社会公有。本书原文曾连续刊载于《反抗者》[①]的社论栏，后来我在法国被捕入狱，便没有机会发表这类文字了。

三年后我出狱，仍继续在《反抗者》中发表这类文章。那时该报已移至巴黎，因受法国政府干涉又改名为《反抗》。

倘使要根据我们的意见来说明怎样实行社会主义，我以为最好还是不要描写理想，却用事实来证明，社会革命应该向着何种方面进行，才可以脱离现社会的制度，而达到无政府的共产主义。顺从着这样的环境之自然的推移，而且去操纵它以实现这个社会的

① 《反抗者》半月刊是 1879 年 2 月在瑞士日内瓦创刊的，后来移到巴黎出版，因宣传反军备主义受压迫，在 1887 年 9 月改名《反抗》。——译者

动向，或者因旧社会根深蒂固，成见尚未完全抛弃，只能够仍旧循着奴隶的道路，不能实行共产主义。——这个也等待着事实的说明。

我拿巴黎来做例子是由于下列的原因：

无论任何文明国家，绝不是一个完整的，文化程度在同一的水平线上的整体。实际上它的各部分总是站在不同的等级上面的。

法国虽然经过了 1789 年、1793 年与 1848 年的革命，与它在 19 世纪中国内物质文明的发达（不像英国靠着向外的侵略政策，榨取了印度和其他殖民地的利益，占它的收入总额的半数），以及依着最近百年间的政治的潮流而发生思想运动，但是它仍和从前一样，各地方的公共生活并无联系，其西北各省比东部的省份，至少落后半世纪。农民运动的伟大革命，取消了农奴的赎金。两三百年来地主与教会侵占的土地，也被农民夺了回来。都市劳动者的暴动，企图消灭都市的半奴隶制，脱离君主的独裁政治的桎梏。当时这类民众运动，是限于法国的东部，与东南各地，至于西北与西部等处，则为贵族与国王的柱石，甚至在凡德省暴动里，农民拿着武器去反对雅各宾党的共和国。但是法国的东西的区分，到现在还继续存在。现今法兰西共和国[①]建立后，在选举议员（选举国会议员三百六十三名）时，共和党与王党等竞争，两派的选举地盘，据说我所知道的，正与 1789 与 1792 年的农民与市民的暴动地点相同。自从现在法兰西共和国成立后，民主思想才得传入西北与西部的农民中去。

法国的东西部分、西南、东北、中央高原与罗纳河洼地，都像各

① 即第三共和国。——译者

个独立的世界。这种分别不但在那几省的农民中间(犹拉的乡村的工匠与勃列东的农民二者的民族性是不相同的),便是市民里也是一样。只有高赛或圣德田与卢昂等处,现在还在教士的权力之下,迷信着君主政治!

法兰西虽经过几世纪的集权政府的统治,实际上国家的生活,除表面的官僚政策的统一外,各省还是各个独立的部分。在意大利与西班牙更是如此。因为拉丁诸国(连法国在内),是联合主义的国家。但德国的国家主义者与雅各宾派,常把他们所深恨的各省独立主义[①](在萨克逊—科堡—哥塔[②]的帝政时代中发生)与各省各都市的人民联合主义混同。

因此我深信法国的社会革命,无论它的倾向怎样,总脱离不了地方公社的性质,绝不是雅各宾派的国家。任何明白本国情形的法国人,并没有为被雅各宾派的集权主义所迷惑,他们深知(西班牙的毕·伊·马加尔[③]也是这样说)法国的任何革命,须是1871年的自由公社,即在巴黎和圣德田两处所宣布的,以及巴枯宁派[④]

① Partikularismus;普通指德意志各邦在1866年战争后与普鲁士合并时,企图保持其固有的法律的制度。——译者

② Sachsen-Koburg-Gotha公国在德意志中部,是一个立宪的君主国,由两个独立公国即Koburg与Gotha联合而成。现在成了德意志联邦中的两个共和国。——译者

③ Pi Y Margall(1824—1901),他是西班牙联合主义者的领袖,而且是蒲鲁东的信徒。他是西班牙的第一流的学者,还是一个伟大的、心地广大的哲人,他的著作对于西班牙自由主义的思想之发展有极大的影响(引用洛克尔的话,见他的小册子《西班牙的真相》)。——译者

④ 即巴枯宁和他的友人及信从者。Michal Bakunin(1814—1876)是俄国著名安那其主义的革命家。这里指的是巴枯宁和他的友人1870年在里昂发动的暴动。巴枯宁在暴动失败后又到马赛去。——译者

在马赛、里昂所尝试的。所以在法国国会的会议中绝不能规定社会革命，而且各城市不会服从国会，恐怕也如1792与1793年巴黎不服从严刻的国会一样。

大概各地方的革命状况，也视当地的情形与需要而异，一般宣布自由公社的人，也将自动地解决了20世纪的社会问题。换句话说，假使拉丁国家发生社会革命，则必定带着地方的性质。基埃里[①]说得非常确切。这是20世纪的都市革命的方向。英国将来也免不了这样，西班牙与荷兰的大多数城市，也会全是如此。我深信俄国各部由都市主动，如不将土地与工厂收归公有，组织农业耕种的团体，并且将产业归社会公共经营（即生产工具收归公有），则恐怕社会主义将归于失败。

我在《反抗者》上发表文章，是给法国劳动者看的，所以就拿巴黎做例子，因为巴黎这儿是法国的文化最高的城市。我想描写在法国与其近郊实行社会革命时，即使像1793年的共和国那样受着各反动派的攻击，也可以支持下去。

本书末尾所论及的问题，即“到底怎样生产”，我想量力在英文本的《田园工厂与手工场》中说明。

① A. Thierry（1795－1856），法国历史学家。——译者

自序二

（英文本序）

反对共产主义和一般社会主义的流行的论调之一，即是说这个思想已经是这样旧了，然而它从来不曾实现过。古希腊的思想家常常有理想国家的计划；稍后，初期的基督教徒组织了共产的团体；又过了数百年，在宗教改革运动的时期，便有大的共产主义结社发生。后来在英法两国大革命之际，这同样的理想又复活起来；最后近世法国1848年的革命爆发了，这个革命受到社会主义的理想的鼓舞甚大。因此便有人对我们说："但是你们看你们的计划的实现期还远得很呢！你们有没有想到，你们对于人类的本性和欲求的了解有着根本的错误吗？"

骤然看来，这个反对论似乎是很有力量的。然而当我们更精密地考察人类历史时，这个反对论就会失掉力量了。第一，我们看见亿万的人在他们的共产村落中能够维持那社会主义的主要元素之一（即是将那作为主要生产工具的土地收归公有，并且以各家族的劳动能力为标准来分配它）以至于数百年之久；其次我们又知道西欧土地共有制度的崩坏，不是从内部，而是从外部被政府创设土地的独占制度以帮助贵族和中产阶级所促成；再次我们又知道中世纪的都市能够在连续的几百年中间维持着某种社会化的生产和商业的组织；这数百年都是知识上、工业上和艺术上进步最速的时期。至于此等共产制度的衰颓，大半因为当时人们没有能力，不能将农村和都市，农人和市民联合起来，协力反对那个破坏了自由都市的武力国家之生长。

这样地了解的人类历史，并不能够供给一个不利于共产主义的论据。反之，它却像是实现某种共产组织的努力之一种连续，这种努力在某时期以内是得着了部分的成功的；而且我们还敢断言人类至今还没有寻到一种依据共产主义的原理，把农业和急速发达的工业以及进展得很快的国际贸易结合起来的适当方式。这所谓国际贸易尤其显出是一个搅乱的要素，因为借远道的商业和出口贸易而致富的并不再单是个人的或城市了；而是一国或数国，它们剥削了那些工业落后的国家来增加自己的财富。

这些情形，虽开始出现于18世纪的末叶，然到了19世纪拿破仑战争之后，才完全发展。近代共产主义自然要考虑到这些情形。

我们现在知道法国大革命，在其政治的意义之外，还是法国人民（在1793年和1794年中间）在三种不同的方向接近社会主义的一种尝试。第一就是财产的平均；用很高的累进率征收所得税和遗产承继税，又直接没收土地，然后来重新分配，并且单独向富人征收苛重的战争税。第二个企图就是一种都市的共产主义，日常最需要的消费品，由都市购备，以实价出售。第三是制定全国标准物价的制度，注意生产的实费和相当的贩卖的利润。国约议会热心地尽力来实施此种计划，然而快要成功的时候，反动派便得势，这工作也遭破坏了。

这个卓越的运动从来不曾被人适当地研究过，然而近代的社会主义正是发生于这个运动的当时——如里昂的南吉[①]的傅立叶主义，与菲·邦纳罗蒂[②]、巴贝夫[③]及其同志的强权共产主义。恰当大革命之后，近代社会主义三派学说的伟大的建立者——圣西门[④]，傅立叶[⑤]，欧文[⑥]以及无国家社会主义的建立者葛德文[⑦]，便同时出现了；而邦纳罗蒂、巴贝夫等所创立的共产主义的秘密团体，则为后来五十年间战斗的强权共产主义的模范。

正确地说，近代社会主义从发生到现在，还不过一百年，而且这一百年的前半期中，只有两个站在工业运动前头的国家——即英法两国，对于近代社会主义的完成是有功劳的。在拿破仑的十五年残酷战争中间，这两个国家流血最多，又被卷入在从东方来的

① L'ange，法国大革命中的法官和地方官吏，傅立叶的先驱者。——译者

② Philippe，Buonarroti（1764—1837），意大利的律师，因宣传法国革命的原理，被逐出国外，1793年归化法国。后因参加巴贝夫的活动被捕，1797年5月被判逐出法国。1830年再到法国，以后死在巴黎。他写过一本叫作《巴贝夫与平等团的阴谋》的书。——译者

③ Francois Noel Bapeuf（1760—1797），法国大革命中抱有共产主义思想的革命家，后来发动所谓平等团的阴谋，企图推翻当时的执政府，恢复1793年的宪法，事泄被捕，在1797年5月被Vendôme高等法庭判处死刑，当时自杀未死，后来勇敢地死在断头台上。——译者

④ Claude Henri De Rouvroy Saint-Simon（1760—1825），法国著作家，19世纪的三大乌托邦社会主义者之一。他的学说和马克思的相近。——译者

⑤ Charles Fourier（1772—1837），法国的社会改革家，19世纪的三大乌托邦社会主义者之一。他的思想和无政府主义的思想相近。——译者

⑥ Robert Owen（1771—1858），英国社会改革家，19世纪三大乌托邦社会主义者之一。他的学说接近着近代的合作主义。——译者

⑦ William Goldwin（1756—1836），英国哲学家和著作家，安那其主义的最初的建立者。他的名著是《政治的正义》（An Enquiry Concerning Political Justice and its Influence on General Virtue and Happiness）共二卷，1793年在伦敦出版。——译者

欧洲大反动的旋涡中。

其实，只有在法国1830年7月革命和英国1830—1832年的改革运动[①]开始动摇了那可怕的反动之后，直至1848年革命的前几年，社会主义的讨论才成为可能的事。在这些年中间，傅立叶、圣西门、欧文的志愿，才由他们的信从者努力完成，取了确定的形式，现在存在的各派社会主义的定义遂因而决定了。

在英国，欧文和他的信从者同时完成了他们的农业和工业的共产村的计划；创立了很大的合作社，想以他们的股息来创立更多的共产殖民地；于是大团结的职工组合成立了，——这便是国际劳工协会与如今的劳工党的先驱。

在法国，傅立叶派的孔西德朗发表了他的超著的《宣言》[②]，这个《宣言》包含着（发展得非常好）资本主义的生长之一切理论的考察，这便是现在所谓的“科学的社会主义”。蒲鲁东完成了他的无政府主义和互依主义（Mutualism）[③]，不要国家的干涉的思想。路

① 1830年7月巴黎人民暴动把国王查理十世驱逐出国，成立新政府。英国的改革运动即宪政改革运动，亦即所谓普选运动。在1832年完成了一部分的改革。——译者

② 指孔西德朗的著作：《社会主义的原理》（Principes du Socialisme），《19世纪民主主义的宣言》（Manifeste de la Démocratie au XIX Siecle，1843）。孔西德朗（V. Considerant，1802—1893），法国社会主义作家。——译者

③ 关于蒲鲁东，见正文第97页注①，互依主义，据德·柏朴（C. De Paepe，蒲鲁东的信从者，比利时劳动运动的领袖，第一国际的最活跃的会员之一）解释如下：劳力的生产物应该属于生产者，而生产者在将它变换出去时，也不该收取超过它所值的代价，这就是说，应与花费了同等量的劳力所生产的物品交换。此等事业可以由合作主义的团体和人民银行来完成。将一切收归国有的办法是有害的，国家应该消灭。——译者

易·布朗[①]刊行了他的大著《劳动组织》,后来便成了拉沙尔[②]的纲领,法国的维达[③]和德国的斯太因[④]也著了两本超著的书,著述孔西德朗的理论的概念,出版于 1846 年和 1847 年[⑤],后来维达,尤其是柏格尔,更详细地完成了集产主义的体系,他甚至还希望 1848 年国民议会以法律的形式来批准它。[⑥]

然而那时期的一切社会主义者的计划中有一个共通的现象,这是我们应该注意的。在 19 世纪初期著书的社会主义的三大创始者,为社会主义所展开在他们眼前的广大的地平线所迷惑了,竟视社会主义为一个新的天启,视自己为新宗教的建设者。社会主

① Louis Blanc(1811—1882),法国历史家和社会主义者。1848 年临时政府成立时,他是里面的一个委员,又是一个改造生产组织的特殊委员会的主席。1849 年亡命英国。他的重要著作有《劳动组织》(L'Organisation du Travail)和《法国大革命史》等,参看正文第 62 页注①。——译者

② F. Lassalle(1825—1864),德籍犹太的社会主义者。——译者

③ François Vidal(1812—18??),法国社会主义的著作家。曾任国民议会的议员。——译者

④ Lorenz Von Stein(1815—1890),德国政治学教授。——译者

⑤ 指维达的《论财富的重分》(De la repartition des richesses,1846 年出版)和斯太因的《第三次法国革命后的社会主义与共产主义的运动》(Die Socialistischen und Kommunistischen Bewegung seit der 3 franzosischen Rèvolution,1848 年出版)。——译者

⑥ 柏格尔(Constantin Pecquer,1801—1887)是法国社会主义的著作家。克鲁泡特金在近代科学与无政府主义(全集第八卷)第十一章中论到维达与柏格尔两人,说"这两个卓越的著作家也主张在一切交易中均用劳动券代替金钱,然而矿山、铁道、工厂则应该归国家所有,他们称他们的体系为集产主义。维达是卢森堡委员会的书记。柏格尔关于这个问题写了一篇详细的论文。他在这文章中阐明了他的体系,甚至用着法律的形式,以便由议会表决通过,来实现社会革命。第一国际创立的时候,维达和柏格尔的名字似乎已经被人完全忘记了,但是他们的社会组织的思想却流传甚广,而且不久就被人视作新的发见,在科学的社会主义、马克思主义与集产主义的名称下广为传布了"。——译者

义应该成为一个宗教，他们也应该像新的教会的首领一样，去规定它的进行，而且他们在法国大革命后反动的时期中著书，看见它的失败方面多过于成功方面，便不信赖群众，他们不鼓舞群众把他们以为必需的改革实现出来。他们反而去信仰某一个伟大的统治者，和某一个社会主义者中的拿破仑。他们以为他也会了解这个天启的；他看见了他们的共同居住[①]或协会的实验的成功以后，也许会相信这是必要的；他也许会用自己的权力来和平地完成革命，带来人类的安乐和幸福。那时候一个军事的天才拿破仑正统治着欧洲，为什么一个社会的天才不上前去使新福音在欧洲的社会里实现呢？

只有在1840—1848年之际人人觉得革命是快要来的了。无产阶级在障碍物上树起了社会主义的旗帜，在社会改革者的心中又发生了对于平民的信仰：一方面有人信仰着共和主义的民主制，一方面有的人信仰自由联合，信仰劳动者自身的组织能力。

然而1848年的二月革命，中产阶级的共和国来了，从此又把希望打破了。共和国成立了仅有四个月之久，巴黎无产阶级的六月暴动便爆发起来，但为血潮所镇压下去了。劳动者大批地饮弹而死，大批地被流放到新几内亚去，最后路易·拿破仑的政变又继之而起。[②] 社会主义者更受着极猛烈的迫害，剪除的方法又残酷，又精密，以至其后十二年乃至十五年之间社会主义竟然完全绝迹；

① 这是傅立叶的理想社会中的市民共同居住的地方，叫做 Phalanstère，参看正文第70页注①。——译者

② 法国总统路易·拿破仑1851年实行政变，解散议会，逮捕共和党人，延长总统任期，并且独揽大权。第二年他又改行帝制，即皇帝位。——译者

社会主义的书籍也完全散失了,甚至在1848年以前人们异常熟习的书至此时也无人知道了。当时流行的思想(即1848年前社会主义者的根本思想)皆完全消灭,到了我们这一代人又把此种思想视为新的发现了。

大约在1866年,新的复活的日子来了,共产主义和集产主义重到人间,关于实现它们的方法的概念,却已有着一个很深刻的变更了。对于政治的民主制的旧信仰已经消失了。当1862年和1864年巴黎的劳动者同英国的职工组合主义者[①]和欧文派在伦敦会见时,他们同意的第一个原则便是"工人解放的事应由工人自己去做"。关于另外的某一点,他们也是一致的。即劳工组合自身应该掌握生产的工具,自己组织生产。法国傅立叶派和互依主义者的"协会"的观念和欧文的"全国职工大团结"(现在已经扩大了)的观念携手,于是国际劳工协会[②]便成立起来了。

① trade-unionists,所谓职工组合主义(trade-unionism)是在工业革命后,伴随着工厂组织的发达而产生的一种劳工运动。它的意义可以从"职工组合"(trade union)这名词本身上看出来(即是同一个职业里所有工人联合起来之意)。它起初仅以改善工人的生活条件为目的,到了后来,在1875—1880之间便开始进化为一种活动的战斗的工团主义。职工组合主义的发祥地是英国,但这个运动现今在各国内都很发达。希特勒执政前的德国便是它最活跃的地方。英国的柯尔(G. D. H. Cole)和韦伯(S. Webb)都是职工联合主义的理论家。——译者

② 即第一国际,1864年在伦敦成立。1866年9月在日内瓦举行第一次正式会议,出席的人是参加协会的六国工团的代表。协会不久便成了传播社会主义思想的机关。后因马克思与巴枯宁两派的冲突(德英两国代表倾向于马克思,并且相信私有财产制度废除以后国家仍可存在,拉丁民族的代表则信仰巴枯宁,反对国家,不相信代议制),在1872年的海牙大会里,协会分裂成两个同名的团体。巴枯宁派在圣德田开会后,打起自由联合主义的旗帜,继续第一国际的工作,直到1878年。马克思派的总评议会迁至纽约后,在1876年6月开过最后一次会议便消灭了。——译者

然而这次社会主义的新复活,也不过有数年的寿命。未几,1870—1871年的战争爆发了,巴黎公社的革命又继之而起——但随后社会主义的自由发展在法国又成为不可能了。可是当德国由社会主义的德国传道者马克思、恩格斯的著作中接受了法国"1848年诸人"的社会主义,即是孔西德朗和路易·布朗的社会主义以及柏格尔的集产主义的时候,法国也更进一步了。

1871年3月,巴黎宣言它此后不再等待法国的那些进步迟滞的部分,而立意在它的公社内开始它自己的社会的发展。

因为这个运动的寿命太短,所以不曾生出什么积极的效果。它只是公社主义的;这只能确定公社的完全自治的权利而已。然而第一国际的工人阶级立刻会看出它的历史的意义来。他们了解自由的公社今后会是实现近代社会主义的方法。自由的农工业的公社(这是1848年前英法人常常说起的)并不必像共同居住或两千人的小社会那样,它们必须是像巴黎那样的大的团结;或者更好一点,像小的州县那样。那些公社在某种情形之下会联合起来,甚至不管现今的国界分别(如英国的五港[①]和德国的汉萨同盟[②])。同时为着处理各公社间联合的铁道,船渠及其他的事业,便成了大规模的劳工联合会。

这便是1871年以后在有思想的工人中,特别在拉丁诸国的工人中间不大明确地传布着的思想。一般劳动者在这类的组织中

① 五港指英国南海岸的五港,即 Dover, Sandwich, Hastings, Romney, Hythe。——译者

② Hansa,中世纪北德意志和邻近的各都市为着保护扩张相互间的贸易而结的同盟条约。——译者

(其详细部分应由生活本身来决定),已经看出来,要实现社会主义的生活形态,这个方法是比较由国家占有全部的工业财产,和由国家来组织农工业的方法容易得多。

我在这本书里便想把这些思想多少说明一下。

现在回顾到这本书写成后好些年来的情形,我能够带着完全的确信说,这本书的主要观念是不错的。国家社会主义自然也有了不少的进步,国有铁路,国有银行和国营商业在各处都实行了。但是向这方面走的每一步伐,纵使结果能够把货物的价格减低,却成了工人解放的战斗中的一个新阻碍。所以我们可以看出在工人中间,特别在西欧的工人中间,发生出来一种很有势力的思想,即像铁道网那样的庞大的国有财产,与其归诸国家管理,不如由铁道雇员的联合团体来管理好得多。

在别一方面,我们还看见了遍于全欧美的无数的企图,它们的主要的观念,一在收回生产机关由工人管理,一在逐渐扩大各都市为着它的居民的利益而行的职务的范围。职工组合主义有着一个向着将各种职业国际地团结起来之发展的趋势,它不但是改良劳动条件的一个工具,还成了在某一个指定时期中取回生产之管理的一个组织;生产的和分配的合作,在工业上和在农业上的合作,以及在实验的移居地上把两种合作联成一起的企图,和最后所谓"都市社会主义"的广大的复杂的领域,——这些便是近来发展了最大量的创造力的三个方向了。

自然,这些在任何程度上,都不能代替共产主义或社会主义的,因为这两者都含有生产工具公有的意义。但我们必须把所有这些企图都当作试验——像欧文、傅立叶和圣西门在他们的移居地上所做的试验那样，——这些试验是用来使人类思想可以明晓共产社会将由此实现的某种实际的方式。所有那些部分的试验，将来有一天会由文明国民的建设天才做出一个综合来。然而这个大综合的建筑所用的砖石的样品，甚至其中某一些房间的样品，却是如今正由人类的建设天才的绝大努力在制造的。

作　者

1913 年 1 月于 Brighton

自 序 三

（俄文本再版序）

本书是为着法国的社会改造，在二十五年前写成的。当时一班参加第一国际和巴黎公社的革命者，失败以后亡命外国，他们目睹反动势力的胜利，甚至对社会主义的革命的可能性也怀疑起来。

那时深信着社会革命的只有两派：一是布朗基派[①]，他们是中央集权与国家共产主义的信徒，其他是第一国际内的少数无政府主义者，他们坚决主张无国家与无政府的共产主义（或者也称做集产主义）。其目的在废弃资本与国家，我想在本书中加以说明。

当然，我也不想描写社会改造的正确图案。但是我以为必须把它的大概写出，使一般革命者对于社会革命时所发生的问题能够预先考虑一下。

本书中所解说的思想，在本书的西班牙文本出版以后，立刻引起劳动者的共鸣。"面包略取"（这是当时本书的名称）成了劳动者中间，尤其是无政府主义者中间的口号。而且有一部分国家，认为中央集权是绝大的罪恶，故组织自由公社实行社会革命的思想得到了多数人的同情。

但是欧洲的反动却是有加无已，所以各国的社会民主党竟然

① Auguste Blanqui（1805—1881）的信从者，参看正文第 59 页注③。——译者

告诉劳动者说，现在国家权力发展极高，所以革命已不可能，且“资本集中”尚未减少许多资本家，消灭小工业与小商业。自从这种学说得势以来，那种对社会革命时期将近的信仰，便渐渐地消灭了。甚至我们的同志中间也有人说，用不着讨论社会革命的形式，有的人还说：“不知什么时候才可以实现，也许要过二百年以后！”

其实这五年的欧战的结果，已经证明了这种思想的错误。一方协约国与德国等在大战中间，没有经过革命，便实行了国家社会主义。英国在战争的几年中，国家是面包、肉、糖与其他大小商业的供给者，它管理铁道与煤矿，又为经营粮食的主要人。在其他方面法、意两国的都市自治团体，又开始自己制造与支配食物。

所以欧洲社会在恐慌袭来时即实行共产主义与各取所需，本书中的这样的推测，竟然一一证实了。

其他，劳动者的要求也被证实，这是工人自己管理工厂与制造所，并且参加生产的组织，这思想在战前认为空想的，现在已为英国所公认，即政府委员会也认为必须组织“劳工议会”，以便代表全体产业工人的利益。

最后，俄国企图把一亿五千万人民的生活，改造成为共产主义的，已有两年多的时间了。这次试验中的最大错误，便是由国家的中央集权与官僚政治产生出来的，所以这种试验可以证明，必须使民众的生活条件，脱离资本主义的生产与消费，而过渡到社会的共产制。

人类生活不因初次的失败而停顿，如今各国均沿着相同的方向走着改造的路，（有许多已在各国开始了。）所以每个社会主义者的责任，是为着人类与本人尽力，探求更好的社会的条件，达到非资本制度,而避免我们现在所受的痛苦,如破坏、悲惨、疾病、浪费与恶劣的投机本能的发展等等。

1864年法、英劳动者所组织的第一国际,目的即在探求脱离资本主义的桎梏,而达到共产主义的条件。

但是资产阶级与内部的纷争,使得这个国际崩坏了,后来组织的"第二国际"①已经不是劳动者的团体,却是社会民主党的机关,它的目的即是最初应该"夺取政权",所以社会革命须得到政权的援助。至于我们提倡的自下而上的改造,不依赖中央政府,由人民自己建设,已经被人认为玄想了。

我们从未做过执政者,所以不想讨论这些争论未决的问题,只请大家注意下列一点。即是我们既然重视未来,想目睹真的社会革命的实现,须诚意地研究这种条件,使革命可以成功。科学供给我们的,是研究社会的现实力量与可能的改造。但是我们研究生活条件,并不得自书籍与小册子,却该实际地去体验,如到乡村,制造所、工厂、铁路与矿坑中去,我们应该知道旧社会的反抗力,明白了解它的坚固的性质,并且鼓动起新社会的创造力。

本书中所指出的,是一种可能的改造的方向,而拉丁国家的协同的生产与消费,必可更广地应用,并有公社的联合来解决各省与全民族的问题。

其他一种可能的倾向,也是无政府主义的,即我们的工团主义

① 通常把1879年巴黎会议的日期视做第二个国际劳工协会的开始。不过第二国际的中央机关却是在1800年成立的。这是温和的社会主义者的国际团体。书记部设在荷兰。——译者

的同志布萧[①]在他的《我们怎样完成革命》[②]中所叙述的由职工组织的工团来完成改革，这是许多工团主义者的意见，我希望该书的俄文译本早日出版。[③]

同时我希望蒲鲁东与他的美国的信从者倍拉米[④]的社会革命观，即在《平等》[⑤]一书中所叙述的，不久也能够译成俄文出版（还有格林[⑥]简略记述蒲鲁东的学说的一本书也好）。又因现在俄国盲目崇拜德国社会民主党，所以希望一般人注意英国的市自治的趋势与基尔特社会主义，[⑦]此外如拉丁国家的合作主义，即消费的社会化也须加以注意。

能够略略了解上述的问题，尚不足把土地、工业与商业等收为公有，因为现在生活须有绝大的变更，所以我们如果仍和从前一

① Emile Pouget（1860—1931），法国工团主义的斗士，革命的工团主义运动的指导者之一。——译者

② Comment nous ferons la Révolution，这是布萧与他的同志巴多（E. Pataud）合著的一部理想小说，卷首有克鲁泡特金在 1911 年 2 月 27 日写的序文。——译者

③ 俄文译本于 1920 年由彼得格勒与莫斯科两地的劳动之声社（Golos Truda）出版，并有克鲁泡特金在 1920 年 4 月写的新序。——译者

④ Edward Bellamy（1850—1898），美国著作家。他的最出名的著作是一本叫做《回顾》（Looking Backward 1881—2000）的描写理想社会的小说。——译者

⑤ Equality 是《回顾》的续篇，1897 年 6 月出版。——译者

⑥ 我没有看见俄文本原序，贾维的旧译文作"基里渥姆"，我疑心这是指 William B. Greene（1819—1878）的小书 Mutual Banking（1850），格林是美国的社会改革家和著作家。Native American Anarchism 的作者 E. M. Schuster 说，格林把蒲鲁东派的互依主义用它的最纯粹最有系统的形式表现出来了。——译者

⑦ Guild Socialism 是在英国流行过一时的一种社会主义，它的原则即是所谓"产业上的民主主义"。"基尔特"即中世纪的同业公会。不过基尔特社会主义者的基尔特却含有适应现代产业状况的新的全国组织（依着产业的各部门）的意思。生产事业由从事该项生产的劳动者管理。但"基尔特"是和国家（实行产业的民主主义的国家）并存而且合作的。——译者

样，毫无生活上的知识，则一切新的尝试必将归于失败。

大家一定明白，我重读本书时的感想，它将为建筑新社会的坚固房屋的许多基石之一，这所大厦的基础不是盲目服从政权，而是群众的自由合作。

作　者

1919 年 6 月于 Dmitroff 村

鲁道夫·洛克尔序

（德文本序）

彼得·克鲁泡特金在1876年夏天从彼得保罗垒的陆军医院中逃走之后，再赴西欧，他不知不觉间又走到瑞士犹拉山谷里的那般富于同情心的人中间，四年前他的燃烧着求知的欲望的心在那群人中得到了极深刻而且难消灭的印象。自由社会主义在它的理论的发展上，当时正经过一个重要的新阶段。1876年在佛罗伦萨举行的意大利联盟的大会中加非洛[①]与马拉铁斯达[②]主张不仅土地和生产手段应该收归公有，同时劳动产物也应该归社会所有。他们以为在对于集产主义纲领的此种补充里面，实在含有最能适应休戚相关原理之必要的社会基础；大会通过了他们的提议。于是，共产主义的标语"各尽所能，各取所需"便出来代替了集产主义的格言："各人应得其劳力之全部产物。"

这个新的见地在犹拉同盟[③]所属的各分部中引起了激烈的论战，新旧两种见解各有它的赞成反对之人。克鲁泡特金是赞成共

---

① Carlo Cafiero（1846—1883），意大利无政府主义者，巴枯宁的好友。——译者

② Errico Malatesta（1853—1932），意大利无政府主义者，克鲁泡特金的好友。克鲁泡特金以后的最伟大的无政府主义者。——译者

③ 1871年11月在瑞士松维叶（Sonvillier）成立的拥护自由社会主义和联合主义的劳动团体。在第一国际中它还是巴枯宁的主张之主要的支持者。——译者

产主义的。1879 年 10 月在勺得封开的犹拉同盟的大会中克鲁泡特金宣读了他的一篇题作“从实际的实现之观点所见的无政府主义思想”的报告书[1]，这篇报告书可算是无政府共产主义之第一次的理论告白，自此以后，他始终是这主义之天才的、博学的、深刻的理论的创立者。

同年 2 月，克鲁泡特金和少数友人创刊了题名《反抗首》的刊物，他在《反抗者》上面发展了他的世界观的基本思想，在拉丁诸国的知识阶级中，尤其在无产阶级中得到了无数确信的，勇于牺牲的信奉者。

1885 年克鲁泡特金尚在法国克来服监狱中的时候（里昂法庭因为克鲁泡特金是第一国际的会员判了他五年的徒刑），爱利赛·邵可侣便把这类文章的评论的一部分编成《一个反抗者的话》出版了。在这书里面燃烧着克鲁泡特金的全部革命的激情。他的精神所感动的一切，他的心灵所铭刻的一切都在这书里找到了一个极其深刻的表现。这本书不单依据着冷静打算的与缜密思考的理解，并且还诉于人的心灵，在人心中唤醒对于我们社会生活与个人生活的一切泉源之即来的更新的一种预感。在《代议制度》、《法律与强权》、《革命政府》、《反抗的精神》等证明作者的渊博的历史知识之光辉的论文以外，还有那篇光芒万丈的《告青年》，它以它的自然的素朴与热烈的感情成为社会主义的通俗宣传品中空前的文献了，从这燃烧着最深的人类爱与最高的理想主义的字里行间，人们

① 原名 Idée anarchiste au point de vue de sa realisation pratique，克鲁泡特金用 Levachoff（来瓦学夫）的假名赴会宣读这篇报告书。——译者

第一次得以正确地理解那个惊人的运动的精神，这精神当时曾经抓住俄国青年的心，感动了千百青年男女，使他们抛弃了以前的生活，甘愿过那种手工匠、农工、看护妇等等的艰苦的日子，去向人民报告关于他们的就要到来的解放的新消息。[①]

1886 年 1 月克鲁泡特金在三年的监狱生活之后恢复了自由，他在巴黎住了短的时期，便去到伦敦。在那里他又继续从事于他在监禁期中所中断了的关于无政府共产主义之哲学的与社会学的基础之研究，写成了一些连续的论文，起先在《反抗者》与《反抗》上面发表，后于 1892 年印成单行本，题名“面包略取”。克鲁泡特金在从事这个工作的时候，便知道应该把工业生产之最新的发达和农业及近代园艺方面的最近的成就根本研究一番。这个研究的结果使他起先于 1888—1890 年间在英文杂志《十九世纪》(*Nineteenth Century*)与《公所》(Forum)上面发表了连续的论文，后来于 1898 年增补了许多新的材料，在《田园工厂手工场》[②]的题名下出版了单行本。这书是作者在《面包略取》中所阐明的见解之当然的增补，它的最近的版本是在世界大战爆发前刚印出的，内容比初版本差不多增加了一倍，这正是新的思想与具体的事实之无穷尽的宝库，我们还可以断定说最近三十年来全部社会主义的文献中，再没有一本比这更重要的著作。

克鲁泡特金很久就知道无政府主义在作为一个自由社会秩序之特殊的理解或普通的行动方法以外，还有更深的意义。他愈埋

① 指 19 世纪 70 年代俄国的“到民间去”的运动。——译者

② 中译本全集第五卷，原名 Fields, Factories and Workshops。——译者

头于无政府主义思想界的研究，他愈明白无政府主义乃是一般的、自然的与社会的哲学之一部分，这种哲学的发展与建设必须依据着一种新的方法，不应该靠着玄学的与辩证的方法的帮助，而事实上不幸在人类学与社会学两种科学之创立的尝试上，辩证的方法却占了很重大的而且不应有的地位。克鲁泡特金所说的新的方法就是近代自然科学的归纳的演绎的方法，这个方法他很早就充分理解了的。他素来对于生活的实在现象与科学的确信就有着明晰的认识，他又是一个独立的学者和研究家（他的关于亚洲北部山脉与高原的发端的学说，已经使他在科学界中有了相当的名声），因此他对于任何形式的辩证法及其不可避免的谬误推论，便自然而然地感到一种憎厌。他知道它不仅在近代经济学与社会学的研究上不断地产生了有害的影响，并且还把大部分的社会主义的理论家都束缚在它的圈子里面。

克鲁泡特金说："所谓辩证法，在近代自然科学家看来，不过是一种属于辽远的过去的东西，久已被科学忘记了的东西。"19世纪中在力学、物理学、化学、生物学、心理学、人类学等等的领域内的各种发现，并没有一件是得过辩证法的帮助的。它们全是自然科学的方法，即归纳的演绎法的成就。人是自然的一部分，他的个人的和社会的生活与一朵草花的生长，或蚂蚁与蜂的社会中生活之进化等同样，都是一个自然的现象，因此我们从草花移到人类，从海狸的村落移到人类的都市时，我们，实在没有理由来变更我们的研究方法。自然科学的归纳的演绎法之优越性已经如此确切地被证实了：19世纪这一百年中间科学的发达所以能够超过过去两千年间的，就全靠着这个研究方法的力量。在19世纪后半期，当归纳的演绎法开始被人应用来研究人类社会的时候，并没有人遇到不得不摒弃这个方法而回到那个黑格尔[①]复活起来的中世纪的烦琐哲学[②]的这样一个论点。[③]

克鲁泡特金始终坚守着这个确信。因此当他着手构成他的世界观的建设的方面，起草无政府主义社会秩序的大纲时，他绝不肯学从前许多社会主义者的榜样，让自己受着思辨的概念与纯粹抽象的假定二者的支配，来向读者变戏法；他专门根据着社会生活的已有事实以及对于过去与现在各种社会努力之精细观察来立论。他开始便搜集那些暗示着一个新的文化时代就要到来的兆候，然后将组织上本质的事物与偶然的事物分开，以便可以在这样得来的基础上面引出一般的结论。这个方法便必然使他与近代经济学的规制立即发生冲突，这是不可避免的事。如今这个名称所包含的一切，大部分都是玄学的公式与诡辩的狡计，不过人们努力给它们加上一个科学的图记罢了。社会主义者的经济学大部分也沿着这个旧轨道进行。它依据着资产阶级经济学家的论证引出了自己的结论：资本家靠着榨取劳动者而存在。蒲鲁东与马克思就这样做过了的。然而依照克鲁泡特金的见解，这和科学大体上并没有一点关系，而且也不能是真正国民经济学的本来目的。

① G. W. Hegel(1770—1831)，德国哲学家，绝对的唯心论之创立者。——译者

② 或译经院哲学，因为当时的学问为教会垄断，僧侣集会于经院研究教理，称为经院学者。他们研究学问大抵奉教义为中心，而采取哲学的理论，以证明教会的信仰与人间的认识绝不相反。后人因其谈空理，且支离琐碎，故称它为烦琐哲学。——译者

③ 见克鲁泡特金的《近代科学与无政府主义》(中译本全集第九卷)，第八章。——译者

"经济学应该被视做一种自然科学,而且应该采用一切精确的、经验的科学所用的方法;它应该追求一个完全不同的目的。它对于人类社会所处的地位,应该与生理学对于植物和动物的地位相等。它应该是一种社会生理学。它的目的应该是来研究社会之不断增加的欲求(即需要)的总量,而且还研究过去与现在所用来满足此等欲求的种种方法。——既然每一种科学的最终目的都是实际生活的要求之指示与应用(培根[1]早已这样说过了),那么经济学也应该来研究怎样以最少的劳力消耗来尽量满足现在和将来的欲求,而为全人类获得最好的效果。"[2]

因此克鲁泡特金便把人类欲求之满足作为他的观察的第一义,而显明地与那般对财富之生产异常重视的经济学的代表者对抗。这个好像完全是不重要的区别,实际上却有着一个深的意义。资本主义社会之最中心的本质,便是将个人的致富放在社会全体的负担上面,因此在这样的社会中,物质的价值之生产当然占着最重要的决定的地位。经济学的目的既然是给资本主义制度之社会的认可与必要,找到一个理论的基础,那么无怪乎它的代表者们要把他们的注意力集中在生产问题上面了。克鲁泡特金却完全不是这样。他把财富生产与消费的状况引回到它的本来的基础上;他认为生产只是达到目的的一个手段。在他,问题的中心乃是:人类欲求的满足;它的本质的意义就完全在这个目的上面。因此在合理的社会秩序之下,欲求之研究便占着最重要的位置,而生产作为

① Francis Bacon(1561—1626),英国哲学家和政治家。——译者

② 见《近代科学与无政府主义》,第十四章(英文本第十三章)。——译者

它的基础，则应该来完成这个效果。

在这个研究中克鲁泡特金得到的结果和大多数的社会主义者所得到的完全不同，大多数的社会主义者认为在现今社会秩序之下人类的生产量已经比较保证万人的幸福所必需的超过很多。然而事实恰恰相反：在现在的生产关系之下，生产量实在比较满足我们的生活欲求所必需的少得很多。这应该归咎于下面一件事情：生产在资本主义的支配下走入了完全错误的道路。因此在革命实现以后，单是让各人仍旧继续他的日常的工作，只把如今落在资本家的袋里的"剩余价值"收为社会全体的利益，这样来求问题的解决，也还是不够的。我们应该信赖这样的思想，即是，我们的全部生产必须建立在完全新的原理上面，并且依着这个原理规划进行，来使一切部分的生产能力大大增高，以便实现社会主义的理想：万人的安乐。

克鲁泡特金依着详细的科学的研究给我们指示出来：所谓这样的社会状态之可能性绝不是空想的；他又向我们证明：在我们经济生活之合理的而且有计划的组织中，生产能力真可以增高到不可测量的程度。然而最要紧的还是先把那个以为近代的"分工"与"工业集中"是绝对必要之盲目的信仰摆脱掉（那个信仰在现代的经济学家看来却是完全无误的教条，而且它又像一个梦魇似的压在我们的身上）。在近代国民经济学的那些伟大的创立者的心目中，这两个现象启示了一个有着无限经济的可能性之新时代，这个新学说的印象竟是如此之深，以致在社会主义的阵营中，人们也习惯地把它认为实现社会主义之历史的必然的前提条件。然而实际上它不过是那个与社会主义冲突最厉害的资本主义榨取制度存在之前提条件罢了。在如今我们近代经济生活的各方面中现出来的千万兆候给我们指示出来，这个不健全的制度，对于生产者的肉体的与精神的发展，对于社会一般的正常的存续，实有可怖的影响与危害。我们的工业与农业之不调和以及精神劳动与筋肉劳动之不幸的对立，便足以证明这个事实。因此要解决我们的经济生活，适用的口号并不是工业的集中，而是工业的分散，并不是分工，而是全工（劳动的结合）；到社会主义去的路便是朝着这个方向的。

克鲁泡特金给我们指出了这个新的发展之正确的指标，这个新发展便是将我们的教育根本加以改造，使我们的全部生产的出产能力大为增高，以便能够毫无困难地满足社会安乐之一切的要求。正是这个确信使得他反对任何形式的工钱制度，拥护"自由享乐权"，并且排斥一切将社会所完成的劳动依着它的个别的价值来评价来计量之企图。依据这个理由他便根本否定从资产阶级的经济学家以至马克思所定的"特殊劳动"与"单纯劳动"的区别，认为这只是随意的假设。他用他的简明的笔调指出李嘉图、蒲鲁东与马克思等所主张的一件货物的价值当依它所含有的社会的必要的劳动来计算，只是一个缺乏科学根据之无益的思辨。交换价值与劳动量并不互相为比例，要以一个做标准来量其他一个，是不可能的。亚当·斯密说，必要的劳动量一增加，则货物的交换价值也随之增加，克鲁泡特金对这种说法并不表示反对；"不过要从这个引出结论说，因此这两个数量是互为比例的，一个可以作为另一个的尺度，这是一个绝大的错误。正如断定明天将落的雨量和明天晴雨表下降到当地与本季节的通常气压以下的度数为比例，是同样的大错。”①

然而克鲁泡特金所注意的并不仅是经济的问题。我们就要遇到的社会大革命，不只是社会的经济基础之根本的改变，并且也必须是现代政治组织之完全的革新。因此向着资本主义制度的突击，同时也是向着国家的支配的突击。在16世纪开始才在欧洲发达的近代国家之中央集权组织，并非随意地形成的，这是当时在欧洲各国所发生的巨大社会变动之自然的结论。由于私人独占之扩张与社会之阶级的分化（这是和那个立在封建基础上的旧文化群之暴力的而且有组织的压制相关联的），在支配阶级便感到有创造一个制度来保护他们的经济特权，维持他们的社会势力之必要。这个制度便是近代国家，行政的中央集权化以及社会的权力之归个人掌握。这个制度实际上不过是有产阶级之组织化的强权罢了，或者用克鲁泡特金的话，即是“领主、僧侣、军人、法官等的一个互相保险的团体，它的目的是在支配人民，并且利用民众的贫苦来增加他们自己的财富。”②

人对于人的支配将与人对于人的榨取同时消灭。权力的独占也将与财产的独占一起从人类历史中消去。国家的中央集权必须让位给自治的公社的联合，法律的强制也应该让位给自由合意。克鲁泡特金在人类活动的各方面之千百的团体与社会结合（它们的工作与存在都是建立在会员间互相的自由合意上面的）里面，已经见到了这个新的发展的兆候。因此在他看来，无政府共产主义

① 《近代科学与无政府主义》，第十四章（英文本第十三章）。——译者

② 见《近代科学与无政府主义》第十四章，又参看《国家和它的历史的任务》（中译本全集第九卷）第八节。——译者

乃是19世纪后半期中特别显著的在经济生活与政治组织两方面之两大精神的运动之一种综合。他和所有的社会主义者一样，主张土地、资本与劳动工具的私有制度应该消灭，而生产手段则应该收归社会共有，由社会价值的生产者自身来管理。他并且和那般政治急进主义之最进步的代表者一样，主张政府的权能应当缩至最小限度，社会的各分子应有发意之自由和自决权。在社会主义方面，克鲁泡特金得到了它的最后的结论，他主张工钱制度之完全的废除——他主张共产主义。在政治急进主义方面，他达到了这个理论之终极的归结，他主张将政府的权能缩小到没有，这使他达到一个没有政治支配制度的社会状态之观念，使他达到了无政府主义。

关于社会之发展倾向的这种见解是和离世孤立的观念论者的空想的认识并无丝毫关系的，这一点克鲁泡特金在他的光辉的著作如《国家和它的历史的任务》、《近代科学与无政府主义》、《近代国家论》中已经十分明确地证明出来了。而在他的那本充满着不灭的价值的名著《互助论》(互助——一个进化的因素)中，他更特别显著地给我们展开自然界的运行中之全新的景象，并且立下人类进化史的一个全新的理解之基础。达尔文的"生存竞争"的论旨，甚至近代博物学的最优秀的代表者们也以为这单是指在同一动物种族或同一人群的个体中间发生的继续不断的斗争，在这斗争中强者残存而弱者灭亡——数十年来都流行着这样的解释。现在克鲁泡特金却出来用了如许多有力的材料给我们证明，对于自然界的这种见解不过是将生活的真正事实弄成了一幅可笑的滑稽画罢了。他告诉我们所谓生存竞争除了这一种残酷的形式外，还有另一种形式，这就是在弱种的社会的结合中与在同种彼此间的互助的实际行为中所表现出来的。然而这个生存竞争的第二个形式对于个体的生存与种族的存续，实较强者压迫弱者的残酷斗争更为有效，这已经由下面一个事实充分地证明了：即营着孤立生活，而且只靠着自己的纯粹肉体的优越性保持生命的物种逐渐归于衰灭。

这个事实在人类进化史中最为明显。在这进化中的每一个阶段上，我们都可以见到无数社会的制度与习惯，它们是借着休戚相关的感情产生的。在蒙昧人的氏族中，在野蛮人的共产村落中，在中世纪自由都市的工匠和手工业者的同业公会中，在我们现代的无数的团体与制度中，互助的精神都很活跃而且发生大的作用，并且它还作为我们社会的与文化的进化之最有力的因素而在到处活动。国家绝不是如某一些人所说"对抗强者之横暴弱者的保护者"，它倒是人类史上最残忍的生存竞争的形式，不管它对于任何从下面发出来的自由的发意抱着如何显明而当然的敌视，然而连它也不能够遏止社会感情的这种表现。

"在人类中间有着一种社会的习惯与观察之胚芽，它可以被视作尚未得到充分评价的过去时代的遗产，而且它不依靠着外部的强制手段，却反而超越过这种手段。人类的一切进化都基础在这个胚芽上面，只要人类在肉体与精神两方面不改变，那么无论怎样多的非难与一时的暴力的侵害，都不能使这个胚芽消灭。"[①]——

① 参看克鲁泡特金的论文：《无政府共产主义，它的基础和原理》(1920年伦敦自由社版)，第33页。——译者

克鲁泡特金的这段深刻的话语使我们得以透彻地洞察了一切社会的大运动和大革命之伦理的方面，这个洞察非常深透，实非现代辩证法论者之最美妙的幻术所能比拟的。他是一个新的认识之开拓者，又是一个社会成长的道路（从濒于死灭的文明时代之混乱中进入自由社会主义之新天地）之指路人——作为思想家和人的克鲁泡特金的全部意义就在这里了。

鲁道夫·洛克尔[1]

1919年8月于Neukölln

[1] Rudolf Rocker（1873—1958），德国的亡命者，无政府主义的理论家和革命家。他在希特勒执政后，亡命美国。——译者

第一章　我们的财富

I

人类已经走过长远的路程了，在太古时代人类制造粗拙的石器，并且靠着不稳定的狩猎所得的东西来维系自己的生命，他们所留给子孙的唯一遗产，不过是避雨露的岩窟和几件粗劣的石头器具，——以及那茫茫伟大的、不可思议的、可怖的自然，他们为了他们的微小的生存，不得不和这自然斗争。

在此后物换星移的几千年之间，人类渐渐积蓄了无限量的财富，他们开垦了土地，排泄了沼泽，斩伐了森林，开辟了道路，贯通了山脉；他们又不断地建筑，发明，观察，推理；他们创造出复杂的机械，启发了自然的秘密，而且终于役使了蒸汽和电气。其结果，现在文明人的小孩，在他出世的时候，便有前人所积蓄下来的莫大的资本，这都是预备着为他使用的。既有了这莫大的资本，只要再加以自己和他人的劳动的联合，那么，财富的增多，一定比《天方夜谭》[①]中所描写的东方人梦里的豪富还要多。

土地被开垦的，已到异常宽广的范围了，并且适于上等种子的

① 即《一千零一夜》(Mille et une nuits)，阿拉伯的传说文学，里面包含着一连串的故事，都是古波斯大臣的女儿 Shehrazade 对波斯国王讲述的。这书有中文节译本。——译者

播种，如果再加以熟练和勤勉，便可以得到丰富的收获——这收获是足以供给全人类的一切需要而有余。合理的耕种方法已是充分知道的了。

在美国的大原野，每一百个农夫使用有力的机械，能够在数月之内，生产出足以支持一万人全年生活的小麦来。假使人们还想得到二倍、三倍、乃至百倍的生产物，只要他们去制造土壤，好好地培养每一棵幼苗，便可以得到这莫大的收获。古代的猎人为了一家的食物，不得不跑遍五六十方里去搜寻食物；现在文明人只在那地方的千分之一以内，便能够更容易、更有把握地养活了他的全家。气候的寒暖也不会有什么阻碍了。太阳光线不足的时候，可以用人工的热力来代替；用人工的光线来促进植物发育的时候也到了。在同一个地方，用玻璃和热水管，比较任其自然时，可以多得到十倍乃至五十倍的生产。

工业的伟大成就，更可惊异。靠着那些灵巧的东西（这便是近代的机械，它们自身是许多无名的发明家的三四代苦心的结果）的协力，现在一百个工人能够制造出一万人在两年中间所穿的衣物；若有经营完善的煤矿，一百名矿工的劳动便能够供给每个严寒的冬季中一万个家庭暖屋子的燃料。而且我们近来亲眼见到为了举办万国博览会在一两个月中间突然出现的卓越的都市的奇观，法国国民的日常工作却丝毫不因之而紊乱。[①]

在制造工业中与在农业中一样，并且实在与在现社会制度全体中一样，我们祖先的勤劳，发现和发明，大都被少数人利用了，然

① 指 1889 年及 1900 年的巴黎博览会。——日译者

而人类全体只要靠已有的钢铁的机械帮助，那么，社会的各分子都一定能够得到富裕安稳的生存。

的确，我们是富裕的——比我们所想到的更富裕得多；只就我们已有的而论，我们已经是富裕的了；而且我们现在机械的设备所能够生产的，更要富裕得多；从我们的土壤，从我们的工业，从我们的科学，从我们的技术的知识所生产出来的东西，如果专门为着万人的安乐而使用，那么，我们便是世间最富裕的。

II

在我们的文明社会中，我们是富裕的。然则为什么还有那许多的穷人呢？为什么多数民众还不得不从事困苦的贱役呢？在过去遗留下来的一切财富中，并且还有每日数小时的劳动便足以保证万人安乐的生产机关，为什么便是那些得着上等工钱的工人，也还不能够得到明日的安全的保证呢？

社会主义者反复不倦地说到这个问题。他们天天反复地讨论这个问题，并且从科学的论据来证实它。这种现象是因为在那强夺盗窃、被胁迫的移民与战争、愚昧无知，以及压制等等的长期历史的过程中，生产上所必需的物品，如土地、矿山、道路、机械、食物、住居、教育、学识——尽被少数人强占去了。这掠夺压制的历史便是人类不知道征服**自然力**以前的生活。这是因为那少数人凭借着过去所获得的假定的权利，依旧垄断着现在人们的劳动产物的三分之二，然后更用极愚笨的、极可耻的方法来浪费这许多抢夺得来的东西。这是因为那少数人使多数民众陷于不能维持一个月甚或一星期的生活的地步，然后只允许他们在少数人自己应收得生产品的大部分的这种条件之下工作。这是因为少数人禁止其他的人生产他们的必需物品，而强迫他们去制造那些于大众的生活不必要而于独占者却有最大利益的东西。

资本主义的本质就在这里了。①

试看一个文明的国家。那曾经遮蔽全土的森林已经斩伐尽了，沼泽已经排泄了，气候已经改良了，这已是适于住居的了。以前仅有下等杂草的土地，现在竟被丰饶的百谷掩盖了。山谷间的岩壁也已筑成了阶段，而且还有金色果实累累的青藤繁茂地掩盖着。那些果实苦辣而根不可食的野生植物，经过几代的培养，也变成了多汁的蔬菜和甘美的果树。成千的公路和铁道通过了地面，贯穿了山岭。嚣嚣的机械的响声，便在阿尔普斯、高加索、喜马拉雅的空旷的峡谷中，也都能够听见了。河流可通行船只；海岸经过精密的测量也容易泊近了；人造的港湾，经过极力的浚掘，并且设法避免海中怒涛的袭击，已足以作为船只的避难所了。深的矿坑深入在岩石里面，地底下的繁密的坑道已直达到掘煤采矿的地方。在公路交叉的地方大都市勃兴了；而且在这些城市里工业、科学和艺术等等一切财富都积蓄起来了。

遗留给我们的时代以这莫大的遗产的，便是那子子孙孙生长死亡于贫苦之中，受着主人的压迫和虐待，被劳役所摧残了的世世代代的人民。

几千年来，数百万人民为斩伐森林，排泄沼泽，开通水陆道路

① 这一句依照 1921 年在柏林出版的德文译本，这和法文本、英文本都不相同。——译者

而劳动过了。便是现在我们在欧洲所耕种的每一“路特”（等于四分之一英亩）的土地，也没有不是由各种民族的血汗灌溉来的。每一英亩的土地都有强迫的劳动、难堪的苦役和人民的艰苦的历史。每一英里的铁路，每一码的隧道，都曾吸取过相当的人类的血液的。

矿山的竖井至今还在石壁上保留着那些用劳力开凿了它的工人的鹤嘴锄所造成的痕迹。地底下坑道的每根支柱间的空地，简直可以看做矿工的坟墓。每年因为煤气爆发，岩石坠落，或坑内出水的缘故而丧命的劳动者真是不可计数；谁能知道这些坟墓究竟引起了那般倚靠着死者的微少工钱活命的家族的若干眼泪、艰辛和说不尽的不幸呢！

被铁路和水道联络起来的各都市，都是有着数百年寿命的有机体。若把它们下面的地底掘开，便可以看见层层垒垒的市街、房屋、剧场、跑马场、公共建筑的基础。你若去探索它们的历史，你将知道这都市的文明、它的工业和它的特征等等，在变成现在的形态以前，还是靠着一代一代的居民的合作，才慢慢地发达而成熟的。各种住宅、工场、仓库，都是那死亡了埋葬了的数百万工人的积蓄的劳力所创造的；便是在今天，它们的价值也只是靠着住在世界各地的民众的劳力来维持。那构成我们所谓“国富”的分子，因为是伟大的全体的一部分，所以才有价值。伦敦的大船坞，巴黎的大仓库，它们的位置如果不是在国际商场的大中心，那么，还有什么价值呢？我们的矿山，我们的工厂，我们的手工场，我们的铁道，如果没有每日从海陆运输的无限量的货物，它们的价值又将怎样呢？

几百万人不停地劳动着，创造出来我们现在所夸耀的文明。

又有几百万人不停地劳动着来维持这文明。要是没有了他们，不出五十年之间，我们的世界除了留下一片废墟而外，什么也都没有了。

即便是一种思想，一种发明，无一不是过去和现在所产生的公共财产。那表现人类天才的各种机械的发明，也无一不是由知名的与不知名的，死于贫困之中的千万发明家所协力完成的。

几千的著作家、诗人、学者，不断地劳动着来增进知识，消除谬误，造成科学思想的空气。要是没有了他们的事业，绝对不会有我们今日这样可惊的文明进步。即便是这几千个哲学家、诗人、学者、发明家，他们自己也是靠着过去几百年间的劳动的帮助，才能成就的，他们在一生中，身心两方面都受着各种劳动者和工匠的支持与培养，他们的原动力也是从环境中得来的。

像施甘[①]、马摇[②]、格劳夫[③]那样的天才，他们促进工业向着新方向发展，的确远胜于全世界的资本家。但是天才自身还是科学的产儿，也是工业的产儿。直到有许多蒸汽机在万人的眼前工作了多年，不断地使热变为动力，又使动力变为声、光、电，于是天才的识见才能够说明物理力的统一与机械的原因。如果我们这般十九世纪的产儿终于能够了解这个观念，如果我们现在知道怎样来

① 施甘（Marc Seguin，1786—1875），法国工程师，是最先计算出来热之力学的等价量的人。——译者

② 马摇（Jules-Robert de Mayer，1814—1878），德国物理学家与医生，他计算由气体的压缩而产生热的量，因而决定“热之力学的等价量”，并于1851年发表《热之力学的等价量》。——译者

③ 格劳夫（M. R. Grove，1811—1896），英国物理学家，曾著书论物理力的统一（1846）。——译者

应用它，这也是每日的经验所教给我们的。18 世纪的思想家早已知道了这个观念，并且宣示过，然而当时这个观念不能被人们所理解，实在是因为 18 世纪并没有像我们现代这样，伴随了蒸汽机的进步而发达成长。

试想，因为瓦特[①]在沙何寻着熟练的工人把他的理想用金属体现出来，以完成他的机械的各部分，于是那藏入机械中，比马易驭、比水易制的蒸汽终于成了近代工业的真正灵魂；如果瓦特做不到这样，那么，我们经过几十年还不能够知道近世工业革命的法则！

每一种机械都有同样的历史，——这长篇的记录中，有许多不成眠的长夜，有贫困，有幻灭，有欢喜，有无名工人世世代代所发现的部分的改良；那些无名工人对于最初的发明所增加的，几乎少到没有，然而如果没有这极其微小的贡献，许多丰富的理想是不会结果实的。不仅是这样，无论任何一种新发明，都不过是在机械和工业的广大世界中的从前无量发明的总和与结果而已。

科学与工业，智识与应用，发现与引入新的发现的实际应用，脑筋的聪明与手腕的机巧，心智和筋肉的勤劳——一切都是共同劳动着的。无论任何一种发现，任何一种进步，任何一种人类的财富额中的增加，未有不出于过去与现在的身心两方面的勤劳。

那么谁有什么权利来占有这无量数的财富中的一小部分，而这样地说“这是我的，不是你的”呢？

① 瓦特（James Watt，1736—1819），苏格兰工程师，近代蒸汽机的发明者。他后来在沙何（Soho）经营铁工厂。——译者

III

然而在人类所经历过的许多时代的历程中，那些使人们能够生产，使人们能够增加生产力的一切必需的东西，都被少数人强占去了。将来我们再叙述这种情形是怎样发生的。现在，只叙述这件事实而且分析它的结果便够了。

现在的土地，它的价值是由于继续增加的人口之需要而生出来的，但已经是属于少数人的了，他们阻止人民去耕种——或者不许人用近代的方法去耕种。

各地的矿坑便代表各时代的劳动的结果，它们的唯一的价值是从一个国家的工业的需要和人口的密度中生出来的，但那些矿坑又归少数人所有；他们如果发见了别的更有利益的投资事业，便要限制煤的采掘，或者甚至完全停止了掘煤。机械也成了少数人的特有财产。机械本来是由三四代工人从最初的粗拙发明逐渐加以改良才完成的，这是不可争辩的事实；然而机械仍然为少数人所有。如果百余年前最初造出制花边机器的发明家的子孙，现在跑到巴塞尔（Bâle）、诺丁汉（Nottingham）的花边工厂去要求他们的权利，他们曾被叱骂道“滚开！这机器不是你们的”，假使他们还想收管这个工厂，他们一定会遭枪毙。

铁路，倘若没有欧洲那样繁盛的人口，以及欧洲的工商业和商场，那么，无论怎样长的铁路都不过是许多无用的废铁罢了；但铁路也是属于少数股东的，那些股东大概连路线经过什么地方都弄不清楚，然而铁路所供给他们的岁入，比较中世纪的王侯的岁入还要多。倘使那些为开凿铁道和山洞而死的千万工人的小孩们，迫于饥寒，一旦集合起来，向股东要求面包，别人便会用枪刺和炮弹来驱散他们，以保护“投资者的利益”。

由于这种奇怪的制度，工人的儿子出世之后，倘使他不肯承认把生产品的大部分献给主人，他便得不到他可以耕种的田地，他可以运转的机械，他可以开掘的矿坑。他不得不为着很少的不确定的工钱，把劳力售与他人。他的父亲和他的祖父曾经不断地劳动来排灌这田野，来建筑这工厂，来完成这机械，他们把全副气力都用在这工业上面了。然而他们的子孙走进这世界，却比最下等的蒙昧人还更贫苦。假使他要得着耕田的许可，一定要遵守“将生产品四分之一献给主人，另外四分之一献给政府和中间人（经纪人）”的这个条件。这种政府、资本家、地主、中间人，向他征收的租税是不断地增加的；这使他没有改良农事的余力。倘使他改业为工人，也要在“将生产品的二分之一或三分之二献给国家所承认的机械所有者”这种条件之下，才能够得到工作；有时甚至在这种条件之下寻求工作，也得不到。

在从前，倘使农夫不将收获的四分之一献给封建的领主，他便连一块耕地都不会得到，我们认为这样的领主是太无耻了。我们称那个时代为野蛮的时代。如今形式虽已改变，而实际的关系却依然一样；劳动者在自由契约名义之下，还被强迫着承认封建的义务。因为无论他走到什么地方，总不会找到较好的境遇。万物都成了私有财产，他也不能不承认；不然，就只有饿死。

这样情形的结果，便使我们全部生产都向着错误的方向走去。企业也从不会顾到社会全体的需要。它的唯一目的在增加投资者的利益。因此，发生了市场的不断变动，工业的定期的恐慌，每一次都要使数百万的工人失业而徬徨街头。

劳动者不能用他们所得的工钱购买他们所生产的财富。工业便寻找外国的市场，在他国的富裕阶级中去寻求销路。因此在东方、非洲、埃及、东京(这是安南的东京)、刚果等等地方，欧洲人便不得不促进了农奴制的生长。他居然这样做了。然而在各处他都遇着同样的竞争。一切的国家都是向着同一的路线上发展的。于是战争，永久的战争，为着争夺市场的优先权的缘故而爆发了。为着侵占东方的战争，为争夺海上霸权的战争，为课输入品税和提出条件逼迫邻国接受的战争，为压制反叛的“黑人”的战争，都爆发了！大炮的怒吼在世界中不曾停止过；许多种族尽被屠戮；欧洲诸国军备的耗费，要占全部预算的三分之一；我们知道这种赋税压在劳动者的头上，是何等沉重难堪！

教育也是少数人的特权。工人的小孩仅仅在十三岁时，便不得不跑到矿坑中做工，或者在田野上给他的父亲帮忙；这样还说到教育，简直是多余的！工人白天在野蛮残酷的空气中做了过度的工作，晚上疲倦地回到家中，这样还向他们说起研究学问，也是多余的！社会便这样地分做了两个敌对的营垒；在这种状态下，自由全是空话。那些急进派最初主张政治权利的扩张，但是他不久就明白自由的呼吸会引起无产阶级的向上活动，他便转换了方向，改变了意见，依旧回到压制的立法和残暴专制的政府上去。

法庭、裁判官、行刑官、警察、狱吏这一大群都是为着维持这种特权而设的；再由这些又生出侦探、伪证、间谍以及威吓和腐败的全部组织。

我们所生活于其中的社会组织还阻碍着社会感情的生长。我们大家都知道如果没有正直，没有自尊，没有同情和互助，人类必会灭亡，恰像以强夺为生活的两三种动物，和蓄奴的蚁族的灭亡一样。但是这种思想是不合支配阶级的嗜好的，他们便苦心惨淡地造出似是而非的科学的体系以养成和这反对的思想。

巧妙的说教，屡屡说到"有的人应该分给没有的人"这个题目；但是倘使某人把这条教义实行，立刻便有人来告诉他：这种美丽的感情在诗歌中是很好的，但不宜于实行。我们说"欺骗是自卑，自侮"，然而一切文明的生活真是个大欺骗。我们使自己并且还使我们的子孙习惯于那种两面的道德，过那种虚伪的生活。然而我们脑筋本不安于虚伪，于是常以诡辩来自欺、自解。实在虚伪和诡辩，已成为文明人的第二天性了。

但是社会是不能够这样生存下去的，社会必须回复到真理的路上；不然，就会灭亡。

从最初的独占行为生出来的结果已经蔓延到了社会生活的全部。人类社会不能坐待灭亡，便不得不恢复下面的基本原理：生产的工具既然是人类的协同工作的结果，生产品就应该成为种族全体的共同财产。个人的占有是不当的，而且有害的。万物属于万人；万物为万人所用。因为万人需用万物，因为万人用全力来生产万物，因为在世界的财富的生产中不能估计出各个人的一部分来，所以万物是为万人所有的。

万物为万人所有！这里有无数的工具和器械，这里有能够任我们使用的铁的东西，这就是我们称为机械的东西，它能够为我们或锯，或刨，或纺，或织，或破坏，或改造，使用原料以生产我们现代的奇迹。然而没有一个人有权利去强占这些机械的一种，而且还说:“这是我的;你要使用它,必须在你的各种生产品中缴纳租税给我。”这又何异于中世纪的王侯对农夫说:“这丘陵,这牧场,都是我的。你必须从你收获的每束谷物,你所积的每个稻草堆,你所造的每块砖中间抽税给我!”

万物为万人所有!无论男女,只要能够分担正当的工作,他们便有权利来正当地分配万人所生产的万物;这种分配足以担保万人的安乐。什么“做工的权利”,什么“把各人的劳动结果的全部给各人”,这种空泛的方式,早用不着了。我们所主张的是:安乐的权利;万人的安乐!

第二章　万人的安乐

I

万人的安乐并不是梦想。我们的祖先为着增加我们的生产力的世世代代的劳动，便证明出来这是可能的，实实在在做得到的。

我们大家都知道，现在实际从事生产的人数虽仅有文明国家的居民的三分之一，然而他们所生产的物品却是很多的，能够使家家户户都得着相当的安适。我们更知道假使现在那些以耗费他人劳动的结果为生的人，一旦把他们的闲荡时间用来制造有用的物品，那么，我们财富的增加，当然是以生产者的人数为比例的，或者还有更多的增加。人类的生产力增加的速率是要超过他的生殖力，这恰和中产阶级经济学的教主马尔萨斯[①]的学说相反。一个地方的人口愈稠密，他们的创造财富力的生长便愈迅速。

① 马尔萨斯(Thomas-Robert Malthus，1766—1834)，英国经济学家。他认为人类的生殖力增加的速率是要超过他的生产力，即是：人口按照等比级数(几何级数)增加；而食物则按照等差级数(算数级数)增加。为了调剂这种人口过剩的现象，便产生“预防的障碍”(如节欲、避妊、堕胎等)与“实质的障碍”(如战争，饥馑，杀婴等等)两种制止方法。克鲁泡特金在本书和其后的《田园工厂手工场》中反复申述，证实了马尔萨斯学说的错误。——译者

因此英国的人口从1844年到1890年之间，仅仅增加了百分之六十二，而其生产力的增加，就以最小的数目来计算，也是二倍于人口的增加率，即是百分之一百三十。法国的人口增加最迟缓，然而其生产力的增加也是很快的。虽然农业常常遇到恐慌，虽然国家常来干涉，还有什么所谓“血税”（即征兵）以及投机商业和财政等等的限制，然而过去八十年间法国小麦生产量的增加却有四倍之多，工业的生产更增加到十倍以上。至于美国，则这种进步更是显著。美国的财富并不因欧洲过剩的工人的移往而减少，反而因为这个缘故增加了十倍。

但是这些数字还不足以指出在将来更完善的社会情形之下，我们的财富应该增加到怎样地步；现在的推算恐怕还不到将来的财富的百分之一。因为现在我们的生产力虽是增加很快，然而一方面游民和中间人的数目的增加，也是很惊人的。一般社会主义者预料资本会渐渐地自然集中在少数人手里，所以只要把几个大富翁的财产充公便行了。然而这种预料不唯不能实现，并且发生了相反的事实，就是那些依靠他人劳力而生活的寄生者还是不断地增加。

在法国每三十个居民中，实际的生产者还不到十个人。统计全国的农产，不过是不满七百万人的劳力的结果。在矿业和纺织两大工业中，工人的数目还不到二百五十万；然而掠夺劳力而生活的人究竟有多少呢？

在英帝国从事于纺织业的工人，合女工童工在内仅有一百万人；从事矿业的不到九十万，耕田的不到二百万。据最近工业调查的结果，在全部工业中被雇用的男女工及童工仅有四百余万。[①]那些统计学家要在四千五百万居民中算出八百万生产者的最高额，便不得不夸大其说了。严格地说，从英帝国输出于全球的货物，也不过是六七百万工人制造的。至于那些股东和中间人，他们直接间接敛取劳动者的精华，又插身在生产者和消费者中间坐收厚利，这种人的数目究竟有多少呢？

不但这样，并且那些拥有资本的人还不断地限制生产，以减少货物的产额。我们且不必说那些专门供富人吃的牡蛎，宁可一车一车的抛在海里，只为了免得它变成平民的食品。我们更不必说起像牡蛎那样地处置了的千百种奢侈品——织物、食品等等。我们只要记着他们用什么样的方法来限制人类最必需的物品的生产便够了。无数的矿工准备着，并且也很愿意来天天挖煤，送给那些冷得打战的人；然而通常他们里面的三分之一，甚或三分之二在一个星期内不能做工到三天以上，因为老板要维持煤炭的价格，不愿因煤的出产加多而使其价格减低。成千成万的织工也同样地被禁止使用纺织机，虽然他们的妻子儿女只穿着破布，虽然全欧洲四分之三的人都穿着不像样子的衣服。

时常有几百个熔矿炉，几千所工厂休息着不开工，又有许多只做半天的工——然而在每一个文明国家里面，都有二百万以上的失业工人；他们到处寻找工作，却始终得不到一个！

倘使叫几百万人来开垦荒地，或把瘠地化为收成很好的沃土，

① 在五十三种不同的工业的各部分(连军用品制造业在内)中雇用劳动者的总数为 4,013,711 人；在铁道的敷设与保线事业中有 241,530 人。他们的生产总数价值达到 1,041,037,000 镑，而他们的净产数是 406,799,000 镑。——著者(英文本)

他们将会是何等的欢喜！一年间的方法得宜的劳动，可以使英国数百万英亩荒废着的像现在所谓绝对不毛之地，生产出五倍多的东西来；更可以使现在一英亩只产出八英斗的小麦的法国南部的干地，增加五倍多的出产。然而这些勤勉的愿意去开垦的人却得不到工作，仍不得不过着闲荡生活。这实在是因为那些土地、矿山和工厂的主人喜欢把他们从公共社会掠夺来的资本，投到土耳其和埃及的公债里，投到巴达哥尼亚的金矿中，使埃及的农夫、意大利的移民、中国的苦力做他们的工钱奴隶。

这不过是直接的有意的限制生产。此外还有间接地、无意地限制生产的方法，这便是把人类的劳力耗费在制造绝对无用的，或仅能满足富人的虚荣心的物品上面。

财富遭受着间接的限制到怎样的程度呢？应该用于生产上的精力，并且特别用于生产所必需的机械的设备上的精力，又被耗费到怎样的程度呢？我们简直不能用数目字算出来。我们但看欧洲每年耗费在军备上的那笔大款，其目的不过是为着攫取各国市场的支配权，使自己的货物畅销于邻近的地方，俾国内的掠夺更见容易。又每年要耗费数百万金钱来供养各种官吏，他们的职务却仅仅是来维持少数人的“权利”（即是几个富豪的权利），少数人操纵国民经济活动的权利，并且还要耗费数百万金钱来维持裁判官、监狱、警察，以及一切所谓“正义”的装饰品，这完全是耗费于无用之地了。因为我们大家都知道，只要大都市中的贫乏稍微减轻一点，犯罪的事也会因之而减少的。最后我们还要说每年耗费在宣传毒言邪说的印刷物上，以及为党派，为政治家和投机的公司等等的利益而出版的造谣的报纸上面的金钱，也有数百万之多。

然而还有前面未举出来的劳力的浪费。譬如保持富豪家中的马厩，狗窝、奴仆等等的事；助长交际社会的新奇流行和迎合庸俗的大众的低级趣味的事；又如强迫那些消费者购买他们所不需的物品，或利用夸大的广告来把劣货卖与他们的事；此外还有制造者为着贪图厚利的缘故，去生产绝对有害的物品的事：这样的浪费是很可惊的。假使把这种浪费完全用来生产有益的物品，那么，我们的财富又要增加一倍以上。假使把这种浪费用来置备机械，放在工厂与制造所里面，那么现在三分之二的国民所缺乏的物品又会充满在商店中了。在现今的制度之下，各国的生产者中，差不多整整有四分之一在一年中间有三四个月是得不到工作的，还有四分之一的劳力（其实甚至可说是二分之一）的结果完全造就了富人的娱乐和公众的掠夺而已。

因此倘使我们考察一下现在的情形，看见一方面各文明国内生产的增加异常迅速，一方面又看见现在情形下直接或间接的限制生产，我们便自然而然地得到一个结论，就是：倘使把经济制度改良一下，使它更为合理一点，那么，不到几年的工夫，必要的生产品便会积蓄了很多。到了那时，人人都要说："够了！够了！我们的煤炭、面包、衣服等等都很够了！我们休息一下，再来考究怎样才能够好好地利用我们的闲暇，发展我们的能力！"

从此，我们可以相信万人的安乐不是梦想了。诚然，在上古时代，人用尽他一身的力量耕种一亩土地，只得着几斗小麦，并且还要用手来制造农业上、工业上的器具时，这算是梦想的。然而现在的情形不同了。现在人们已经发明了发动机，只用少量的铁和几包煤炭，便能运转复杂的机械像驾驭柔顺的马一般，在这时候，万人的安乐不再是梦想了。

但是要实现万人的安乐，就不应该将这莫大的资本——城市、房屋、牧场、耕地、工厂、公路以及教育等等——认为一种可以由少数垄断者自由支配的私产。

这些由我们的祖先在困苦艰难中所获得、所建筑、所创造、所发明的丰富的生产工具，应该成为一种公共财产，俾万人的最大福利可以由众人的共同利益中产生。

应该要有充公的创举。应该知道万人的安乐是目的，充公是方法。

II

“充公”，这就是历史放在我们 20 世纪[①]的人面前的一个问题。一切能够用来创造众人幸福的东西皆归众人所有，这就是近代人的最大要求。可是，这个问题却不能靠立法解决。现在没有人会这样想。穷人和富翁一样，知道非但现在的政府不能解决这个问题，便是将来任何政治革命所产生的政府也不能够解决它。人们已经感到社会革命的必要了，无论贫人或富人，大家都公然相信这个革命已经逼近了，它是时时刻刻可以爆发的。

在 19 世纪后半期中，人类思想有了一种大的变化；这种新的精神被少数人(换言之，即有产阶级)钳制了，不能任其自然发展，所以它必须以强力冲破藩篱而爆发为一个革命。

革命从何发生呢？革命怎样爆发呢？没有人能够回答这个问

① 法文原本出版于 1892 年，故作“19 世纪末叶”。——译者

题。未来是不可知的。但是那些能够观察而又能深思的人绝不会看错它的兆候；劳动者与雇主，革命者与保守党，思想家与实行家，人家都感到革命已经站在我们的面前了。

那么，革命爆发的时候，我们将做什么呢？

我们大家都用心研究过革命的戏剧性的一方面，而少注意到实际的革命工作，所以我们中间有很多的人只见到这些大运动的舞台的效果，如起初几天的战斗、障碍物等等。但是这种战斗，这种开始，不久就完结了。真正的革命工作只有在旧政府倒台以后，才能说是开始。

旧的统治者已经无能为力，而又处在四面楚歌之中，所以即刻会被暴动的烈焰疾卷而去。1848 年有产阶级的帝政只在几天内就消灭了；并且在国王路易·菲力普坐着马车逃出法国以后，巴黎就完全忘了它的废王。[①] 同样梯也尔政府在 1871 年 3 月 18 日那天几小时内就不见了[②]，让巴黎去决定它自己的命运。然而 1848 年与 1871 年仍只是暴动而已。在民众革命之前，旧的统治者逃遁之快，更是出人意料之外。这班旧秩序的主持者逃匿到外国去，在安全的地方躲着，图谋再举，设法卷土重来。

旧政府消灭了，军队也在舆论的怒潮之前迟疑起来了，他们再不肯服从他们的指挥官；那些指挥官也很聪明，很谨慎地逃开了战地。于是军队交叉着两手让革命党人自由行动，或者去和暴动者联成一气。连警察也垂着双手不知道应该打革命党人呢，还是应

① 指法国二月革命的事。——译者

② 指巴黎公社革命的事，梯也尔（Ad. Thiers）在六十几天以后又攻进了巴黎，参看第 61 页注①。——译者

该高呼“公社万岁！”有的便回家去，“等待新政府的成立”。富有的人收拾他们的行李，逃到安稳的地方去。只有平民留在城里。——看，一个革命就是这样爆发的！

在许多大城市，公社制度宣告成立了。几千几万的人在街上游行，夜间自己跑到各种临时俱乐部里去问：“现在应该做什么？”并热烈地讨论公众事务。一切的人都很关心社会的变动；昨天的中立者或者就是今天最热心的人。到处都有自愿牺牲者，每个人都希望着维持胜利。崇高的献身的行为就在这时发生了，群众的唯一的愿望就是向前迈进。

这一切都是极美妙、极崇高的。但这还不是革命。革命的工作不过从这时候开始。

自然这时不免有乘机复仇的事情。像瓦德林、托马士①这类的人因为名声太坏，不免要受着惩罚；但这不过是斗争中偶然的事，并不是革命。

社会党的政客，急进派，新闻界的失意分子，中产阶级与工人中的竞选演说家，不免兴高采烈地跑到市政厅和政府机关里去占一个空位置。有些挂起金银的带子，心满意足，对着部里的镜子，而且用心学习适合于他们新地位的威仪去发号施令。他们要是不挂起赤色的饰带，戴上锦绣的制帽，装起官僚的模样，怎么能够威压从前在工厂和事务所中的旧同事呢！又有一些人却埋头在档案中间，费尽气力，好心好意想整理出一个头绪。他们要制造法律，

---

① 托马士（Clément Thomas），被称为1848年6月革命时的“屠夫”，最为巴黎人民所憎恨。1871年巴黎公社革命时，他任国民军总司令，被群众杀害。——译者

还要发布夸大的告示，然而这时再没有人来奉行这些了，因为革命已经发生了。

这些人想使自己握着他们从来未有过的权势，他们依旧去求助于旧的形式的政府。他们便成立了如“临时政府”、“公安委员会”、“市长”、“县长”、“公安委员”等等名目，有的是选出的，有的是推举的，他们都会出席委员会或公社的会议。这一群人一共包含着一二十种意见不同的党派，对于革命的范围、态度、目的等等，各有不同的概念，“实行派”[①]、“集产主义者”、“急进党”、“雅各宾派”[②]、“布朗基派”[③]，同聚于一室，虚耗时间于口舌的争论中。诚实的人和野心家聚在一起，那些野心家只梦想着攫取权力，他们一旦得势，便会排除人民。大家各怀着正相反对的意见聚集在一处，组成暂时的联盟，为着要造成多数，然而这多数的寿命只能够维持一天。他们彼此争论，互相骂为反动派、官僚、流氓等等；一遇重要措置意见便不能一致；平时只就极其微小的琐事争论；除了发出夸大的布告而外，什么事都做不出来；大家都以为自己占着极其重要的地位，而其实革命的真正力量却是在街巷之间。

这些事在那些平素喜欢看戏的人，倒觉得快意，但这绝不是革命，什么事都还没有办到！

---

① 实行派（Possibilistes），即法国社会主义劳工会会员的名称，又称为布鲁斯主义者（Broussistes），以保罗·布鲁斯（Paul Brousse，1854—1912）为领袖。——译者

② 雅各宾派（Jacobins），如今用来称呼一般主张建立中央集权的革命政府的人，不是指法国大革命中的雅各宾俱乐部的会员。——译者

③ 布朗基派，即布朗基主义者，这是法国社会主义的革命家布朗基的信从者，反对帝国及资产阶级的共和主义。——译者

在这个时候只有人民受苦。制造所停办了，工厂关门了，商业也全部停顿了。工人甚至不能够再获得他从前的那样微小的工钱。食物的售价却一天一天地增高起来。但是民众有英勇的献身精神，这种精神每次临到绝大危机，便愈见崇高：他们要坚忍地等待着。在1848年革命时，他们曾这样地说："我们要忍耐过这三个月的艰难困苦，以尽力于共和；"而同时"他们的代表"与新政府的大人先生以至于最卑劣的自负多能的小官僚，还是要按期支取薪俸。

民众受着痛苦。他们有着小孩的那样的信仰。他们有着那些迷信领袖的群众的好脾气，他们还以为在"那里"——在议院，在市政厅，在公安委员会——有人在争取他们的权利。然而实际上在"那里"所讨论的，什么事情都有，独于民众的福利一层却未提起。在1789年饥馑蹂躏了法国全境，使革命遭受挫折；当人民陷于贫困的深渊的时候，在香榭丽舍还是华丽的轻车相连，满载着那些饰珠玉、竞艳装的美女丽人，罗伯斯庇尔[①]还催着雅各宾党[②]讨论他个人的关于英国宪法的意见。当1848年劳动者因工商业总停顿而受苦的时候，临时政府与国民议会却在讨论军人的饷银和囚徒的工作，反把那处在可怖的危机中的人民的生活置之不顾。又如

① 罗伯斯庇尔(M. Robespierre，1758—1794)，法国大革命中山岳党的三大领袖之一，恐怖时期的独裁者。——译者

② 雅各宾党是法国大革命中革命党人的左派，他们隶属于雅各宾俱乐部，罗伯斯庇尔是他们的领袖。——译者

那在普鲁士炮弹之下产生出来的巴黎公社[①]，虽仅仅支持了七十日，也犯了这同样的错误——这失败证明出来：民众饿着肚子去革命，是不能成功的，一个人每天只得着三十个“苏”（一个苏值五生丁，共合一个半法郎）要他同时在城垒上作战，并且养活家庭，是办不到的事。

民众受着苦，他们常常自问：“有什么方法能够免除这种困难呢？”

III

在我们看来，对于这个问题的回答只有一个：——我们必须承认并且高声宣言：每个人不管他在旧社会中的等级如何，不管他是强、弱、巧、拙，而且社会中所有的衣、食、住等等维持生存的必需品都应该没有差别地分配给众人。我们必须承认这个，要高声宣传这个，更要去实行这个。

我们必须这样地处置一切事务，使工人在革命的第一日，便知道一个新的时代已经横在他们的眼前。从此以后便再没有人会蜷伏在高楼大厦附近的桥下了；也没有人会在食物堆积的地方挨饿绝食了；更没有人会在皮毛堆积如山的衣店旁边冻死了。万物为万人所有，理论上是如此，实际上也是如此。最后历史上未曾有过

① 巴黎公社（Commune de Paris），指1871年法国的工人革命。1870年法国在普法战争中战败，皇帝拿破仑三世被俘。国内资产阶级另组织号称国防政府的临时政府，以梯也尔为领袖。次年（1871）3月18日巴黎民众暴动，推翻临时政府，梯也尔等逃往凡尔赛。巴黎民众另组工人政府，即历史上有名的“巴黎公社”。5月22日凡尔赛军队攻入巴黎，经过一个星期的屠杀后，巴黎公社完全毁灭。——译者

的真正革命终于成功了。这革命要先考虑了民众的需要，然后才来叫民众尽义务。

这绝不是“议会的法令”所能办到的，我们必须直接地并且有效地把那保证万人安乐的一切必要物品占有了，这才算是唯一的真正科学的进行方法，这才是唯一的多数民众所能了解并且希求的方法。我们必须以民众的名义去占有谷仓、衣店、住宅。不要使一件东西被浪费。我们应该毫不迟疑地组织起来从事拯救饥饿，填补缺乏，应付一切需要；不为某一个人的利益而生产。应为保全社会全体的生活及其更进一步的发展而从事生产。

“做工的权利”那一类的暧昧的语句，是在 1848 年的当时用来欺骗民众的，到现在还有人想用它来欺骗民众，然而这类的语句我们不要了。让我们来大胆地承认：万人的安乐既是今后可以实行的，我们就必须使它实现。

当 1848 年工人要求做工的权利的时候，国有和市有的工厂便设立起来，工人被驱到那里去做苦工，每人每日仅得着四十个“苏”（英币一先令八便士）的工资。当他们要求“劳工组织”[①]时，政府便回答说：“朋友！忍耐着，政府正在给你想法。这里有今天的四十个苏。我勇敢的工友们！你们为着糊口奋斗了一辈子，现在稍为休息罢。”同时政府又修理大炮，召集预备兵，用尽中产阶级所熟悉的方法，使工人自己分裂解体，后来在一个天气很好的日子，便下令叫工人到非洲去殖民，要是不去，便处以枪毙的刑罚：这时是

① “劳工组织”属于路易·布朗的社会改造计划，布朗在 1848 年的临时政府中占着一个重要的位置，他还是临时政府劳工委员会的主席，当时所组织的国民工厂便是模仿布朗的计划而组织的，但布朗所筹划的社会改造计划并未能实行。——译者

在 1848 年 6 月，离前政府推倒之期不过四个月罢了。[①]

反之，倘使工人去要求安乐的权利，其结果必然两样。所谓要求安乐的权利，即是要求占有社会财富的权利，——这含有适应各家庭的需要占有住宅，把食物的仓库收归公有，在熟知饥馑的苦况以后，再来认识富裕的意义。他们主张他们对于一切社会财富的权利（这财富是过去和现在世世代代民众的劳力的结果）；并且还要利用这财富来使他们也享受资产阶级独占去了的科学和艺术的高等快乐。

他们主张过着适意生活的权利，同时他们还主张更重要的权利，要有权利来为他们自己决定如何才是适意的生活，要保证这种适意的生活须生产何物，何种东西是无用而应该排斥的。

"安乐的权利"便是说要能够过着人过的生活的意思，要能够养育子孙，使之成为比较我们现在这社会更优美的社会的一分子的意思；而"做工的权利"的意思，不过是使工人成为工钱奴隶和苦役者，他们的子孙将永受资产阶级的掠夺和支配罢了。"安乐的权利"是社会革命，而"做工的权利"不过是商业制度的踏车[②]而已。

现在是时候了。工人应该起来主张对公共遗产的权利，并且应该占有这个遗产。

① 2 月 24 日法王路易·腓力普逃亡，临时政府宣告成立。四个月后发生六月的革命，这六月事变可以说是当时的国民议会促成的，在国民议会的选举中反动派占了优势，它选出后的第一炮便是发布停闭国家工厂的法令，更激起工人阶级的恶感。6 月 23 到 26 日四天中巴黎工人与国民军在巴黎市内外巷战，事败，工人被捕者有一万多人，其中多数被枪决。——译者

② 踏车是从前设在监狱内令囚犯踏磨的东西。——译者

第三章 无政府共产主义

I

我们以为无论任何社会，只要废止了私有财产后，便不得不依着共产的无政府的方向进行。由无政府主义生出共产制；由共产制达到无政府主义。两者都是近代社会中的主要倾向的表现，即对平等的追求。

在从前有个时候，农家把他们自己耕种得来的谷麦和在茅屋内织就的毛布衣服看做自己劳动的产物。但是这样看法，也不是很正确的。即便是在那时，道路、桥梁也是公共修建的；低湿地方的排水，也要靠着公众的力量；公用的牧场，周围有一道篱笆，这也是要众人共同修补的。一两个人把织布机和染料改良了，万人都得着利益，便是在这样的日子里，农家也不能够单靠着自己生活。他们在各方面都要靠着乡村或公社的人民合力去做。

况且在今日的工业状况中，一切都是互相维系的，生产的各部门都是和其他的一切相连属的；在这种情形之下对于各种工业的生产品，要说是个人制造的结果，要主张一种个人主义的起源，这是不能成立的。文明各国内的纺织业和矿业之所以达到异常完美的地步，还是由于其他千百种大小工业同时发达所致；这也是由于铁道网的扩张、海洋间的航行、劳动者的技能之熟练以及劳动阶级全体的教养程度达到某一定的水准等所致；简言之，这完全靠着世界各地的人的劳动的力量。

开凿苏伊士运河而患虎列拉，和造圣哥塔特隧道[①]患关节病而死的意大利人，以及参加解放黑奴的战争而死于枪林弹雨之下的美国人，对于英、法棉纱工业的发达所尽的力量，并不减于那些憔悴在曼彻斯特（Manchester）和鲁昂（Rouen）的工厂中的青年女工和改良织机的发明家（他也是依着别个工人的暗示而成功的）。

然则，我们对于这万人的力量所积蓄下来的财富怎样能够计算出来其中各个人所有的实额呢？

假若我们用一般的综合的见地去观察生产，我们便不能不反对集产主义者的意见；他们拿各个人对于财富之生产所花费的劳动时间为比例，来分给报酬，并且以为这可以是一种理想的安排，甚或是向着正路的迈进。在现社会中，物品的交换价值果真能够依着生产这件物品所必需的劳动量来计算么（如亚当·斯密[②]、李嘉图[③]所提倡，而马克思所追从的学说）？这问题且留在后章中讨论，我在这里只略说几句：在我们看来，集产主义者[④]

① St. Gothard隧道，在瑞士南部阿尔普斯山中，长约九公里半，在1828年造成。——译者

② Adam Smith（1723—1790），苏格兰经济学家，名著《原富》（The Wealth of Nation）的著者。——译者

③ David Ricardo（1772—1823），英国经济学家，他的主要著作是《政治经济学原理》（Principles of Political Economy）。——译者

④ 这里的集产主义者是指社会民主党，集产主义即是他们的“共产主义”。——译者

的理想绝不能在以生产机关为共有财产的社会中实现。若要根据着这个原理，则那样的社会第一步便不得不彻底废除工钱制度。

集产主义的那种缓和的个人主义绝不能够和部分的共产主义(生产机关与土地的共有)同时并存。财产的新形式也需要着报酬的新形式。生产的新方法不能与消费的旧形式并存，犹如它不适合于旧形式的政治组织一样。

工钱制度是由土地与生产机关的个人私有而生出来的。这是发展资本主义的生产的必要条件；即使工钱制度戴上了“劳动券”[①]的面具来骗人，但也免不掉要同资本制度一齐灭亡。生产机关收归公有以后，人人都可以享受共同劳动所产生出来的结果，这是必然的事实。

我们更以为共产主义[②]不仅是值得向往的，便是建设在个人主义上的现社会也是不可避免地向着共产主义的方向进行的。最近三百年间个人主义的发达，是由于各个人为着抵抗资本与国家的威权，保卫自身的努力。有一个时候，他以为自己能够完全脱离掉国家与社会的羁绊，而那些代他表示出他的思想的人也是这样地说，他说：“我所需要的一切物品，都能够用金钱购得。”但是他却走上了错误的路，近代历史已经使他明白，假使没有一切人的帮助，便纵有金银满箱，也仍旧不会做出一件事来。

实在，在近代史中我们可以看见还有一种倾向，随着个人主义的潮流前进，它一方面保存着古代共产主义的遗物，一方面在近代

① 劳动券(Bons de travail 或 Arbeitsbons)英文本作 Profitsharing。——译者

② 指自由的共产主义，即无政府共产主义，与马克思和列宁的共产主义不同。——译者

生活的一切发展中，建立起共产主义的原理。

当第10、第11、第12世纪的公社脱离了宗教的和世俗的领主的羁绊以后，它们的共同劳动、共同消费便立刻很快地扩张发达。都市（不是私人）租赁了船舶，组织了远征贸易队，把它们的制造品输到他处，由这外国贸易得来的利益不属于个人，而属于全体。并且由都市购买粮食以供市民需用。到了19世纪这种制度的遗迹还保存着，平民便把它们的纪念传为口碑，制为传说，异常赞叹、景仰。

可惜现在都不见了。但是乡村公社仍竭力保存着这共产主义的最后遗迹，只要国家不来妨害，它的结果便是成功的。

同时，那些建设在这同样的原则——各取所需——上面的新组织，也以各种不同的形式勃兴起来了；要是没有一点共产主义的酵母，现在社会便不能够存在。虽然现在的商业制度足以使狭隘的利己思想深入人心，但这共产主义的倾向，仍不断地出现，并且还以各种方法影响我们的活动。

在从前，桥梁是要征税的，现在却成了共有财产，任人通行了；从前要向旅行者征收通行税的大路，现在也是任人通行，只有偶尔在少数东方国家中还要征收这样的税。博物院、免费图书馆、免费学校、免费的儿童食堂是很多了；公园、花园都开放了，任何人都可以去游玩；铺石燃灯的街衢，万人可以自由往来了；水也无限制地供给万家使用了。——这样的一切设备都是建立在“各取所需”的原则上面的。

电车与铁道已经发售一月或一年的长期券了，乘车的次数是不限制的。俄罗斯和匈牙利两国的铁道已通用“区域制度”的车票了，这种车票可使乘客以同样的车费行五百英里或八百英里的路程。[①] 这与邮政所采用的邮费均一制相差不远。在这一切的改革中都有一种倾向，就是不计较消费量的多寡。一个人要走八百英里，另一个人要走五百英里。这是各个人的需要。为什么因为一个人的需要二倍于他人的需要，他便应该付出二倍的价钱，这是没有充分理由的。便是在我们现在个人主义的社会中，也可以看出这样的兆候了。

此外尚有一种趋势，虽然这还是极其细微的，也值得注意；这便是供给各个人的需要时，并不较量这个人过去和现在对于社会所尽的力如何。我们开始把社会看做一个整体，它的各部分是互相密切地结合着的，所以为着一个人尽力便是对全体尽力。

假若你走进一个公共图书馆——例如不是巴黎国家图书馆，而是伦敦博物院，或柏林图书馆[②]，——那馆员并不问你在社会上所尽的勤劳如何，只要你要看书，一本或五十本他都会立刻借给你；假使你不会检寻目录，他还要来给你帮忙。你倘使有会员证书（有许多是以勤劳来代替的），还可以到各学术团体的陈列所、花园、藏书室、实验室和每年的讲演会，不管你是达尔文或平常的人。

在圣彼得堡，假若你正从事于某一种发明，你便可以到特别实验室里去，在那里你可以得着座位，一个木匠用的凳子，一个旋转

① 法文原本仅有匈牙利一国，无俄罗斯。据我所知，法国巴黎地道车也是采用这种制度的。——译者

② 这是对法国人说的，所以举出英国或德国的图书馆，虽然不是那两国的公民，仍然可以在那两国的图书馆中自由阅书。我们到巴黎国立图书馆中也是如此。——译者

的车床，其他一切必需的工具，以及科学的器械，只要你会使用你便可以取用的；至于在里面时间的长短也是随你自己的意思。那里有的是工具；又有各种技巧熟练的职工同伴，你要使他人对你的思想感到兴趣，便与他们合作也可以；不然，你要是喜欢单独工作也可以，都随着你自己的意思。将来发明一架飞机，或什么都不能发明，——那是你自己的事，只要你从事研究来实现你的理想，那就够了。

同样，那些驾驶救生艇的人也不会要遭难水手的身价保证，他们立刻开船，冒着怒涛狂澜的危险，有时甚至有灭顶丧身之祸；他们牺牲一己的生命去救那些不知姓名的人。何必定要知道他们呢？"他们也是人，他们需要我们的帮助（只这两句便够了，他们的权利由此便可成立了），快去援救他们！"

这样看来，即便是在这个理论上是个人主义的现社会里面，共产主义的倾向已经在各方面勃兴起来了。

假设我们的大都市中的某一个，它在平常是自私自利的，如今一旦遭了祸患——譬如说是被围攻了，——这自私自利的都市也会最先安置城内的老人和小孩，并不问这些人平日对于社会尽过力没有，也不问他们将来能不能对社会尽力；却先去养活他们，然后才来照顾战士。城内的男女都争先恐后地去看护那些负伤者，并不以他们所表示出来的勇敢和才能来分别待遇的优劣。

这种倾向存在着。当我们各人的迫切的需要满足后，我们便会觉察到这种倾向，它的发达是与人类的生产力成正比例的。每每在日常生活的浅陋的成见被一个伟大的思想驱逐去了的时候，这种倾向便成为一种活泼的力量。

然则，到了生产机关收归万人使用，一切事务均依共产主义而行，劳动在社会中占着最尊贵的地位，生产出超过万人所需要的物品的时候，这个已经如此强大的力量自然要扩张它的活动范围，直到它成为社会生活之支配原理为止，我们怎么还可以疑惑什么呢？

我们根据这些兆候来推论，更考究后章中所论的充公的实际方面，我们便可以决定当革命打破了维持现在制度的势力的时候，我们的第一个责任便是毫不犹豫地去实现共产主义。

但是我们的共产主义并不是傅立叶和共同住居论者[①]的共产主义，也不是德国国家社会主义者的共产主义，这是无政府主义者的共产主义，即是说没有政府的共产主义——自由的共产主义。这是我们人类经年累月所追求的两大理想之综合。这两大理想就是——经济的自由和政治的自由。

II

我们把“无政府主义”当做我们的政治组织之理想，不过表明人类进步的另一个显著的倾向。当欧洲社会发达到某一点的时候，它们便打破了强权的束缚，而代替以一种多少建立在个人自由的原理上面的制度。并且在历史上我们也可以看出来此等部分的或者一般的革命的时代（那时旧政府已被推翻了），也就是经济和智力两方面急速进步的时代。在中世纪的各公社得着自由独立后

① 法文本无傅立叶，只有共同住居论者。共同住居论者系依据日译名，原文为Phalanstériens，即指傅立叶的信徒。傅立叶的理想社会组织是法兰市（Phalange ou Phalanx）由四百个家族约千八百人组成的团体生活，住在叫做法兰司德尔（Phalanstère）的共同建筑中，故傅立叶的信徒又称为 Phalanstériens。——译者

的情形是这样，公社的那些纪念物（由各同业公会的自由劳动产生出来的）的技巧真是千古无比[①]；在农民大暴动发生，随后便引起宗教改革，动摇了教皇的权势，那时的情形是这样；旧世界（指欧洲——译者）的不平者在大西洋对岸所创设的，仅有一时自由的社会也是这样。

假若我们更来观察文明各国现时的发达，我们可以很明确地看出一种更显著的倾向来，就是逐渐限制政府的活动范围，而增加个人的自由。这种进化虽不免为旧制度和旧迷信的破砖碎瓦所阻碍，但是它依然进行不止。这也是和其他的进化一样，只待着革命的爆发来扫去阻塞进路的旧障碍。那么，进化便可以在更生的社会中找到自由活动的范围了。

人们费了许多力量想解决那个不可解的问题——建设一个"一面说是社会的公仆，一面又压迫个人使之服从"的政府的问题——仍然得不到解决，直到后来才想到从一切形式的政府下面解放出来，单靠那些由于具有同一目的的团体和个人中间的自由契约而成立的组织，来满足他们的欲求。于是各个小的地方单位的自立便成了迫切的需要了，以互相合意来代替法律；取消现在的国家的国境，以共同的目的和见地来调节个人的利害。

从前人们所目为政府的功能的一切，现在都成了问题了，事情的处置安排用不着国家的干涉，已经是更容易而且更满足的了。我们观察向着这方面的进步，便一定会得着下面的结论：人类的趋势是在减少政府的干涉以至于零：实在就是要消灭那不公道、压

① 参看著者的另一著作《互助论》（全集第六卷，朱洗译）的第五、六章。——译者

制、独占三者的化身——国家。

我们已能够大略地看出将来的世界了。在将来世界中维系个人间的结合的，不是法律，而是社会习惯——这是我们各个人所感到的要求邻人来帮助、合作与同情的需要之结果。

不消说，这种无国家的社会的思想，会引起许多的反对论的；至少那种废弃私人资本的社会的经济学是一定有人反对的，我们大家从小所受的教育都以为国家之建立是出于神意。我们在学校中所习的罗马史，后来我们习罗马法时所研究的东罗马法典[①]以及在大学中所习的各种科学，无一不使我们迷信政府和尊重神意的国家的德行。

为了保持这种迷信起见，便完成了整个哲学的体系，并且辗转地教授传播；一切的政治都基础在此种原理上面。无论何种党派的政治家都对人民说："把权力交给我们的党，我们愿意并且也能够使你们脱离多年来压在你们身上的那些困苦。"

我们从摇篮走到坟墓，这中间的一切行动，都是受着这种原理的支配的。试翻开一本社会学或法理学的书，我们便可以看出政府及其组织、其设施等等占去了一大部分，因此使我们不得不相信除了政府和政客而外什么都没有似的。

报纸也同样地使我们相信这些，全篇都是讨论国会的辩论和政治的阴谋的；至于人民的日常生活，仅仅在经济栏，或者关于诉讼或警察局发布消息的杂闻栏中说到一点。我们读报纸时，很难

---

① 东罗马法典(Byzantium Code)，康士坦丁大帝于纪元前326年移罗马都城于拜占庭(Byzantium，即现今之君士坦丁堡)，是为东罗马。故东罗马法典称为"拜占庭法典"。——译者

使我们想起那些生存的或者死亡的、知道悲伤的、劳动的、消费的、有思想的、有创造力的无数的生物(即全人类);我们只看到那些“伟大的”少数人,他们乘着我们的愚昧无知,扩大了他们的阴翳,把全人类都遮掩了。

我们再来观察生活的本身,看看实际的社会,我们便知道在其中,政府所做的事是异常微小的,这是令人惊奇的事。巴尔扎克[①]曾描写过几百万的农民一生不知道国家是什么东西,只知道国家强迫他们缴纳的重税。每天都有几百万件事情进行了,并不要政府的干涉。其中最大的事,如商业贸易之类,纵使订契约者的一方有不履行契约的意思,也不必诉于政府便可以得到解决。假若你和一个熟悉商业情形的人谈谈,他便会告诉你,商人间每日的贸易要不是以互相信用为基础,便是绝对不行的。践言的习惯和保全信用的存心,皆足以维持此种比较的诚实。即便是那种把有害的药包装得很精致,出售与人,使顾客中毒还不悔恨的人,为了名誉起见,还是要遵守着他们的信约。在现在以赚钱为唯一目的和唯一诱因的社会情形之下,这种道德居然也能发达,那么,到了社会不以垄断他人劳力的结果为基础的时候,对于它的急速的进步,我们还用得着疑惑吗?

还有另一个显著的事实(这正是我们这一代的特征)更足以证明我们的思想之正确。这便是,私人发起的事业的范围不断地扩大,而各种的自由组织也异常发达。在后面“自由合意”一章内我

① Honore de Balzac(1799—1850),法国写实主义小说家,《人间喜剧》(Comédie humaine,他的全部长篇小说的总名目)的创造者。——译者

们要详细讨论这个问题。在这里我们只说明这种事实是很多而且很普遍的,虽然一般政论家和社会主义的著作家把这种事实全然漠视不顾,只顾向我们谈论政府的职权,但这类事实已经成了19世纪后半期的主潮了。

这些自由的,各种不同的组织,都是我们的文明之极其自然的结果。它们发展得很快,并且很容易团结起来;它们是文明人的需要继续增进后一个必然的结果。它们很有效地代替了政府的干涉,结果是非常之好,所以我们必须承认它们在社会的生活中是一个重大要素。倘使它们不能扩张到生活现象的全部,这实在是因为工人的贫困,现社会中阶级的区分,资本之被私人垄断以及国家等等阻碍了它们的发展。要是把这些阻碍物除去了,我们便可以看见它们的存在遍于文明人的活动的全部领域。

近五十年的历史便足以证明代议政体完全不能满足我们的要求,我们所希望它做的,它完全做不到。在将来,一定有人举出19世纪来作为目击议会政治之失败的证人。

议会政治的无能,众人都明白了;议会政治的缺点和代议制度的固有弊害是异常明显的,将它们作过批判的研究的少数思想家如弥尔[①]、奈渥尔德斯等不过以文字来表示一般人民的不平罢了。实在要指定少数人并且对他们说:“请你们制造法律来规定我们一切活动的范围,纵然你们自己对它们一点都不知道,也不要紧!”这样办法的荒谬,并不是不容易知道的。

我们渐渐知道了所谓多数政治也不过是把一切的国家事务委

① J. S. Mill(1806—1873),詹姆士的儿子,英国哲学家和经济学家。——译者

之于一般毫无定见、只在议会和选举委员会中占大多数的人们的手中罢了。

人类不得不去寻求新的方法，而且现在已经找到了。

万国邮政联合会，铁道联合会，以及各种学术团体已经把自由合意足以代替法律的这个好例子指示给我们了。

到了现在，凡散处在各地的团体，为着某一件事情要联络起来，也用不着选出几个"无所不能的人"，组织一个国际议会来处置一切，并向他们说："你们替我们议定法规罢，我们是要服从的"。他们采用另一种办法。倘使在不能直接集谈，用通信方法不能彼此合意的时候，便遣派熟悉这个问题的委员赴会讨论，并且吩咐他们说："如此这般的问题，务必要勉力达到合意的地步；我们希望你们带回来的不是法规，而是合意的提案；至于提案之承认与否，却由我们自己决定。"

这便是全欧美的大的实业公司、学术团体及其他各种协会所采取的方法。即便是将来的自由社会也应该采用这个方法。既要实行充公，而一面又要保存国会代议制度的原理是绝对不可能的。建筑在农奴制度上面的社会必不能脱离君主专制政体；建筑在工钱制度和资本家掠夺民众上面的社会必定不能脱离议会政治。然而自由社会——恢复了共同的财产的自由社会，必定要在自由的团体和各团体的自由联合中，寻出与历史的新经济现象相和谐的新组织来。

每一个经济现象必有一个与它相合的政治现象。要推翻私有财产制，同时不去寻求一个政治生活的新方式，到底是不可能的。

第四章 充 公

I

据说大富豪罗斯齐尔德[①]在 1848 年法国发生革命的时候，看见他的财产有点危险，便想出了下面的方法：他说："我完全承认我的财产是靠了别的无数的人帮忙积蓄起来的；可是倘使把我的财产分配给那么多的欧洲人，每个人也不过得着四个先令。好罢，无论谁要向我讨还这四个先令，我随时都可以拿给他。"

这个大富豪把话说了以后，他仍旧逍遥自在地在法兰克福的大街上散步。偶尔有三四个过路的人向他要他们的四先令，他冷笑地把钱给了他们。他的计策果然成功了。罗斯齐尔德一家至今仍旧保持着他们的财产。

那些狡猾的资产阶级也是这样想法，他们说："呵！充公！我也晓得这是什么意思。你们把所有的大衣堆在一处让各人自由取用，并且把那些最好的抢去就是了。"

这种取笑的话其实并没有根据，并且也是错误的。我们所希望的并不是把大衣拿来这样地分配，虽然我们也可以说就是这样

① Rothschild 一姓在 19 世纪欧洲银行界中占着极大的势力，是一个豪富的犹太的家族。这里指的是 James de Rothschild(1792—1868)，他创办巴黎银行。1822 年他任奥匈驻巴黎总领事，给路易·菲利普的政府帮过大忙。——译者

的办法，对于那些冻着的人也有一点好处。我们并不想把罗斯齐尔德的财产拿来这样地分配。我们预备做的是把社会上一切事物安排得十分合宜，使得这世界中的每个人都有学到一种有用的职业，而且还能够熟悉这种职业的机会，其次是应该让他自由地做事，不必要得到什么主人的允许，也不必把他的生产的大部分送给地主和资本家。至于罗斯齐尔德或范德贝尔特[①]诸人的财产，只合供我们组织这种共同生产制度的需用罢了。

在将来农人耕田不必再拿出他的产品的一半献给地主的时候，在那改良土地使收获丰饶的机器可以由耕田人自由使用的时候，在工场内工人不再为独占者利用，而得尽力为社会制造物品的时候，——那时我们可以看见劳动者有充足的衣服穿了，有充足的饮食吃了；而罗斯齐尔德和其他的掠夺者却早已不存在了。

在那个时候，也没有人为着那点少得只值他的生产的小部分的工钱而出卖他的劳力了。

反对我们的主张的人会说："这固然很好，然而罗斯齐尔德这类人也可以从外国跑进来的。譬如一个人在中国积了亿万的财富，然后跑到你们中间来，你们又有什么法子阻止他呢？你们又有什么方法可以阻止他雇用仆人和工钱劳动者——不许他掠夺他们，利用他们的劳力来发财呢？

"你们不能使全世界同时发生革命。那么，你们不是要在边境上设立税关，检查一切行人，并且没收他身边所带的金钱么？——

① 范德贝尔特一家（Vanderbilts）是美国的富豪。父亲 Cornelius（1794—1877）是一个著名的财政家。长孙 Cornelius（1843—1899）又是一个有名的企业家，曾任几个铁路公司的总经理。——译者

无政府主义的警察向着旅客放枪——这真是奇观呢！”

这种议论根本就有一个大错误。发这种议论的人完全没有考究过有钱人的财产是从什么地方来的。要是他们稍为想一下，他们便可以知道这些财产是从贫民的穷苦中来的。没有穷人的地方，也就没有掠夺穷人以自肥的富翁。

我们看看中世纪，那是大富豪勃兴的时期。

一个封建的领主占领了一块肥沃的土地。然而这块土地上没有居民的时候，这个领主仍还不是富有的。他的土地对于他并没有什么贡献，好像他有着月球里的一个地方一样。

我们这个领主怎样去发财呢？他去寻找农夫——寻找那些贫穷的农夫！

假若每一个农夫都有一块土地，不必缴纳什么租税，并且还有耕种上所必需的器具和资本，那么，谁肯去耕种领主的土地呢？各人都去照顾他自己的去了。然而世界上却还有许多贫穷的人。他们是受了战争、洪水和瘟疫的摧残以后才变成贫困的。他们没有耕田的马，也没有锄头（在中世纪铁价异常昂贵，而驮马更值价）。

那些贫民无日不想努力改善他们的情形。不用说有一天他们在路上，在领主的地方看见了一块牌子，用他们所能够了解的符号写着：那些愿意在这境内居住的劳动者，可以得到器具和材料来建造房屋，耕种田地，并且一部分的土地在一定的年限以内，得免纳租税。这年限是用许许多多的十字符号来表示的，那些农夫能够了解这些十字的意思。

这样，那许多贫民便来到领主的土地上住下来。他们修道路，排沼泽，建村落。过了九年或十年，领主便开始向他们征税了。再过了五年，他又要增加他们的租税了。随后领主又把地租增加到两倍，那些农夫只有服从，因为到处都是一样，他们不能够在外面找到较好的地方。后来领主们又制造出了法律，靠着这法律的力量，农夫们的贫困就渐渐地变成了领主们的财源。掠夺农民的不仅是领主，而且还有许多其他的掠夺者也跑到乡村里来了。农夫的困苦增加一倍，他们的数目也增加一倍。

这便是中世纪内富豪勃兴的情形。我们再看现在的情形还不是和从前一样么？假使农夫们都有着可以自由耕种不纳租税的土地，那么，谁还愿意出五十镑的金钱去哀求“大人老爷们”赏给一小块土地呢？那地租差不多占了他的出产的三分之一，他们还肯担负么？难道他们还愿意实行那“折半制度”把他的收获的一半献给地主么？

然而他们自己什么东西都没有。所以只要他们能够靠着耕种土地肥饱地主来维持自己的贫穷的生活，那么，无论何种条件，他们都肯承认。

目前的情形也恰和中世纪的情形一样，农夫的贫困便是土地所有者的财富的泉源。

II

地主的财富是从农夫的贫困得来的，资本家的财富也何尝不是从这同样的财源得来！

例如一个中产阶级的市民，他有两万镑的财产。自然他每年可以用去两千镑，在目前这样奢侈的社会里这简直是一笔很小很小的数目。然而到了第十年年尾他便一钱莫名了。所以他如果是一个注重实际利益的人，他便把他的财产放着不用，另外去找一点小小的常年进款。

这在现社会中是很容易的事，因为城里或村里，都住满了那些连一个月甚或两星期中间的生活都不能够维持的劳动者。这位先生便开办了一所工厂。倘使他在外面有一种"能干"的声誉，那么银行又会另外借两万镑给他；他有了这四万镑，便可以雇用二百五十个工人了。[①]

倘使这附近的人的每日生活部不成问题，既不必忧虑面包缺乏，而日常必需的物品也颇充足，那么，谁还愿意把他的每日可以出产值一克朗(法文本作五六法郎)以上的物品的时间，用来替资本家做工，去换取每日半个克朗(法文本作三法郎)的工钱呢？

不幸——我们知道得很清楚——我们都市的贫民窟中和附近的各村镇内部住满了极可怜的贫民；他们的小孩终日叫喊着要吃面包。所以在工厂还未设备完善的时候，他们便连忙去报名了。一个只要雇用一百人的地方，至少也有三百人围在工厂的门前。要是厂主有普通的办事才干，在他的机械转动以后，一年中间他便可以从他所雇用的每个工人身上获得四千镑的净利。

这样，他便可以积起小小的财产了，要是他选择了一种更有利的事业，并且自己又有办事的才干，他便可以把他所掠夺的人的数目增加一倍，同时他的收入也会增加一倍的。

于是他便成了一个重要的人物。他便可以请其他的重要人物——地方上的巨头以及府厅、官衙、警察局的官僚先生们来赴他

① 四万镑，法文本作五十万法郎；二百五十个工人，法文本作五百个。——译者

的宴会。他用他所有的金钱，又可以"和别人的金钱结婚"，骗进更多的金钱来，渐渐地他又可以为他的儿孙取得有利的地位。后来他又得着政府的保护和特许，不过政府要他出点钱供给军队或警察；他的金钱又生出更多的金钱来；后来发生战争，甚或战争的谣言，或者从事证券交易所的投机事业，这些都是他抢钱的大机会。

美国大财产的十分之九都是那种得着国家帮助的大规模的欺骗的结果（如亨利·乔治[①]在他的社会问题一书中所说的）。在欧洲各国（无论是君主国，或民主国）中的财产的十分之九，也是由这同样的原因生出来的。要成一个大富豪，并没有两条路可走。

致富的秘诀是这样：去找饥饿穷苦的人，每天给他们半克朗（法文本作三法郎），叫他们做出值五先令（法文本作十法郎）的物品；用这种方法把钱积蓄起来，然后再靠着国家的帮助做些人的投机事业，使得金钱不断地增加。

我们也不必来说那些小的财产，经济学家以为这是由于先见和节俭而积起来的，其实我们知道积蓄起来的金钱若不用去掠夺贫民，这样的积蓄绝对不会生利的。

我们就拿一个鞋匠为例，他靠自己的工作获得很多的钱，他又有许多主顾；他又能拼命地节省，每天可以存起十八便士乃至两先令；一个月可以存到两镑。

假定这个鞋匠并不患病，他虽然拼命节省，每天却不肯饿着肚皮；又假定他不结婚，他没有儿女；他也不会患肺病死掉；假定一切

① Henry George（1839—1890），美国经济学家和新闻记者。"土地单一税"运动在美国的主倡者，反对土地私有制度最力，他的最有名的著作是《进步与贫困》（*Progress and Poverty*，1879）。——译者

情形都和你们所想的一样！

好，就这样，他到了五十岁也不能够存到八百镑；在他不能够做工的时候，他要靠这笔款子来支持他的残年，他是不能够的。这确实不是积蓄财产的方法。然而假使这个鞋匠每次存了几个便士，便立刻拿去存在储蓄银行里。储蓄银行又把这笔款子借给资本家，那些资本家恰恰要"雇用劳动者"，这就是说要掠夺贫民。一方面这个鞋匠又收了一个穷苦人家的孩子做徒弟，这个穷人还以为要是五年以后他的孩子学成了手艺能够自谋生活，他自己便是很幸福的。

同时这个鞋匠也没有因为雇了徒弟便受到损失。假若他的生意忙，他便要收第二个徒弟，后来又收第三个。渐渐地他又雇了两三个工人来——这自然也是贫民，他们每天做出值五先令的东西，然而只得到半克朗的工钱，便非常感激了。倘使这个鞋匠"运气好"，这就是说倘使他是一个很机敏又很卑鄙的人，他每天便可以从工人和徒弟的身上掠取一镑的钱，这还要超过他自己生产的东西的价值。他便能够扩充他的事业。渐渐地他就成了富翁了。他不感到生活必需品的缺乏了，也不必为日用的衣食而劳动了。他还要把他的小小的财产留给他的子孙。

这便是人们常说的"经济致富，勤俭持家。"其实不过是掠夺贫民罢了。

至于商业，似乎是在这规则以外的。有人告诉我们说："有一个人从中国买了茶叶运到法国，在他的本钱之外，获得百分之三十的利益。他并没有掠夺过什么人。"

其实这情形仍还是一样的。要是这个商人把茶包放在背上自已运过来,倒很好。在中世纪初叶通行的外国贸易方法确实是这样的,所以那时富人的财产并没有像现在这样多。中世纪的商人长途跋涉,冒险航海,所得的金钱却是很少,并且这微小的金钱也很不容易得到;他们并不是为着金钱的缘故才来做这种事情;他们爱旅行爱冒险的心还要胜过他们的爱金钱的心。

到了现在,方法更简单了。只要有点资本的商人,他想致富,也不必离开他的桌子。他只向代理人打个电报说要买一百吨茶叶,便行了。货物装上了船,在几个星期以内便可以运到,倘使这是帆船,在三个月以内也可以运到。他的茶叶和船都是保了险的,所以在中途也不怕发生危险事情;他费去了四千镑的资本,可以得到五六千镑以上的钱;要是他不贩卖新奇货物做投机事业(成功时可得两倍的利,失败时一文也不会剩下),他那五六千镑是靠得住的了。

然而,他怎样能够看见那些甘愿漂洋过海,往来中国,忍耐苦痛的贱役,为着微少的工钱就置生命于不顾的水手呢?他又怎样能够看见那些为饥寒所迫,图少许工资,来替他上货卸货的苦力呢?那些都是又饿又冷的穷人。试走到海港地方去,并且走进码头上的小饭馆小酒店去看看那些来求糊口的人。他们在天一明便群集在码头的入口,希望能够在船上找点工作做。再看那些水手有时儿星期或者几个月得不到工作,一旦被雇去航行远洋,他们还以为是异常幸福的事。他们一生大概以船为家,长久在海上生活,他们住的船也是常常改换的,他们到后来终于葬身于渺渺波涛之中。

你们再到他们的家里,就可看见他们的妻子儿女穿着褴褛的衣服，他们不知道怎样活下去，只有等着丈夫和父亲归来。你们看见这种情形，那么，你们的疑问总可以得到解答罢。

这类的例子是很多的，由你们随意去选罢；你们去考察一切财产的起源，不问大小，不问是由商业、金融、工业、土地得来的。你们一定会发见，富人的财富总是从贫民的穷困中生出来的。这便是无政府主义的社会不怕罗斯齐尔德搬进来居住的理由。假若社会中的各个分子都知道只要做了三四小时的生产劳动以后，谁也有权利享受文明所带来的一切快乐，并且还有权利享受科学艺术所贡献与人类的更深的娱乐的泉源（只要去研究科学和艺术便可以得到），他们绝对不会为着微少的工钱，出卖他们的体力了。那时绝对没有人愿意为着增加罗斯齐尔德的财富，去替他做工了。他的金币不过是许多金属的碎片而已，他可以拿来做别的用，然而要用它来增加他的财富，却是断乎不行。

这样答复了上面的反对论，同时也把充公的范围表示出来了。凡是能够使人（不管是金融家，工业主或地主）垄断他人劳力的产物的一切东西部应该充公。我们的方式是简单而易了解的。

我们并不想剥取任何人的大衣，我们只想给劳动者以他们所需要的东西，他们常常因为缺乏这些东西的缘故，便不得不坠入掠夺者的陷阱里面；我们还要尽我们的全力来使任何人都不会感到缺乏什么，使任何人都不会为着养活他自己和他的儿女的缘故，不得不出卖他的腕力。总之，这样的事，在将来是不会再发生的了。

这便是我们所说的充公的意义；这也就是在革命时期中我们应该尽的责任；我们知道这革命的到来，并不是一二百年后的事，在最近的将来，革命便要来了。

III

无政府主义的大体观念和充公的特殊思想在一般具有独立性格的人以及那些不把游荡当作最上理想的人们中间，得到了很多的共鸣，而且还比我们所想象的多得多。我们的朋友常常警告我们说："你们也不可以走得太远了！人类不能在一天里面便改变过来的。你们所说的充公和无政府的计划不可做得很急，否则，便有不能得到永久效果的危险。"

然而我们对于充公的忧虑正与这个意见相反。我们是恐怕充公不能尽量地做去；恐怕实行的规模太小，以致不能继续长久。我们怕的是把革命的热情半途压抑下去，使革命自身中途挫折，不能彻底做去；这样的办法，既不能讨好任何人，并且还会生出可怕的社会混乱，阻止了社会的常态的活动，完全把生气丧失了——这种不彻底的办法只足以激起一般人的不平，并且一定会帮助反动势力的复兴。

实在，在近代国家中，已经建立了许久的各种关系是不能够部分地改革的。现在的经济组织正像是许多车轮之中又包含着车轮那样——这种机关是异常复杂，并且互相错综的，倘使不搅乱全体，只求一部分的改良，这是一定做不到的。当我们着手把一些东西充公的时候，我们便可以立刻了解这种道理的。

我们姑且假定在某一国内已经实行了一部分的有限制的充公。例如，像从前就有人提倡过许多次的，只把大地主的财产收归社会所有，工厂则完全不管（如亨利·乔治所主张的）；或者是在某一城内，房产已归公社管理，而其他的一切物品仍归私人所有；又或在一个工业中心地，工厂已收归公有，但土地仍让私人领有着。

在这些情形里仍会得到同样的结果——这便是工业组织之可怕的瓦解，无法依照新方针来改革工业组织。工业和金融完全阻滞了；甚至要回复到正义的第一原则也不能够；而社会也不能保持其全体的和谐。

假若农业脱离了大地主的束缚，而工业仍旧是资本家、商人和银行的奴隶，那么，什么事情都不会做出来。现在的农人所苦的，不仅是要纳地租给地主，而且还要受着那四面八方来的现社会情形的压迫。他也会受到商人的掠夺，那个商人拿了一把锄头要他出半克朗买去，其实就造成这把锄头所费的劳力算来，它的价值还不到六便士(法文本作十五个苏)呢！国家也向他征税了；国家没有那一群可怖的官僚阶级是不能够存在的，而且还要维持耗费极大的军队，因为各国商人不断地竞争市场，有一天会因为亚洲或非洲的某一部分地方的掠夺事件，起了一点小纠纷，结果便引起一场大战。

而且农人因乡村人口的减少也要受苦的；乡村中的青年受了那些制造奢侈品的资本家的暂时增高的工钱的诱惑，或者受着活跃的都市生活的引诱，群集到大都市来。还有工业的人为的保护，外国的工业的掠夺，证券交易的流行，改良土地和生产机械的困难等等，——这一切的作用现今都是不利于农业的。总之，农夫所苦的，不仅是地租，而且是整个基础在掠夺上面的复杂的现社会情形。因此纵使土地的充公实行了，各人得自由耕种田地，使土壤得尽量发展，得到最大的收获，而且又不纳地租，然而事实上农业也只能享着一时的繁盛(其实这是极不可靠的，没有这样的事)，后来一定要退到现在这样的惨状的。一切又非重新开始不可,并且还增加了许多困难。

就工业而论,道理也是一样。把工厂交给工人,如前面所说,把土地收归农人共有一样。厂主虽然没有了,然而仍旧让地主私有土地,银行家私有金钱,商人私有交易所;一面又使那一群依靠工人的劳力而生活的游民和几千几百个中间人以及那个养着无数官吏的国家继续存在下去——这样一来,工业自然会陷于停顿。在多数贫苦农民中间,实在找不出工业制造品的主顾来。工人自己没有原料;又因为通商的阻止和工业遍于世界的缘故,他们的制造品不能输出;制造者便觉得不能够竞争下去了,于是无数的劳动者又被驱逐到街上来。这些迫于饥寒的工人便不得不在几个正要预备来掠夺他们的阴谋家面前低头了。他们只要得着允许他们做工的保证,甚至恢复了旧的奴隶制,他们也承认的。

或者,更进一步,把地主也驱逐了,工厂与制造所自然仍归工人管理;可是经手买卖的中间人依然存在;他们便要来榨取制造者的生产物,并且还要在大的商业中心地做谷类、面粉、肉类、杂货等等的投机贸易。生产物的交易一旦停止了,大的都市(如巴黎)缺乏了面包,而同时大的制造业中心地所出产的奢侈品又找不到买主(如里昂的丝绸没有人要了),——这时反革命便会立刻发生。于是杀戮相踵,不及掩埋,都市村落也会被枪林弹雨扫荡净尽。而政敌的处刑和放逐的事,更是不断地发生,恰如1815年[①]、1848年和1871年法国的三次革命的情形一样。

① 这里似乎应该作1793年。——译者

文明社会中的一切事物是互相综错的；不去变更全体只来改良一部分，这是不可能的事。所以我们攻击私有财产的时候，不论是工业的或土地的，或其他任何形式的，我们应该攻击到全体。革命的真正成功便靠着这一点。

而且，纵使我们自己希望只实现一部分的充公便算了事，然而那时我们会到了欲罢不能的地步。“神圣的财产权”的原理动摇了以后，无论什么理论学说都不能够救它了。这一个地方的田野奴隶，那一个地方的工业奴隶，都要起来推翻私有财产，这是不能阻止的。

假若一个大都市（如巴黎）单把住宅和工厂充公，那么同时对于银行家以从前公债的利息这个名义向公社征收二百万镑税款的事，势必加以拒绝。这个大都市又不得不和农业地方接触，它的影响一定会使农人脱去地主的束缚。并且为着使市民容易得到食物和工作的缘故，特别为着防止粮食靡费的缘故，铁道也应该收归公有。还要防备那些收买谷粮的投机者，不可像1793年巴黎公社[①]那样吃了那种人的亏，所以物品的贮藏和生产物的分配这些事，非由都市自己办理不可。

然而有些社会主义者还要想建立一种区别出来。他们说：“自然哪，土地、矿山、工厂非充公不可；这些东西是生产工具，看做公共财产是正当的，但是消费品（食物、衣服、住宅等）则应该视做私有财产。”

① 这是巴黎的地方自治机关，在法国大革命中渐渐成了指导革命运动的一个巨大力量。1871年的巴黎公社，则是劳动者的革命政府。——译者

这个微妙的区别其实还不及一般人的常识高明。我们不是那些住在森林中靠树枝蔽荫的蒙昧人。文明人是离不开屋顶、居室、火炉、卧床的。不错，卧床、居室、房屋确实是那般不生产的人的懒惰的家庭。至于劳动者的温暖而又明亮的居室，不过是他的生产器械，恰与其他的器具、机械一样。这居室便是他积蓄明日工作所需要的体力的地方。劳动者的休息，好像是机械的每日修缮一样。

这样的议论，应用到食物上去更易了解。那些建立上述充公的区别的所谓经济学家恐怕也不得不承认机械中燃烧的煤与原料本身一样，皆是生产上的必需。同样，没有食物，人的机械也就不能够动作；然则，我们怎么能够把食物一项从生产者所不可缺少的物品中除去呢？这是宗教的玄学之遗物吗？富豪的盛馔诚然是过于奢侈的东西；然而劳动者的食物不过是生产的一部分，恰与蒸汽机中所烧的煤一样。

说到衣服，这种道理仍是一样。我们并不是新几内亚的蒙昧人。要是那些在生产品与消费品中间定下区别的经济学家自己奉行着新几内亚蒙昧人的风俗习惯，那么，他们的反对论我们还可以了解。那些一个字都不会写，身上也不穿衬衫的人，便没有资格来判别衬衫和笔两样东西的区别。倘使我们现社会中的太太们所穿的华丽衣服应该算在奢侈品之列，然而许多麻布的，棉布的，毛织的衣服却是生产者生活上的必需品。他们做工时穿的衬衫和裤子以及工作完毕后穿的短衣，都是他们不能离开的东西，恰如铁锤之于铁砧一样。

不管我们喜欢不喜欢，然而民众心目中的革命却是这样。当他们把政府推倒以后，他们最先便要找寻他们的相当的住所，充分的食物和衣服的确实保证——并不必付什么租税给资本家。

民众是不会错的。民众的手段还要比那些在生产工具与消费品中间划出许多区别的经济学家的手段更合于科学,民众知道这革命的出发点。他们要建立名实相符真正合于科学的唯一经济科学的基础,使经济学值得称为"人类欲求及其满足的经济方法之研究"的科学。

第五章　食物

I

假使将来的革命是社会革命，则不仅它的目的，连它的方法也是和从前的一切暴动不同。要达到新的目的便需要新的方法。

近百年来法国的三大民众运动，虽然在许多点上互有差异，它们却有着一个共同现象。

每次人民都努力来颠覆旧的制度，为着这个主张，他们耗费了他们的心血。然而在担负了剧烈的战争之后，便湮没无闻了。那些多少有点诚实的人又聚集起来成立一个政府，企图建设新的制度：如1793年的共和国，1848年的劳动，1871年的自由公社。这个政府浸染着雅各宾派的思想，故以讨论政治问题为第一要务，像政治机构的改造，行政的刷新，国家与教会之分离（即政教分离），以及公民自由权等都是它极重视的问题。诚然，当时有工人俱乐部来监视新政府人员的行动，并常以工人的意见来督责他们。然而便是在这些俱乐部中，不问他们的首领属于中产阶级或劳动阶级，中产阶级的思想却总是占着最大的势力。他们长久地讨论政治问题，反把面包问题忘记了。

在那样的时期中伟大的思想，震动全世界的思想发生了。许多动人的话语被说出来，经过一世纪以上的时间，还激动着我们的心。然而平民仍还蜷伏在陋巷里挨饿。

在革命开始的时候，工业不免要停顿——生产物的流通受着阻碍了，资本也隐藏起来了。那些主人（雇主）在此时并无所恐惧，纵然他们不做投机事业来掠夺他们周围的贫苦人，他们还可以靠着赚取利息金来生活。至于工钱劳动者，他们简直到了朝不保夕的地步。穷乏不时在敲着他们的房门。

饥馑遍于国内——这样的饥馑便在旧制度下面也是很少见的。

“吉隆特党人[①]使我们饥饿呀！”这是1793年的劳动者阵营中的呼声，因此吉隆特党人便被送上断头台去了，政权完全落在“山岳党”[②]和公社的手中。公社实在热心研究面包问题，它曾勇敢地努力来养活全巴黎的人。在里昂，福协和柯罗·德尔布瓦[③]建立了城市的谷仓，然而要充实这些谷仓所费的款项常常不够。市议会曾努力想收集谷物；私藏面粉的烘面包人也被处死刑了，可是平民仍还缺少面包。

于是他们转而攻击王党的谋叛人，归咎于他们。一天杀了十二个或十五个，——仆婢和公爵夫人都一样地被杀了，特别仆婢被

① Les Girondins是法国大革命时期中革命党内的温和派，是稳健的共和主义者，南部议员大都隶属此派，以法国南部的吉隆特省（Gironde）得名。后失势，主要党人皆被处死刑。——译者

② 山岳党人，是当时的左派革命党，领袖是马拉、丹东、罗伯斯庇尔等，因为在议会中的座位最高，故被称为山岳党人。——译者

③ J. Fouché（1759—1820），山岳党议员。J. M. Collot D' herbois（1750—1796），公安委员会委员。——译者

杀的很多，因为公爵夫人们都已逃到柯布林兹[1]去了。纵使每天杀掉一百个公爵、子爵，情形还是一样地无望。

穷困只有一天比一天地增加。工钱劳动者没有工钱是不能生活的，然而他们偏偏又得不到工钱。纵然横尸千万，对于他们又有什么益处呢？

因而人民渐渐觉得厌倦了。反动派向劳动者说："你们所夸耀的革命，不过如斯而已。你们不是比以前更穷困么？"富豪们渐渐鼓起勇气，从隐匿的地方出来了。在饥饿的群众前，夸耀他们的奢侈。他们穿得像花花公子一样，向劳动者说道："来！这蠢笨的把戏已经够了！你们从革命究竟得到些什么？"

革命党人心灰气沮，不能再忍耐下去了，后来他们不得不承认自己的主张又归于失败，于是退到陋室里去等待灭亡的到来。

反动又得着胜利了。它完成了反革命的政变。革命已经死了，它只有去践踏革命的尸骸而已。

白色恐怖[2]开始了。血流得像河一般，断头机没有一刻休息的时候，牢狱里关满了囚人；同时官爵位阶又恢复旧制，像从前一样地狂欢摆阔，夸耀于世。

这样的景象是我们一切革命的标本。在1848年巴黎的劳动者为着共和政体，忍受了"三个月的饥饿"。到了他们力竭的时候，他们还在6月里作最后一次不顾危险的努力——这努力是被淹没

① Coblentz或Koblentz，普鲁士的莱茵省份。这个德国小城当时成了王党的阴谋的中心。大批逃亡的贵族都住在这里。——译者

② 俄国及西欧革命党所用的恐怖手段，即暗杀手段，谓之赤色恐怖，而政府官吏的杀戮政策则称为白色恐怖。——日译者

在血泊之中的。在1871年，巴黎公社因为缺乏战士而消灭了。公社空讲国家与教会分离的方法，而把供给人民的面包的问题忽略了，到了后来，它才动手解决这个问题，却又太迟了。所以后来在巴黎，风流都雅的淑女和阔气的绅士居然可以踢开同盟的市民，叫他们为着微少的工资出卖生命，而他们"上等人"，这时却在时髦的酒店饭馆中饱食逸居地过日子。

到后来公社知道了自己的错误，开放公共食堂，可惜又太迟了。日子已经过去了。凡尔赛的军队已经占了城垒。

"面包，革命所需要的是面包！"

别人要发夸大的宣言，穿金边的制服，喋喋于政治自由——让他们去罢！

但是我们自己要努力，使从革命的开始到最后的一日，在争自由的各地方内，没有一个男子会缺乏面包；没有一个女子同她的饥饿的同伴集在面包店的门前，希望遇着偶然的慈善，得到一小片粗恶的面包；没有一个小孩子会因食物的缺乏而变成瘦弱。

中产阶级的思想常常侈说那些"伟大的原理"——其实不如说是大谎话。

至于人民的思想，却是使万人都得着面包。当那些中产阶级以及染受了中产阶级思想的工人们在"谈天处"赞美他们的修辞学，"实际家"正在滔滔不绝地讨论政府的形式的时候，我们（所谓"乌托邦的梦想家"）却不得不考虑每日面包的问题。

我们可以大胆宣言：每个人都有取得面包的权利，我们的社会里的面包已经很多了，足以供给万人取用了；我们的革命要以"万人的面包"作口号，才能够得着胜利的。

II

大家都说我们是梦想家。诚然，正因为我们是梦想家，所以我们相信革命应该，并且它也能够确实地保证万人的衣食住，——这种思想是中产阶级的市民(不论他是属于什么党派)极不喜欢的。因为他们很知道要是人民的饥饿得到了满足，他们便不容易使人民服从了。

我们始终坚持着我们的主张：革命的民众应该得着面包；面包问题应该放在其他一切问题的前面讨论。假若革命是以人民的利益为目标，那么，它便会走上正路，得到良好的结果；因为要解决面包问题，我们必定要依据平等的原理，除此而外更无其他的解决方法。

将来的革命——恰如1848年的革命一样——一定会在工业的大恐慌中爆发的。近五十年来世事沸腾，并且只有日趋险恶。万事都向着这方面进行——新的国民又加入了国际贸易，来争夺世界市场，战争和租税也不断地增加。国债，明日之不安，以及遍世界的大规模的殖民计划，件件都是向着那条路进行的。

现在欧洲有数百万的失业工人。一旦革命爆发了，像火药点上火一般，蔓延地燃烧起来，失业工人的数目更要加多，要是在欧洲或美国一旦发生了革命的战斗，失业工人的数目立刻会加到两倍之多。我们究竟怎样来供给他们的面包呢？

那些自称为“实际家”的人，对于这个问题有无切实的具体研究，我们不知道。我们只晓得他们要维持工钱制度，所以我们对于他们所可期待的，不过组织“国民工厂”和“官营事业”，把它当做养活失业者的一个方法而已。

国民工场开设于1789年及1793年；在1848年也用过同样的方法；拿破仑三世居然以官营事业使巴黎无产阶级满意了十八年（这使巴黎至今还负债八千万镑和每人名下平均三四镑的市政税）①；这种“驯野兽”的绝妙方法，在罗马以及四千年前的埃及都是惯用的；古代的专制君主常把他吃剩下的东西分一小块给人民，因而乘机提起鞭子来敲打他们。因为这些缘故，自然那些“实际的”人物要袭用这种方法来把工钱制度维持到永久。我们既然还能够使用有名的古埃及法老王的方法，那么为什么还要费我们的脑筋去想别的呢？

假若革命被误引到这条路上去，那么，一定会得到失败的结果。1848年2月27日巴黎国民工场开办时，巴黎的失业者仅有八千人，两星期后竟增加到四万九千人。不多时就会增加到十万人，并且从各地方来的人还不算在内。

但是在当时法国的工商业所雇用的人数仅及今日人数的一半。我们还知道革命时期中工业与贸易最感苦痛的便是一般的骚动。我们只就那些直接或间接依赖输出业的劳动者，以及那般从事生产少数中产阶级消费的奢侈品的劳动者的数量上想一想，即可理解的。

在欧洲发生一次革命时，至少大半的工厂和制造所都要停顿的。于是几百万的劳动者和他们的家族便被逐到街上来了。我们的“实际家”要用国家的救济事业来免除这种惨状；这就是说创设

① 1904年巴黎的市债共2,266,579,100法郎；为这债务的课税共有121,000,000法郎。——著者（英文本）

新工业拿工作给失业者做。

蒲鲁东[①]在五十余年前便已指出来对于财产的最小的攻击也可以使那基于私人企业和工钱劳动上面的社会组织完全瓦解，这是很明显的。社会本身更握着生产的全部，并且不得不把它改造过来，使它适应人民全体的需要，然而这不是一天两天甚或一个月所能完成的事；要改造生产组织，当然要花费许多日子；但是在此时期中，几百万的人将失去了生活方法。那么怎样办呢？

对于这个问题的实际的解决只有一个——即是向着那个正等待着我们的大事业大胆地迈进；我们不要去弥补那个被我们自身弄得快要溃灭的时势，却应该努力改造生产，将它建立在新的基础上面。

因此，为了要实际行动，据我们看来，应该由人民直接起来把革命地方的食物收归自己管理；对于一切物品加以精密计算，一点东西也不要浪费，那么，靠着此等积蓄起来的财源的帮助，所有的人都能够安然渡过难关了。在这个时期中，应该一方面和工厂劳动者约定给他们供给原料，保障他们的衣食住，要他们做工来供给人民的需要。我们不要忘记当法国织出绸缎来装饰德国银行家夫人、俄国皇后及散德维齿群岛女王的时候，当巴黎制造出精美的装饰品和玩具供给全世界富豪使用的时候，三分之二的法国农民甚至没有明亮的洋灯和近代农业上必需的器械。像现在许多不毛的土地都应该竭力地利用，使之尽量发展；瘠土应当使其肥沃；即便

① P. J. Proudhon（1809—1865），法国哲学家和经济学家，曾被人称为“无政府主义之父”。他的最有名的著作是《什么是财产？》（*Qu' est ce que la propriété?* 1840）。——译者

是肥土，在现在的制度下尚不能发挥其固有生产力的四分之一甚至十分之一，在将来也应该用集约农法来耕种培养，如对于菜园和花圃的办法一样。除此而外，再无其他的实际解决方法了；不问我们对它有什么好恶，时势所趋是要使它实现的。

III

现代资本制度的最显著的特质便是工钱制度，我对这制度可以简单地说明一下：

假定某一个人，或某一个集团有着必要的资本，开设了某项工业；他设法把原料供给工厂或制造所，规定生产的方法，付一定的工钱给雇工，而掠取其剩余价值（或利益）；他说，这种利益是来报酬他的经营事业的劳力，保证他所冒的危险，并且准备补偿对于货物市价的变动的。借着这种口实，他便占有了这种利益。

现在垄断着资本的人为着维持这种制度起见，多少也会有一点让步；例如，要分配一部分的利益给工人，或者宁肯创出一种计算工钱的滑尺，使物价涨高时，工钱也随之增高。简言之，他们为着要依旧支配工业而且获得其最初的利益起见，便不得不忍受一点牺牲。

据我们所知，集产主义虽然主张把现社会秩序大大地变革一下，但是并不废除工钱制度。对于劳动者，只不过拿国家（这即是说全国的或一个地方的某种形式的代议政府）来代替个人的雇主罢了。在集产制度之下，国家的或地方的议员，以及委员官吏等支配着工业。他们手里握着使用生产的剩余（说是为着万人的利益）的权利。并且集产主义又在通常的体力劳动者和熟悉一种技术的人二者中间划出一个极微妙而又极大的区别。不熟练的劳动在集产主义者的眼中看来，不过是简单的劳动，而职工、机械师、工程师、科学家等等的工作，便是马克思所说的复杂的劳动，而且可以得着高的工钱。然而无论体力劳动者也好，职工也好，纺织工人也好，科学家也好，都是国家的工钱奴隶。至于近来常说的“都是官吏”，不过是说来装饰门面罢了。

那么，将来的革命对于人类的大贡献只是使任何形式的工钱制度不能继续存在，实行共产主义，共产主义便是消灭工钱奴隶制度的利器，这是唯一的解决方法。

纵使我们承认在繁荣和平的时代渐次实施的集产主义的改革是可能的（实则在这样情形之下，究竟能实现与否还是疑问），然而在革命的时期，当数百万饥饿者的需要同着第一次的诉诸武力的呼声一齐发生的时候，这却是不可能的了。政治革命不必动摇工业的基础，而人民争取财产的革命必然会使生产和交易麻痹停滞。国库里的数百万公款还不够支付几百万失业者的工钱。

我们也不能够过于坚执着这一点。新基础上的工业的改造（我们要指出这个问题是异常重大）不是在几天之内便可以成就的。而另一方面人民也不能够忍受数年的饥饿，去为那些维持工钱制度的理论家尽力。为着渡过这种危急时期起见，他们便会要求他们平常在那样情形中所常要求的——物品共有，即分配粮食。

空讲忍耐是没有用的，人民不能再忍耐下去了，要是食物不收归共有，那么，他们便要去抢劫面包店。

假若这时人民还没有充分的力量去对付他们面前的一切，他们就会被枪毙。为了要实行集产主义，无论付什么代价，都必须要把“秩序”维持起来。——秩序，训练，服从呵！资本家不久便会明白，当人民被那些自称为革命家的人枪毙的时候，革命本身会渐渐成了群众的眼中钉，于是资本家便会来援助那些秩序的防卫者——纵然这些人是集产主义者也不要紧。依这样的行动方法，资本家后来又会想出扑灭集产主义者的方法。倘使照这样“秩序便恢复了”，其结果也是容易预料的。那些“秩序”的拥护者不以枪毙“凶徒”为满足，还要找出“乱民的巨魁”。他们重新设立裁判所，雇用刽子手，把最热心的革命党人送上断头台去。1793 年的悲剧又会重演出来。

我们不要忘记在前世纪反动就是这样地得着胜利的。最初埃伯尔派[①]和“疯狂者”[②]被杀了——米涅[③]记着当时的争斗，还称这些人为“无政府主义者”。[④] 随后丹东派[⑤]也上了断头台；当罗伯斯庇尔一派把这些革命党人杀死后，他们自己也被逼迫着走上断头

① 所谓埃伯尔派(Hébertistes)是指埃伯尔(J.-R. Hebert，1757—1794)和他的同志们。(埃伯尔是巴黎公社的副检查官，又是当时最激烈的最通俗的报纸 Père Duchesne 的主笔。)他们是法国大革命中的左派革命党。他们领导着巴黎公社，拥护民众的利益，攻击旧势力、旧制度和右倾的政党。他们在 1794 年 3 月 24 日被处死刑。——译者

② “疯狂者”(Les Enragés)即雅各宾党中的极端派。——译者

③ E.-A.-M. Mignet 是法国历史家，著有《法国革命史》(Histoire de la Révolution Française，1824)等书。——译者

④ 当时吉隆特党人布里索(J.-P. Brissot，1754—1793)把激烈的革命者称为“无政府主义者”，他们不属于一党派，他们散布于全法国。——译者

⑤ 丹东派(Dantonistes)是丹东(G.-J. Danton，1759—1794)和他的友人(如 C. Desmoulins，Phelippeaux 等)。丹东是山岳党的三大领袖之一，是一个伟大的革命者，后来渐渐右倾，1794 年 4 月 5 日他和他的友人德木南等被罗伯斯庇尔送上断头台。——译者

台。因此人民渐渐对流血感到了厌倦，又看见革命已归失败，便灰心丧气，低头束手任反动派作恶。

所以我们说，假若“秩序恢复了，”社会民主党便要绞杀无政府主义者了；费边派[①]也要杀戮社会民主党人了，再等到费边派被反动派杀戮的时候，革命便归于消灭了。

然而一切事实都使我们确信人民的推动力是十分充足，可以成就伟大的事业；并且当革命爆发的时候，无政府共产主义的思想会得到胜利。这并不是我们制造出来的思想，这是人民自己送到我们的耳朵里来的，当人们渐渐地明白其他的解决方法都是不可能的时候，无政府共产主义者的数目便愈见加多。

假使人民的推动力是十分坚强的，那么一切事情都会朝着一个完全不同的方向进行。暴动的都市的民众不再采用第一天抢劫面包店，第二天便受饿的方法了。他们要占领仓库和家畜市场——其实，还要占领一切的粮食贮藏所和食物。那些好意的男女市民都会自动地团结起来，组织志愿队，把各仓库、各店铺的物品统计起来，作一个大概的目录。

假使这样的革命在法国（即是说在巴黎）爆发了，那么，在二十四小时以内，公社便应该知道巴黎现在还不曾知道的一切（它虽有着统计委员会也无用处）以及它在 1871 年的围城中所不曾知道的——即巴黎所有的粮食的数量。在四十八小时以后便应该有数百万本表册印刷出来，把可以取用的食物的数量计算得十分精密，

① 费边派（Fabians）指隶属英国社会主义研究团体费边协会（Fabian Society，1884 年成立）的社会主义者；萧伯纳，韦伯夫妇等都是这派的领袖。——译者

并且还把贮藏的地方和分配方法等等记载得异常清楚。

各里、各街、各区都组织了志愿队（粮食志愿队），各队员互相联络，协同劳动，进行得很有顺序。只要雅各宾党的枪刺不在半途来妨害他们，只要那些自命为“科学的”理论家不插进来胡闹，结果总是很好的。那些理论家只要他们没有威权，没有势力，便让他们随便表示他们的糊涂的理论也是无妨的。那种可赞叹的团结心是民众固有的，特别在法国国民的各社会阶层中此种团结尤其发达，然而少有机会来发挥实行；即如在像巴黎那样的大都市，在革命的当中，便会发起自由劳动者的大规模的同业公会，预备来把必需的食物供给一切的人。

让民众去自由行动，在十天以内供给食物的方法一定会整顿到很可赞叹的地步。只有那些不曾见过人民勤苦工作的人，只有那些一生埋没在文书堆里的人，才会疑惑这种说法。说起那个“伟大的被误解者”（即人民）的组织的天才，这在巴黎的巷战时代，或在伦敦船坞大罢工的时候[①]（当时还要养活五十万的饥饿者），就已经表现出来了；凡是当时在巴黎或伦敦曾身历其境的人，会告诉你们说，他们的团结力和那般官吏的愚妄无能比起来不知要超过若干倍。

纵使我们会因此受到两星期或一个月的某种程度的不便和混乱，也没有什么要紧。因为对于大多数的人民，和他们从前的情形比较起来，总算有一点改善的地方。并且在革命时期，一面热心讨论时事，一面吃东西，虽是一片面包，一块干酪，吃起来却分外鲜美。

① 这次大罢工发生于 1889 年，劳动者是得到胜利的。——译者

无论什么时候，在目前迫切的需要之下，自然发生出来的制度，总比那些顽固的理论家坐在衙门里或古书堆中，发明出来的东西好得多。

IV

大都市的人民为时势所迫便会起来占领一切的粮食，最初占领目前最急需的东西，然后渐次把其他的物品收归公有，使全体市民的需要得以满足。这事的实行当然愈快愈好。实行愈快，惨苦愈少，纷争也愈少。

然而社会应该基础在什么东西上面，才能够使一切的人都得到他们对于食物应得的部分呢？这便是我们最先遇到的问题。

我们回答道，解决这个问题，只有一个方法。要公平地建设**共产制度**，只有一个方法；只有一个方法才能够满足我们的正义的本能，它同时又是实际的。这就是欧洲农民公社采用的制度。

例如一个农民公社，不论它在什么地方，甚至在法国，虽然那里的雅各宾党曾用全力来摧残公社的习俗也不要紧。假若公社有森林和杂木林，那么，只要在树木很好的时候，任何人都可以随他自己的需要来取用，要是他的邻人们不来干涉他，便不会有什么妨碍。至于时常缺乏的乔木，他们便不得不慎重分配。

共有牧场的情形也是一样；在十分充足而且有余的时候，无论各户家畜在牧场上的消费量若干，无论在牧场上食草的牲畜有若干头，都是毫无限制的，只要东西不缺乏，则饲养地面并不分开，刍草也不分配，所有的瑞士公社以及法德两国的大多数，只要有共有牧场地，必定实行这种制度。

在东欧诸国凡有大树林，又有很多的土地的地方，农夫们可以随其需要，任意砍伐林木，又可自由耕种各人所必需的土地，各人对于树木及土地应有的部分，可以无限制地取用，但是当材木或土地缺乏的时候，像现在俄国所发生的一样，那么，材木和土地便依照各户的需要而分配。[1]

总之，这制度是这样的：如果社会所有的物品是很丰富的，则各人可以自由取用，没有定额，也没有限制，然而那些稀少的和常常缺乏的物品，便要平均分配。在欧洲的三万五千万居民中，至今还有二万万人仍然实行这种自然的**共产制度**。

还有一件我们值得注意的事实，就是在各大都市中，至少也有一件物品是依照这种制度来分配的，这种物品异常丰富，这便是自来水，它可以自由供给各用户取用，并不加以限制。

只要供给不会有缺乏之虞，自来水公司便绝不限制各用户的消费量。任凭各人自由取用。然而当天旱，水的供给有不足之虞时，自来水公司便会在报纸上刊出一段短短的广告，使市民知道这事，市民也就会减少水的消费量，避免胡乱耗费。

但是倘使真正缺乏水的时候，又应该怎么办呢？除了定量供给而外，更无其他的方法。这办法是很自然的，就常识来说，也是很正当的。1871 年巴黎两次被围的时候[2]，就实行这种办法。

---

① 参看《互助论》，第七章。——译者

② 第一次的围城时期是从 1870 年 9 月到 1871 年 1 月，这是在普法战争中，法军大败，法皇拿破仑三世被擒以后。当时巴黎在共和党人甘必大（L. Gambetta，1838—1882）领导之下，组织国防政府，继续抵抗普军。巴黎被围了四个月后才投降。第二次围城是在同年 5 月。这便是巴黎公杜的斗争。巴黎被围了几个星期后，终于在 5 月 22 日被国民议会的军队攻入。巴黎公社覆亡于血泊之中。——译者

要指出这种定量分配制度怎样实行，要证明这种办法是很公平的，并且还要比现在的状态公平得多，用不着作出许多表来，也用不着详细说明。什么表，什么详细的叙述，既不能说服中产阶级的人，也不能诱惑那些感染了中产阶级的偏见的某一些劳动者，他们把民众看做暴徒，以为政府一旦不来支配一切事情，那些野蛮的暴徒立刻就会互相吞噬了。现在只有那些不曾看见人民依照自己的发意而决断而行动的人，也许会暂时怀疑一旦群众做了时局的主人，究竟他们能否依据极严正的公道与平等来把物品定量地分配给一切的人。

假使你去参加民众的集会，发表意见，说凡是美味（如野鸟之类）都应该贮藏起来专给游荡的贵族食用，黑面包则应该拿给医院里的病人吃，那么，你一定会受到人们的叱骂。然而你只管在这民众的集会或在十字街头和市场等地方去演说：极精美的食品应该留给病人和弱者——特别是病人——取用；假使全城内只有五支鹧鸪和一箱西班牙产的葡萄酒，那么，便应该完全留给病人和病后未复原的人取用；病人以后还有小孩，假使牛乳、山羊乳不够全体市民食用，则应该为小孩们留起来；假使社会陷于非常穷困的时候，连最后的一片肉也应该留给小孩和老年人吃，壮年人吃的只有黑面包。

总之，你再说，倘使某种消费品缺乏，不得不平均分配的时候，那么，感觉最大需要的人，便可得到最多的量。你要是这时说了，你一定会得到大众的同意。

一生饱食的人决不能了解这个道理，但人民却能够了解，并且也常常了解。便是奢侈家庭的小孩倘若被抛在街头，日与民众接触，他也会渐渐了解这个道理的。

那些理论家——他们把兵士的制度和兵营的食堂当做文明的东西——自然主张开办国立厨房分配“斯巴达汤”[①]。他们说要是这类的大厨房设立起来了，各人无论何时都可到那里去得着定量的汤、面包和野菜。因此在燃料和食物二者的经济上所得的利益是很显然的。

我们并不疑惑此等利益。我们深知人类已经实现了燃料与劳动的经济，他们依着这种重要的经济方针（如废除各家自用的手臼、手磨、面包炉等）已得到了很好的效果。我们很能明白，与其一百家人各自烧火，不如同时在一处煮好一百家的肉汤更经济。此外我们也知道马铃薯的煮法有许多种，不过用一口大锅同时把一百家人需要的马铃薯煮起来，也是一样地好。

其实菜蔬的烹调法随各个厨子和管家妇的手艺而差异，这也是我们知道的；然而把一百磅马铃薯放在一处煮熟，然后各人再依自己喜欢的方法去烹调，也没有什么不便。而且以同样的肉作材料，可以做出一百种不同的汤来适合一百种不同的口味。

这些事实，我们也都知道，但是我们仍然主张对于那个愿意自己烧火、做菜的管家妇，谁都没有权利强迫她到公共厨房去拿已经做好的马铃薯。特别我们希望各个人或同他的家族用餐，或和他的友人共食，或者甚至跑到餐馆里去吃，都有他的自由。

大的公共厨房会发达起来代替那些现在毒害世人的餐馆。现

① 古希腊，斯巴达男子不在家中与妻子同席，而在外面公共聚餐。他们没有多的好菜，每天吃的大概相同。他们最嗜好的是一种浓汤，又称为黑汤。他们贫富同桌，吃同样饮食。——译者

在巴黎的主妇已经可以从屠户那里取得做汤的材料，随自己的意思来烹调了。伦敦的管家妇也知道把肉和苹果饼等食品放在面包店里去烧，只须付很少的钱便可以节省时间和燃料了。并且在公共厨房（将来的公共面包店）设立起来的时候，人们得以烹调食物，并且没有受骗和食毒的危险，那时各人从公共厨房里取到炉上做好的食品，再依自己的口味烹调起来，这会成为大众的习惯。

然而如果定要把这个制成严厉的规则，规定各人必须带着已经做好的食品回家，这样思想一定会被近代的人嫌厌，他们会把这个思想当做和那寺院兵营的思想——即宗教教育（压制与迷信）造成的偏曲的头脑里所生出来的不健全的思想——同样的东西。

什么样的人才有可以从公社取得食物的权利呢？这是我们必须自问的问题。各都市会自己答复这个问题，并且我们相信这解答是受着正义的感情指导的。要是劳动还没有改组，混乱的时期也没有终止，人们也无法分别出懒惰的寄生者和真正被迫失业的劳动者的时候，必须的食物便应该毫无差别地分给所有的人。那些反对民众和新秩序的人自己便会急急地逃开的。但是据我们看来，那些豁达大度而且没有复仇性的民众对于共同留在新社会的人不问是胜者，败者，一样地把他们的面包分给这些人。受到这种思想的鼓动，对于革命也不会有什么害处；并且当工作回复，事业重兴的时候，昨天的敌人今天会在同一个工厂里接膝做工。在劳动自由的社会中，懒惰者是不足为害的。

批评家立刻会说："然而粮食在一个月以内便要缺乏的。"

"那就更好。"这便是我们的回答。其实，我们可以证明出来自有史以来人民能够有十分充足的食物享用，这还是第一次。至于怎样才能够得到新的粮食的供给，这个方法我们会在下面来讨论。

V

在社会革命时期中，一个城市能够以什么方法来供给食物呢？我们要答复这个问题，但是我们很明白，所采取的方法是要靠着各省区及邻近各国的革命的性质来决定的。假若全国或者全欧洲的人民一齐起来完成了社会革命，开始便实行完全的共产主义，那么，我们的处置便是很简单的了；然而倘使只是欧洲的三两个地方试行社会革命的时候，我们便不得不采取另一种方法。那时候的情形会把方法指示给我们。

这样，我们在采取何种措置以前，便应该先看清楚欧洲的形势。我们并不想来预言什么，但我们可以预料革命会采取什么样的道路；至少革命的主要特点是什么，也应该预先知道的。

假若全欧洲同时爆发了革命，到处都实行充公，所有的人都被共产主义的原理激动了，这自然是我们很希望的事。像这种普遍的大暴动一定会使我们现世纪的工作变得异常简单。

然而一切的兆候都足以使我们相信这样的大暴动是不会实现的。革命将要波及于全欧洲，这件事是无可疑惑的。假使欧洲大陆的四大首都——巴黎（法京）、维也纳（奥京）、布鲁塞（比京）、柏林（德京）——中间有一个爆发了革命，推翻了政府，其他的三个就会在几星期以内起来响应，这是差不多靠得住的。而且各半岛，甚至伦敦和圣彼得堡[①]在最短期间也会接踵而起。然而革命在各处

① 又称彼得格勒，十月革命后改称列宁格勒。——译者

所表现出来的是否同一性质，这确实还是一个疑问。

诚然，将来无论何处都要实行大规模的充公，而且如果欧洲的某一个大国实行了这种政策，其他各国一定会受到影响，这是确实的；然而革命的开始便会表现出地方性的差异，革命的进行在各国也是不同的。在1789—1793年之间，法国农民费了四年之力，才得摆脱对于封建领主权利的赔偿的负担，中产阶级费了四年之力，才得颠覆了王权。我们须把这个记在心里，再来观察革命渐渐地自然发展。假使我们看见革命的进行有时不免迟缓，我们也不必垂头丧气。无论如何，在最初欧洲各国的革命是否都有显明的社会主义的性质，这还是疑问。我们要记着德国至今还是在做实现联邦帝国的梦。德国的进步的各党派还在梦想实现一个像1848年法国的雅各宾的共和国和路易·布朗的"劳动组织"；同时，在另一方面，法国平民却很热烈地要求一个自由的公社，无论共产主义的公社也好，其他的公社也好，但总要是自由的。

将来的革命发生的时候，即便是德国也要比1793年法国的行动更要进步些，这在道理上也可以相信得过。18世纪的法国革命是比17世纪的英国革命[①]更进一步的；法国人民在一击之下，便把王室、地主、贵族等的权力消灭了，而英国尚保留着此等权力以至于今日。然而倘使德国将来比较1793年的法国更进一步，而且会做出更大的事业，那么我们仍然不得不承认促成此次革命发生的思想会是1848年的思想；而鼓励俄国革命的思想也许会是1789年和1848年的思想的结合。

① 指推翻国王查理一世的革命，查理一世在1649年被判处死刑。——译者

我们虽然不把这种预料看得过分的重要，但我们也可以得着下面的结论：欧洲各国的革命各有一个不同的性质；就是关于财富的社会化一点，也不是到处一样的。

难道真如人们常说的，做运动的先锋的国民有和留在后方踌躇不前的国民调整步调的必要么？我们必须等着一切文明国内共产主义革命的时机成熟么？当然不能这样做！纵然我们愿意这样做，也是不能够的。历史不能等待立在后面的人。

并且，我们还不相信在任何国家内，革命是一举或一瞬间就可以成功的，如某一些社会主义者所梦想的一般。[①] 假若法国的六个大都市——巴黎、里昂、马赛、里尔、圣德田、波尔多（Bordeaux）——中间的一个宣布成立了公社，其他的五个皆会起而仿效的，还有许多小城市也会照这样做，这是靠得住的。于是各种矿山区和工业中心地也必急速和“所有主”、“雇主”脱离，由劳动者自身组织成自由团体。

然而许多乡村地方还没有进步到那一点。公社已经革命化，而乡村却依旧抱着观望的态度，还在个人主义的组织之下过活。可是农民因为没有公差和税官来搅扰他们，他们对革命党也不怀着敌意，宁肯利用这新时势来拖延偿付本地掠夺者的债款。然而他们以实际的热诚（这是一般农民暴动的特质，我们还记得 1792

① 最有害的谬说莫过于论及柏林 3 月 18 日革命之肤浅的社会主义小册子中所宣传的“一日的革命”，以为这“一日的革命”已使普鲁士成立了代议制的政府，其实这是极错误的。我们已经看见这谬说在 1905 至 1907 年间在俄国所造成的弊害了。事实是这样：普鲁士直到 1871 年才和现在（1913 年）的俄罗斯一样有些叫做“宪法”那样的纸片，然而并没有代议制的政府。在 1870 年以前国务大臣可以随意提出任何预算案，国民不得过问。——著者（英文本）

年的法国农民的热烈的劳作）竭力耕种土地；既不纳租税，又不付押款，他们对于土地便自然更加爱惜了。

说到其他的国家，革命会到处爆发，不过革命的面目却是不相同的；这一个国家实行国家社会主义，那一个国家又实行联合制，其细目虽不一致，但大体上各处多少都采取社会主义的。

VI

现在我们再说到那革命的都市，看看那里的市民怎样才能够为他们自己备办食粮。假若国民全体还没有采行共产主义，他们又怎样能够得着必须的食品呢？这是应该解决的问题。我们且拿法国的一个大都市——就拿首都巴黎来说也可以——来说。巴黎每年要消费几千吨的谷类，四十万头牛，三十万头犊牛，四十万头猪，二百万余头羊，此外还有许多野禽。这个大都会还要用去二千万磅以上的牛油，二万万个鸡蛋，其他物品的消费也是依着这个比例的。

巴黎消费的麦粉和谷物都是从美国、俄国、匈牙利、意大利、埃及、印度等处输入；畜类是从德国、意大利、西班牙——甚至罗马尼亚和俄国等处输入的；至于杂货，都是从世界各国来的。

我们现在且来考究看巴黎或其他的大都市怎样能够靠着法国内地出产的食粮来维持，又怎样能够使农人高兴地把这些食物从各地方送来。

在那些信赖“强权”的人看来，这个问题是很简单的。他们起先会建立强固的中央集权的政府，设置一切强制压迫的机械——警察、军队、断头机等。这政府会把法国所有的生产物登记下来。

然后它把法国划成各个供给区，命令把指定量的某种食粮于某月某日送到某个地方，在某个车站交付，在那里又在一定的日期，由一个特别的官吏领收，放在特别的仓库里去。

现在我们可以有把握他说，这样的解决不仅不会受人欢迎，而且到底完全不能实行。这才是真正的“乌托邦”！

一个人手里拿着一管笔坐在书斋里可以做这样的梦，然而要是他和实际生活接触一下，那么，便会证明出来这种理想是不可能的了。——1793 年的事便是一个证据；因为这一类的理论太轻视人类的独立精神。这种举动会引起普遍的暴动的，会使再有三四个旺代省[①]出现，并且会引起农村对都市的叛乱；倘使某一个城市要把这样的制度强迫施行于全国，那么，全法兰西皆会武装起来反抗这城市的。

雅各宾派的乌托邦我们已经看得太多了！我们再看另外有没有适当的组织方式呢？

在法国大革命的时候，农村地方使大都市受着饥饿，这样杀死了革命。并且在 1792 至 1793 年中间法国谷物的生产不但未减少，反而增加，这是很明显的事实。然而农民把地主的土地收归己有，而且得到收获后，却不肯卖给那些使用纸币的人。他们把产物藏起来等待价格增高，或者等别人用金市来收买。国民公会[②]虽然用过最严厉的手段，也没有什么功效；虽以死刑来恐吓农民，也

① 法国西部旺代省（Vendée）的农民在 1793—1794 年曾激烈地反对革命。——译者

② 1792 年 9 月屠杀后，立法议会即无形消灭，9 月 20 日一个革命的议会正式成立，即是国民公会（Convention Nationale）。——译者

不能解散其党徒，使他们出售其谷物。国民公会的议员曾毫无顾忌地把那些不肯拿谷物到市场去卖的人捉来斩首，又把在食粮方面投机的人毫无容赦地处以死刑。但是无论如何，谷物仍旧不来，使都市的人苦于饥饿。

那么，用什么东西来报酬农夫的辛苦呢？土地债券[①]么？那是市价天天跌落的纸片。那是票面印出500利弗[②]而并无真实价值的纸币。1,000利弗的纸币不能买一双长靴；农夫终年劳苦得到一张纸币，连一件衬衣也买不到。

只要这种没有价值的纸币——不管它叫做“土地债券”也好，或叫做“劳动券”也好——仍还拿给农业生产者作为报酬的时候，情形总是一样的。农村便把生产物藏起来使都市苦于穷乏，虽像前次那样杀死一些反抗的农夫，也是没有用的。

我们不再用毫无价值的纸币来和农夫的勤劳交易了，我们要拿农夫目前需要的制造品来和他们交换。他们没有耕田的适当器具，没有避寒的衣服，没有可以代替灯芯或蜡烛的微光的洋灯和煤油，也没有锹、锄和草镰。在现社会情形之下农夫连什么东西都没有，并不是因为他们不需要这些东西，而是因为他们在苦斗和穷乏的生活中，一切有用的东西都不能够到他们的身边；因为他们没有钱来买这些东西。

都市革命后，应该立即着手制造农夫所需要的一切物品，不再去制造那些富豪的太太小姐们的装饰品了。巴黎的缝纫机也应该

① Assignat即土地债券，法国大革命时期中以土地为担保而发的纸币。——译者

② 利弗(livre)，法国古货币名。——译者

制造乡下人的衣服——做工的衣服和星期日穿的衣服,而不造英、俄等国的贵族和非洲富豪的太太们穿的高价的晚礼服了。各工厂各制造所也应该立刻从事制造耕作器械、锄头、草镰等等器具,不必再等英国送这些东西来交换法国的葡萄酒了!

都市也不应该再遣派什么挂着红的或虹色的肩章的监察员到乡下去,命令农人把生产物拿到这里或那里了;只是派几个亲切的代表到乡里用和睦友善的样子对乡下人说:"我们要你们的产物,可是你们也可以随便在我们的仓库和店铺里取用你们需要的东西。"于是粮食便从各地方送来了。农夫只要把自己要用的食物留起,其余的全送到城市里来,这是自有历史以来的第一次,他们觉得都市的劳动者是他们的同志,他们的弟兄,而决不是掠夺者了。

也许有人要告诉我们说,同时需要着工业的完全的变革。当然,在某一些部门这是不错的;然而在有一些部分便可以很快地改造过来,使衣服、钟表、家具以及其他现在都市以额外价值售与农夫的简单器械都由农人自由取用。织工、裁缝、鞋匠、洋铁匠、木匠以及其他许多工匠、技术家等不再制造奢侈品了,把他们的力量用在有用品和必需品的制造上面,这是很容易的事。最急需的是一般人的心理应该完全相信这种变革,并且把它视作正义和进步的行动;而一般人也不会再被某一些理论家的得意的梦想所欺骗了——他们认为革命只限于占取工业的利润,而让生产和商业仍旧照现在的样子存在,其实这样的革命的梦想是永远不会实现的。

我们对于整个问题的意见便是如此。不要再用什么纸片去欺骗农夫——纵然那上面印着莫大的金额,也是无用的;我们要用他们土地耕作者必需的物品去交换他们的生产品。于是土地的产物便可以源源地输到都市里来。假使不曾做到这样，我们的都市便受着饥饿，反动与失望亦将接踵而至。

VII

我们已经说过，大都市需用的谷物、麦粉、肉类等不仅是从国内各地方购来的，而且还有些是从国外买来的。各国输进巴黎物品虽有很多的香料、鸟类以及各种美味，但谷物和肉类也是大宗。

然而革命发生的时候，这些城市应该尽力量所能做到的不去依赖外国。俄国的小麦，意大利或印度的米，西班牙或匈牙利的葡萄酒等，虽有很多的出现于西欧市场上，然而并不是因为输出这些物品的各国已经十分有余了，也不是因为这些东西像牧场上生的蒲公英一样是自然生长的。例如在俄国，农民每日做十六小时的工，然而为了把小麦输出外国、缴纳地主和国家的租税的缘故，每年竟要挨饿三个月乃至半年之久。当俄国农村收割好了的时候，警察便立刻出现了，要是农夫迟纳租税或未把地主的租钱付清，他就随便把他们的牛马拿去公卖；要避免这个办法，农夫只有含着眼泪承认把谷物卖给经营输出业的商人。通常农夫都愿意只留下九个月的粮食，把其余的都卖去，免得别人把他们的牲畜拿去贱价出售。这样，因为要维持生活到第二次收获的时候，他们便不得不把树皮和草叶拌和在麦粉中吃，在丰年他们只吃三个月的树皮和草叶就够了，遇着凶年便要吃到六个月之久；同时在伦敦的人，却用他们（俄国农夫）的小麦做成饼干来吃着玩。

然而革命一旦发生，俄国农夫便会留着很充足的面包预备给他和他的小孩食用；意大利和匈牙利的农夫也要照这样做；我们希望印度人照这样的好例做去，也可以得着利益；要美国的农夫来完全补足欧洲谷物的不足，究竟也困难。所以要靠他们供给小麦和玉蜀黍以满足一切的缺乏，是不行的。

因为我们现在的中产阶级的文明是基础在对劣等种族和工业落后国家的榨取上面的，那么，**革命**的第一个恩惠，便是威胁这“文明”，使所谓劣等种族把自己解放出来。

然而这个大恩惠会使输入西欧各大都市的食物供给，现出显著的减少现象。

要预言各地方的事务进行的状况是很困难的。一方面土地的奴隶将乘着**革命**的时机伸直他的弯曲的背。他们不再像现在那样，每天做十四、五小时的工作了，他们只做工七八小时，其结果自然要减少主要消费物（谷物与肉类）的生产量。

但是在他方面，当农夫知道他们的勤劳不会再被拿去帮助懒惰的富人的时候，生产额立刻就会增加起来。新区域的土地要开垦出来了，改良的新器械也要使用了。

米席勒[①]论及法国大革命时曾经告诉我们说：“当1792年法国农夫从地主手中取回他们垂涎已久的土地时，他们耕种土地的热心和勤恳是从来不曾有过的。”[②]

自然，在短期内**集约农法**便可以得到众人的采用。改良的机

① 米席勒（J. Michelet，1798—1874），法国的历史家，著有《法国革命史》（Histoire de la Révolution Française，第二版增订本，共六卷），《法国史》（Histoire de France）等书。——译者

② 著者在他的另一著作《法兰西大革命史》（全集第八卷）中说：“1794年的第一次丰收拯救了三分之一的法国，至少农村是如此，因为这时城市仍有粮食缺乏的恐惧。”——译者

械、化学肥料以及其他的这类物件都成了社会的共有财富，由公社来供给。然而事实指示出来，在法国及其他各国，最初也会有农产物减少的现象。

无论如何，还是预先估计着从外国输入的和从内地送来的东西总是减少，这样倒更聪明，——那么有什么方法来补救这样的减少呢？

没有别的，只有我们自己开始来工作！救济的方法近在我们的身边，我们不必徒费脑力去求诸远方了。

大都市和乡村一样，都应该着手来耕种土地。我们必须恢复生物学上所说的“各机能的总和”，就是说，在分工之后，又实行“全工”：这是遍于全自然界的进程。

此外，且撇开学理不谈，环境的力量会生出这样的结果。巴黎如果知道在八个月后，面包便要缺乏，它就会立刻开始种起小麦来。

土地是不会缺乏的，因为在大都市的周围，特别在巴黎周围，大地主的花园和娱乐场是很多的。这几千英亩的地面，只须加以熟练农夫的劳动，立刻会比那被日光晒干了的南俄罗斯的草原更要肥腴，出产更多的田野便会在巴黎的四周出现了。劳动是不会缺乏的。假若巴黎的二百万的居民一旦停止供给俄国王公，罗马尼亚贵族以及柏林金融家的太太们的豪华娱乐品，那么，他们的注意会转到什么地方去呢？

有了现世纪的一切机械的发明；有了习于管理复杂机械的劳动者的智慧和技能；有了发明家、化学家、植物学教授以及像金内威黎的市场园艺家那样的实际植物学家；有了这些人用来增加和改良他们的器械的一切工具;更加上巴黎人的团结精神,他们的勇气和精力——巴黎的无政府主义的公社有了上述的一切,在它的支配之下,它的农业当然和埃尔坛纳的粗笨农业大不相同。

蒸汽、电气、太阳热、风力、都可以随人取用了,蒸汽锄、蒸汽犁可以很快地做准备的粗工作;地面因为犁来犁去,已成了肥沃的土壤;只需要人们的聪慧的注意(女子比男子注意得更周到),地面即为葱葱郁郁的植物所掩盖了;而且一年不仅一次,竟会育三四次之多。

从有经验的专门家学习了园艺耕作的方法;又用小小的土地来做各种不同栽培法的试验;互相比赛看谁能得到最好的结果;因为不做过度的工作,由于身体的运动便恢复了在都市里所缺乏的健康的体力。——这样,男子、妇女和小孩都喜欢到田间去劳动;这不再是奴隶的苦役了,这是一种快乐、一种节日、一种快乐与健康的更新。

"世界上无不毛之地,土地的价值因人而定。"——这便是近代农业的结论。去向土地要求面包,假使你要求得当,它一定会给你的。

就像在塞纳和塞纳—瓦兹两省那样小的地方,即使要它们养活像巴黎那样大的都市,实际上也会产出充足的食粮的。除此以外,并无别法。

农业和工业的联合,一个人同时做农夫又做工人——无政府共产主义倘使起初便以充公作出发点,结果会把我们引到这方面去的。

让革命一直向前猛进,饥馑并不是革命的可怕的仇敌,可怕的危险是在中途停顿，在怯懦，在顽迷。这危险丹东已经看破了，他便向法国叫道："大胆！大胆！更要大胆！"[1]先有大胆的思想，然后才有大胆的行为。

① 丹东在1792年9月2日对巴黎民众演讲"祖国的危急"（据A. Aulard说，这似乎是为着阻止"9月屠杀"而发的），结尾的话是："……就要响起来的警钟并不是惊慌的信号，这是袭击祖国的敌人的信号。为了要征服他们，我们应该大胆，更要大胆，永远大胆，这样法国才会得救。"（见H. Fleischmann编的丹东的演讲录，1920年版。）——译者

第六章　住居

I

曾经仔细注意过社会主义的思想在劳动者中间发达的人，一定会觉得在一个重要的问题（人民的居住问题）上已经不知不觉地达到了一个确实的结论。在法国各大都市和许多小城市中，一般的劳动者已经渐渐地断定住宅无论如何都不是那些被国家所承认为房主的人的私有财产，这是确实的事实。

这种思想在人民的心中自然发展起来，他们无论如何都不能相信“所有权”应该扩张到房屋上面去的。

房屋并不是房主建筑起来的。这是由那些求最低的工钱来活命，在木厂、砖瓦制造所和工厂里做工的无数的劳动者建筑、装饰、装置起来的。

至于房主所花费的金钱，也不是他自己的勤劳生产出来的。这和一切其他的财富一样，也是由于那种只付给劳动者所应得的工资的三分之二（或二分之一），而掠夺了其余的三分之一（或二分之一）的方法积蓄起来的。

而且——这种办法的罪恶在这一点上是最为明显的——房屋的实际价值是由房主可以从房屋收得的利润而定的。这种利润又是由于那房屋建筑在一个都市里的事实的结果——即是说因为这房屋是建筑在千万所房屋的中间，是在一个有铺石的街道，有桥梁，有码头，有美丽的公共建筑物的大都市中，一个有着辉煌的灯光，而且能够供给居民以农村间所不知道的无数的愉快与便利的大都市中，一个常与其他的都市交通而且自身又是工业、商业、科学、艺术的中心的大都市中，一个由二三十代居民的劳力造成的这样又美丽、又卫生、又宜于居住的大都市中，所以这房屋才有很高的价值。

譬如说在巴黎某处有一所房屋，价值一百万法郎，并不是因为造这所房屋所费的劳力值得一百万法郎，不过是因为这所房屋是位置在巴黎罢了；由于几百年间的无数劳动者、艺术家、思想家及学者文人的贡献，才使巴黎成了工业、商业、政治、艺术与科学的中心；而且因为巴黎有着它的过去的历史；又因为靠着文学的力量，巴黎各街市的名称遍传于国内和国外；又因为这是五十代的法国国民在一千八百多年间的勤劳的结果，——这样才使巴黎的房屋能够有很高的价值。

然则，要不是去做那不义的事，谁还敢把在巴黎这样的都市中的一小块土地，一所小建筑物占据在自己的手中呢？谁又有权利来出卖这共同遗产中的最小部分呢？

在这一点上，劳动者的意见是一致的。在巴黎被围困，无产阶级已高唱拒绝房主要求的条件时，这不纳租钱居住的观念已经很明显地存在着了。在1871年巴黎公社的时代，巴黎劳动者已经期待着公社的会议大胆地决定废除房租了。在未来的新的革命发生的时候，这便是贫民关心着的第一个问题。

无论在革命的时候或在和平的时候，劳动者必须有房屋居住的，在他的头上不能不有屋顶来遮盖烈日和暴雨。但是，纵使他住的房屋是怎样坏，怎样污秽，而房主在任何时候都可以将他逐出的。固然，在革命的时候，房主找不到捕役和警察来把劳动者的褴褛的衣服和其他的东西拿出来抛到街上去；然而谁又知道新政府明天要怎样做呢？谁又能断言不再用暴力，不再有警察来逼迫劳动者搬出他们所居住的破屋呢？我们难道不曾看见巴黎公社只免除4月1日以前——只是4月1日以前——的房租的布告吗！[①]在4月1日以后，虽然那时尚在混乱时期，工业也完全停滞了，但房租仍是必须缴纳的。至于那些武装起来防卫巴黎独立的革命者，除了每日三十个苏的薪金外，再没有什么东西来养活他一家人了！

那么，劳动者必须明白地知道在拒绝付给房租与房主时他们不仅是乘着强权瓦解的机会而行的。他们应该知道房租的废除是一般人公认的原则；不纳租钱而居住是平民高声宣言的一种权利了。

这种办法实在是和每个正直的人的正义感相和谐的，那么，我们为什么还要等着这些组织临时政府的中产阶级中间的几个社会党人来采用这种办法呢？假使要那样做，我们就只有长久地等待着——其实，恐怕还要等到反动重来呢！

因此，那些热诚的革命家便排斥制服和徽章等等东西（这是强权与奴隶制的招牌），他们仍以平民的身份生活在平民中间，与民

① 3月30日的布告：此布告废除1870年10月、1871年1月与4月的房租。——著者

众共同工作，使房租的废止和房屋的充公成为事实。他们培养着思想，使思想向着这方向发展；当他们工作的结果成熟的时候，人民便进而着手把房屋充公了，自然总有一些妨碍这个的理论——如什么要赔偿房主的损失，什么应该先有必要的基金之类，但这是不足虑的。

在房屋实行充公的那一天，从来被掠夺的劳动者将知道新的时代来了，劳动不再受富贵权势的桎梏了，平等是公然地宣布了，革命已经成了真实的事实，并不是像从来那样的戏台上的假东西了。

II

假使充公的观念一经人民采用，那么虽有许多来威胁我们的障碍也不足虑，充公是会渐次实行的。

自然那些穿着新制服坐在市政厅里靠背椅上的好人物一定要忙着来堆积障碍。他们要谈论怎样赔偿房主的损失，制出统计表，做出长的报告书等等事情。他们的报告是极长的，一直会到人民在这种被强制的怠惰的状态中不能够再等待了，不能够挨饿了，可是总不曾见着这些官员的调查得到何种效果，后来便灰心丧气，丧失了对于革命的信念，走向反动派去了。新官僚政治结果会使充公成了万人嫉恨憎恶的东西。

这里实在有一个岩礁，会把我们的希望撞沉的。然而假使人民用耳朵来听听那些迷惑他们的似是而非的议论，知道新的生活需要着新的社会状态，假使他们自己起来担任这个工作，那么，充公的实行便不会遇到多大的困难了。

你们要问："然而怎样呢？要怎样才能够呢？"我们要试来答复这个问题，不过要审慎一下。我们并不想把充公的计划极详细地描写出来。我们早就知道凡是任何个人或任何团体所能够指示的，总不及实际出现的时候好得多。人们靠着简单的方法，会成就更大的事业，并且还比较用别人预先想定的方法所得着的结果更要好些。我们现在只指出不待政府的干涉而可以成就充公的方法。我们对于那些断言这件事是不可能的人们，也不想用别的方法来回答。我们只要答复说，我们并不绝对地主张何种特别的组织方法。我们所注重的是指示充公只能够由人民的发意而成功，其他任何方法都不能够有效。

事实看来似乎是这样，当充公实现的时候，各区、各街、各巷都有志愿队组织起来，并且着手调查房屋的数目，何处是空着的，何处是住满了人拥挤不堪的，何处是污秽的陋巷，何处是住的人数少而地方宽，应该把那些拥挤在一间小屋子里的许多人搬些过去，——这些都应该调查得清清楚楚。在几天之内这些志愿队要把所属各街、各巷、各区的一切住宅、租屋、公馆、别墅等等的房间和整套的房间究竟是卫生或不卫生，大或小，宽或狭，臭秽或华丽等等调查得极清楚，制出全部的表册来。

这些志愿队自由地互相通声气，所以他们的统计，在极短期间内便可以完成。若说虚伪的统计，这是可以在什么局里或事务室里制造出来的；然而正确而精密的统计却非由个人着手担任不可，而且要由简单进到复杂。

于是，那些市民并不等待什么人的允许，就快快地跑去寻找那些住在污秽狭小的房屋中的同伴，并且向他们说："同志们，这次是真正的革命了，不要误解它。今晚上在某处开会；所有的邻居都会到的。我们要重新分配住房。如果你们嫌那污秽狭小的房子不好，那么，请来选择一所有五间屋子的住宅，只要你迁移进去以后，什么事都由你自己处理，无论住到什么时候都可以，不必害怕。因为人民已经武装起来了，即使有人敢来驱逐你们，人民也是不答应的。”

有人说：“任何人都愿意住华丽的屋子、宽大的住宅！”其实不然，这是错误的见解。人民从不曾有过把月亮取来放在桶里的妄想。相反的，他们每每着手来矫正某种弊害；群众的好意和正义心常使我们感动。我们几时看见他们要求过不能做到的事呢？在1792到1794年的恐怖时代中，或者在巴黎两次被围攻的时候，巴黎的人民等候着面包和燃料的分配，然而他们中间何尝起过什么争夺的事情？他们忍耐力强又能够放弃权利，在1871年就已经表现出来了，并且常常受着外国报纸通信员的赞美。然而这些忍耐的等待者，也完全知道最后来的人是得不着食物与燃料过日子的。

如果把现在社会中的各个人分开来看，自然，我们不能不承认有多少利己的本能存在的。我们很知道这个。但是我们以为倘使要把人民居住的问题拿给什么局、什么委员会去解决（其实就是依赖着任何形式的官僚主义的恩典），其结果便使这种利己的本能复活，而且还要培养它，使之发展。于是一切的恶念都起来了，而且谁是局中最有势力的人物也成了问题了。稍微有一点不平等的事便会引起争论和攻讦的。假若某一个人得到了一点极小的利益，这件事便会成为怒骂叫号的根源，——而且这不是没有理由的。

然而假使依各街、各区而组织起来的人民，依着自己的计划来把住在污秽狭小的房子里的居民移到没有人居住的中产阶级的房屋里去，那么，这小小的不便和不平等的事也很容易免除的。我们很少求助于民众的良善的本能——这是救助革命时代的沉没船只的最后的一个办法，然而这样的求助，绝不是无效的；劳动者每次都以义勇和献身的精神来回答这样的求助声。将来革命中的情形便是如此。

虽然万事都说过，做过了，但是仍还会有一些不平等和不公道的事情存在的。在我们的社会中还有这样的人，他们久已沉沦在利己主义的泥沼中，虽然遇着绝大的危机，也不能够自拔出来。这时不是将来有没有不公道的问题，却是怎样可以减少不公道的问题了。

一切的历史，一切的人类经验，以及一切的社会心理学都给我们指示出来，所谓最良善最公平的方法，便是在于信任那些与这件事最有密切关系的人的决定。只有这些人才会注意到那种官吏的分配所必然忽略了的无数的细小事情，而且会来设法处理它们。

III

并且一切住房的重新分配也没有立刻就要得着绝对平等的必要。自然在最初不免有许多不便的地方，然而在实行了充公的社会中，不久便可以把它矫正的。

石匠、木匠及其他与房屋的建造有关系的人得着每天的面包不会欠缺的保证以后，他们除了每天做几小时他们原来的职业的工作以外，也不再要求什么了。他们要把那些耗费了无数奴仆的时间建筑起来只供给几家人居住的金殿玉楼改造过，在两三个月中间便要造出来比现在的更合于卫生更轻便的房屋了。无政府主义的公社会向着那些还没有得到安适的住居的人说："同志们，请忍耐一下罢！在我们的被解放了的都市里，不久会有比任何资本家为他们自己建造的房屋更壮观更美丽的宫殿出现的，这些房屋是属于那些需要最迫切的人的。无政府主义的公社并不是为着想增加岁入才来建造房屋的。这些为着市民而建立的纪念物，这些共同精神的产物是要给全人类做模范的，这些都是你们的东西。"

假若革命的民众把房屋充公了，并且宣布对房屋不收租金——即是房屋共有，各家族有得着适当的居住的权利，那么，革命在开始的时候，便有了共产主义的性质，方针一定，便向着那方面进行，不容易再动摇。这对于个人私有财产当然是一个致命的打击。

其实社会革命全部的萌芽，都包含在房屋的充公里面。以后发生的一切事情的性质也要靠着充公的成就的情形而定。或者我们一直向着无政府共产主义的道途上进行，不然便仍旧陷在专制的个人主义的泥土里。

由此，我们可以料到我们一定会遇着许多的反对论——一部分是理论的，一部分是实际的。因为这是维持不平等的问题，所以反对我们的人自然也要"借着正义的名义"来反对。他们说："这不是异常可耻的事吗？乡下的农夫住的只是快要倒塌了的茅屋，而巴黎人民独把这些美丽的房屋都占据了去。"然而我们不要弄错，这些热心正义的人，因为健忘的缘故，却忘记了他们自己也在暗中防护着这种"异常可耻的事"。他们忘记了即便在巴黎也有无数的劳动者窒息于污秽狭小的房中，然而从窗子里却可以看见富豪的高楼大厦。他们忘记了世世代代的人民都闷死在连空气日光也享受不到的贫民窟里面。革命的第一个工作便是矫正这种不公平的事实。

我们不要被这种愚劣的抗议迷惑住而停止前进。我们知道在革命开始的时候,都市与乡村间虽不能平等,但这只是暂时的现象,经过一些时日就会自然改正的。何以呢?因为如果农夫不再做地主、富农、商人、放债的人和国家的牛马,那时,村落便会立刻着手来改良来居住的。难道为着要避免偶然的暂时的不平等,我们便不应该去把从前的错误矫正么?

那些所谓实际的反对论也是不厉害的。它们说,有一个贫穷的人尽力劳动,受了无数的困苦,买到一所房屋,恰恰够他的全家居住。然而我们现在把他这样辛苦地得来的幸福剥夺了,反将他驱逐到街上去!这是合理的吗?其实我们决不会这样做的。假若他的房屋果然只够他一家居住,那么,无论如何,我们都不会叫他搬出去。就让他培植他的小小的庭园,我们的人是不会来妨害他的工作的,而且只要用得着帮助的时候,他们也会去帮助他。然而假使他有多余的空屋租给别人,那么,人民便要去向那租屋的人说:"同志!你要知道你以后不应该再付一切给从前的房主了。你就在这里住下去罢,可是不要再付什么租钱。从前那样的收租人和收捐人都没有了,社会主义把那一切都废止了。"

我们再想想看,房主一个人占据一二十间屋子,而住在附近的贫穷妇女同她的四五个小孩却挤在一个小房间里面。在这样的情形之下,平民自然要设法使那些空屋变做那贫穷妇女和她的四五个小孩的安舒的家庭了。这与一方面使那贫穷的妇女和她的小孩住在破屋里受苦，一方面却让大人先生坐在高楼大厦里作乐的事比较起来却是公平多了。而且或者那位大人先生会自动地来做这件事情；他的夫人因为没有了从前驱使的奴婢，觉得这样大的房子难得收拾，也会愿意让出一半来的。

那些拥护法律和秩序的人会说："你们要把什么东西都推翻了。什么驱逐呀，迁移呀，都不会有停止的时候。其实不如把大家都叫到门外去用拈阄的方法来重新分配，这岂不更好？"他们的批评是如此。然而我们却坚决地相信假使没有政府的干涉，而一切的变更的事都委托给那些特别组织起来担任这种工作的自由团体去做，那么，驱逐和迁移的事一定会比较在现社会制度之下一年中因房主的贪欲而起的这类事情少得多。

第一，在所有的大都市内现在已经有很多的空屋和住宅足以供所有住在污秽狭小的屋子里的居民居住的。至于广大的宫殿和美丽的房屋，许多的工人非到不得已的时候不会去住的。假若没有许多的奴婢，一个人也难得"保持"着这样大的房屋。即便是现在住在这些房屋里的人不久也会觉得有另找较简朴的居住的必要了，假若那些美丽的贵妇人自己到厨房里去烹调，她们便会觉得这样大的房屋是不十分适宜的了。人民会渐渐安定下来。人民不必用枪刺来把豪奢的银行家逐到阁楼里去，也不必用武装来护卫贫穷的工人搬进银行家的大厦里，他们没有遇到什么阻力，也没有感到什么不便，就会和平地把适当的住房重新分配妥定了。现在的农村公社重行分配田地，并不使分得土地的人感到不便，这样聪明而良善的方法，谁能不佩服呢？在俄国公社的管理下的田地与常常到法庭去起诉讼的在私有财产权名义之下的田地比起来，前者改换主人的时候较后者更少。难道我们会相信欧洲大都市的居民的智慧和组织力还不及俄国与印度的农民吗？

而且我们不要忘记所有的革命，多少总含着一点扰乱日常生活的意义；那些希望从旧社会跑到新社会时，甚至于连资产阶级的食桌上的器皿都不会震动的人，不久会觉悟他们的这种见解是谬误的了。诚然，改换政府的时候，可以不必去搅扰那些正在用午餐的堂堂的绅士，然而社会对于维持养活它的人民所犯的罪恶，绝不是由任何政党的把戏所能救济的。

纷扰是免不掉的；不过我们应该使它不致成为完全没有意义的损失，而且我们应该设法使它减少。而且——我们不惮烦地重复说着——我们要减少每个人的不便利，只有和那些有着直接的利害关系的团体商量，绝不能委诸官厅和委员会；这样才能够得到最大的成功。

人民用投票法选举出轻浮的候补者，这真是大错而特错了。这个候补者要求获得代表人民的荣誉，而且装出什么事都知道，什么事都能够做的样子。然而当人民自己去做他们所知道而且和他们有直接关系的事情时，总要比让什么官吏什么代表去做时所得到的结果更要好些。巴黎公社不就是一个适合的例子吗？伦敦船坞的大罢工不也是这样的么？而且我们不是在每个村落公社中都见到这个事实的证据吗？

第七章　衣服

房屋已经成了市民的公共财产，而且每人每日的食物也不缺乏，那时候便要更进一步了。这次要讨论的，自然是衣服的问题；而这问题的唯一的可能的解决，也不外乎以人民的名义把一切出卖和贮藏衣服的店铺仓库占领了。然后打开给一切的人，使任何人都可以自由地取用他所需要的东西。衣服的共有（每人都有在公共仓库中取去他所需要的东西和在成衣店里制衣服的权利）是由房屋和食物的共有所得来的必然的推论。

显然的，我们并不必把一切市民的大衣脱去，把所有的衣服堆在一处叫各人来拈阄均分，如那些聪明巧妙的批评家所说的。有一件大衣穿在身上的人，让他穿着好了，纵然他一个人有十件大衣，也没有取去的必要；因为大多数的人都喜欢穿新的大衣，谁还愿意穿那已经被肥胖绅士的肩头摩擦旧了的大衣呢？并且那时新的衣服已经很够了，也用不着旧的了。

假使我们把大都市里的店铺仓库和仓库内放着的一切衣服和制衣服的材料统计一下，作一个目录，我们便会发现在巴黎、里昂、马赛、波尔多等处已有很充足的衣服和材料使得公社可以供给市民全体（不问男女）的需要了。纵然一时有所不足，公共的成衣店也可以立刻补其缺数。我们都知道要是现在的成衣店有了适用于大规模生产的机器，那么它们的工作便会进行得异常迅速。

反对的人又会说："然而每个男子都想穿黑貂皮衬里的大衣，每个女人都想穿天鹅绒的衣衫呢！"

坦白地说，我们并不相信这样的话。女人不见得都喜欢天鹅绒，男子也不见得全喜欢黑貂皮里子。就在现社会中假使我们要女人选择她们的衣衫，其中定有不少的人爱朴素适用的衣服，胜于交际社会中流行的华美的服装。

趣味是随时代而变迁的。在革命的时期中流行的，一定是朴质的东西。社会与个人一样，有怯懦的时期，也有英勇的时期。虽然现今的社会沉沦在狭隘的个人利益之追求和卑鄙浅薄的思想之中，现着何等可怜的样子，但是一旦大危机到来的时候，它的风气和态度就要变换了。社会也有它的伟大和热诚的时期。现在一般庸俗之徒手里握着的势力将要移到豪爽善良的人的手中了。献身的精神勃兴，崇高的行为更如风起云涌般发生着；即便是一般的利己主义者到了那时也觉得徘徊不前是可耻的事了，纵然自己不仿效那种高贵的和勇敢的举动，至少也要赞叹它们。

1793 年的大革命中便充满了这类的例子。在这样精神的复活（在个人如此，在社会亦如此）的时候，热诚的大潮流驱使着人类向前猛进。

我们也不想过于夸张这种崇高的感情的效力，也不想把我们的社会理想建设在这种感情上面。然而我们希望得着它们的帮助来通过第一个最大的难关，这并不算是过分的希望。诚然，我们不能希望我们的日常生活会不断地为此种高扬的热诚所鼓动着，然而我们可以期望第一下便得到它们的帮助，我们所需要的，就是这一点。

无政府主义的新社会要把几百年来奴隶制与压制所堆积起的污物渣滓扫荡净尽，把地面洗涤一下，这非用博爱的波浪不可。到了后来，这新社会不必再有这种自己牺牲的精神也能够存在了，因为压制既已绝迹，并且一个充满着休戚相关的感情的新社会也已经成立了。

革命的性质要是果如我们所说的，要消灭利己主义者的努力，那么，非让个人的自由发意得到广大的活动范围不可。各街、各区的居民都应该组织团体担负供给衣服的责任，他们要做出这城市所有的一切物品的目录表册，由此可知他们可以处分的财富额究竟能够有多少。市民在衣服方面也采取在食物方面采用的同一原理，这是确实的。这便是说，“数量很丰富的东西，可以任人自由取用；数量很有限的物品，则平均分配”。

要每个男子都得着黑貂皮衬里的大衣，每个妇女都得着天鹅绒的衣衫，是不可能的事，社会要把必需品和多余品分别得很清楚。至少黑貂皮和天鹅绒应列在生活不必需的多余品之类；今日的奢侈品到明天不见得就成了万人普遍有的东西，这还要让时间来证明。至于必需的衣服，则无政府主义的城市的每个市民都应该得到可以取用的保证。我们暂时视为奢侈品的东西，只可以拿来供给病人和老幼使用，还有不能列入一般市民的日用品中的特别物品也可以拿来供给身体软弱的人使用，这些事都任私人行动，不加干涉的。

会有人说：“这简直是灰色的单调，并且还要消灭人生和艺术上的一切的美。”

我们便回答道："绝不是这样。"纵然把我们的意见基于现时的事物上，我们也会指出无政府主义的社会能够满足人民的最高的艺术的趣味，并不因此使他们去替富豪做牛马，增加富豪们的财产。

第八章　生产的方法与手段

I

假若一个社会、一个都市、一个地方要向它的居民保证生活必需品不会缺乏(我们要知道此种生活必需品的概念还可以扩大,甚至可以包含一些奢侈品),那么,无论如何必定要把生产所绝对必需的东西——土地、机械、工厂、运输机关等占据下来。在私人手中的资本也应该充公,归还社会全体。

我们已经说过,资产阶级的社会的大害处不仅是资本家占取了各种商业的大部分利润,因此他们可以不劳而食;而且还是使一切生产皆向着错误的方针进行,并不以保证万人的安乐为其目的。这就是我们攻击现社会的理由。

要使现在商业的生产依着为万人的利益的方针进行,实际上是绝对不可能的。要想做到这个,无异乎希望资本家离开他的领域去履行一个资本家(即是企图自己发财的个人制造家)所不能够尽的义务。资本主义的组织(这是建立在每个企业主自身的利益基础上面的)已经把它愿意拿出来的一切交给社会了,它增加了劳动的生产力。资本家利用着因采用蒸汽机而起的工业革命,化学和机械的急激的发展以及现代的其他各种发明等等的机会,为着自己的利益尽力增加人类劳力的出息,在大体上已经得着很大的成功了。然而要它再做别的事情,这便是不行的,例如期望资本家为社会全体的利益而使用他的这种劳动的优越的生产力,直无异乎向他哀求仁惠与慈善,然而资本家的企业是不能建立在慈善的上面的。

现在,社会的最重要的任务便是把今日限于某种工业的这种巨大的生产力扩充起来,并且应用它来谋全体的福利。然而社会为着利用此种优越的劳动生产力来保证万人的安乐起见,必须占有一切的生产机关,这是很显然的。

经济学家常常说,那些熟习一种特别技术的某一类少壮劳动者,在现社会制度之下,可以得着比较安乐的生活。诚然,他们常带着骄傲的样子把这少数人指示给我们看。但是这少数人所享到的特权——安乐,便是安全的吗?或者到了明天因为雇主的贪欲、浅虑和怠慢的缘故,这些享受特权的人便要失业了;现在所享受到的快乐便成了将来几个月或几年的贫困艰苦的根源。许多大工业——织物、铁、砂糖等,其他的短命小工业且不说——或因受着投机的影响,或因事业自然变动的结果,或因资本家自身间竞争的影响,遂至凋零或陷于停顿;难道我们不曾看见吗?假使主要的纺织和机械工业等再经过像1886年所遭遇的那种恐慌,那么,所有其他的小工业一时会完全停顿,这也是不用多说的。

而且我们再看为着要使某一类的劳动者得到比较的安乐的缘故所付的代价究竟有多少?不幸,这实在是用农业的衰落和对农民之无耻的掠夺,以及民众的惨苦买来的。我们且拿那些度日艰难,粮无隔宿,无一定工资,无一定工作地方的千百万人以及每天工作十四小时以糊口的农夫,来和这多少享受着一点快乐的少数特殊劳动者比较看！资本使农村的人口减少，资本掠夺了殖民地和工业落后的国家，资本判定了大多数的劳动者不能受着专门教育，使他们甚至对于自身的职业也只有普通的知识。

这不仅是偶然的事，而且是资本主义制度的必然的结果。因为要报酬某一部分的劳动者，便使农民不得不成为背负着现社会重担的牛马；乡村不得不为都市之故而荒芜；小工业也不得不聚集在大都市附近的污秽地方，去制造许多极廉价的物品，而使大工业的制造品可以达到那些收入甚少的购买者的身边。因为要把粗恶的衣服卖给收入很少的劳动者，成衣匠便不得不以那点不够吃饭的工钱为满足。因为要在资本主义制度之下使两三种特殊工业的劳动者得着有限的愉快生活的缘故，那些落后的东方国家便常常被西欧掠夺榨取。

因此现在制度的弊害并不是如罗德伯尔都斯[①]与马克思所说，生产的“剩余价值”归到资本家手中这件事，这样简直把社会主义的概念和资本主义制度的一般的见解弄得狭小了；“剩余价值”本身是一种更深的原因的结果。真正的弊害与其说是一般人民没有消费着剩余，不如说是使剩余价值有存在的可能这件事；因为剩余价值的存在即是一般男女和儿童为饥寒所迫，不得不出卖他们的劳力去获取他们劳力的产物的一小部分，尤其是他们的劳力所能够生产的物品的一小部分。当生产机关仍被握在少数人的手里的时候，这种弊害是不会消灭的，只要人们为着要求获得耕种土地使用机械的权利，便不得不纳重税给所有主的时候，只要土地与机

① Karl Rodbertus(1805—1875)，德国经济学家。——译者

械的所有主可以随意生产那些可以给他们带走最多的利润的物品（并不就是有用的物品）的时候，那么只有少数人暂时可以得着安乐的保证；这是以社会上大部分人的贫困购买来的。实在，要是一方面许多其他的工人被掠夺的时候，仅仅把由商业所得的利润平均分配与少数特殊的劳动者，这是不够的。这问题是在于费去在可能范围内的最小的人类精力，生产出最多的保证万人安乐的必需品。

这个普遍化了的目的，绝不能是个人资本家的目的；因此整个社会既然以这种生产的见解为它的理想，它便不得不把一切可以增进安乐的物品实行充公。社会应该占有土地、工厂、矿山、交通机关等等，而且还应该研究适当的生产的方法与手段，以及什么样的生产物才能够增进全体的安乐的问题。

II

一个人为着生产他一家的营养的食物、舒服的住居、必需的衣服等，一天究竟应该劳动几小时呢？这是社会主义者常常讨论的问题，他们大概都得出下面的结论：假若全人类都来劳动，那么，每天只要劳动四五小时便够了。富兰克林[①]在18世纪之末便决定这劳动时间为五小时；虽说安乐的欲望增加了，但生产力也同时增加了，而且增加的速度更大。

更就农业来说，我们可以看出，要是人们依照合理的科学方法来耕种，而不再像现在那样，在那些以粗拙的方法耕的田地中，随

① B. Franklin(1706—1790)，美国政治家，美国独立的建立者之一。——译者

意散播种子，[1]那么，土地能够贡献给我们的产物一定是很多的。在美国西部的田地，有些有三十方英里的面积，然而与文明国家的施过肥料的土地比起来总算是瘠弱的，每一英亩的出产只有十英斗乃至十五英斗；这就是说比较欧洲以及美国东部的田地所出产的要少一半。[2] 而且靠着机械的力量，两个人一天可以耕种四英亩的田地，一百个人在一年之中，可以产出坐在他们家里的一万人全年的食品了。

因此在这样的状态之下，一个人只要做了三十小时（每天五小时共要六个半天）的工，便可以得到他所需要的全年的面包而有余了；要是做十个半天的工便可以养活五口的家族了。

假使我们采用集约农法，一个人还用不到做六十个半天的工便可以获得他的全家所需要的面包、肉类、蔬菜以及奢侈的水果。这是可以从现今得到的结果来证明的。

我们再来考察建筑在今日的大都市中的劳动者的住所的代价，我们便可以相信在英国大都市中建筑一所劳动者居住的小屋（索价二百五十镑），只要一千四百天乃至一千八百天的工作（假定每天做工五小时）就够了。这种房子至少可以保持五十年；一个人一年二十八天乃至三十六天的半日劳动就可以得着他一家的家具齐备，又合卫生，而且极其舒服的住宅了。但是倘使从房主那里去租赁这样的屋子，那么，劳动者每年便要做七十五天乃至一百天的全日的工作才够支付房租。

① 这是前几十年的情形。——译者

② 这也是从前的情形，下同。——译者

这个计算表示出来目前英国的一所房屋的最高价值，我们要注意这是在现社会的缺陷组织中所得到的计算，在将来良好的社会中当然更要廉价得多。在比利时的工人区中的工人住房的建造，更要价廉得多。所以我们如果仔细考虑一下，便可以断言在良好的社会里一个人在一年中三十天乃至四十天的半日劳动便足以得到一个极舒服的家。

现在再说到衣服上面，衣服的真正价值是很难确定的，因为经纪人（中间人）等所得的利益是不能算出的。例如说，把从地主、养绵羊的人、羊毛商人以及其他一切中间人起一直到铁路公司、工厂主、纺织工人、出卖现成衣服的商人和贩卖衣服的经手人等等在每码呢上征收的租税，一起计算起来，我们便可以想象到我们为着每件衣服付给那一群资本家的代价究竟有多少。因此，那些在伦敦大商店里面售价三镑四镑的大衣，要说是值得多少天的劳动，这是绝对不可能的。

现在我们所能断定的，便是靠着现在的机械的力量，我们能够制造出几乎不可相信的那样多的物品，价值既廉而且快。

只举两三个例便够了。因此在美国七百五十一个棉纱工厂（纺绩和织物）中十七万五千个男女工人，除制造出大量的线外，还造出二十万三千三百万码的棉布。平均算来，每日做工九小时半，一共做了三百天的工，便可以生产出一万二千码以上的棉布，即是每十小时生产四十码。就说一个家庭每年至多不过需要二百码，这等于五十小时的劳动，即是每日五小时共做十天的工。此外我们还有线；这是指缝纫用的线和制造毛棉混合物用的丝。

至于单独纺织所得的成绩，依美国政府的统计，在 1870 年劳动者每天做十三小时至十四小时的工，在一年之中制造出一万码的白布；过了十六年后（1886 年）只要每周做五十五小时的工，便可织出三万码了。到了现在，生产率更是很快地提高起来。

便说到花洋布（纺织和印花的时间在内），每年二千六百六十小时的劳动——每小时造出十二码内外——也可以生产出三万二千码来。那么，要得到二百码的白地印花的棉布，只要每年做十七小时的工便够了。我们必须注意的就是原料从耕作地方送到工厂去，而渐渐变形一直到造成了棉布，这其间所费去的时间都是在这十七小时以内。然而如果要从商人那里去买这二百码的棉布，一个收入较多的工人，至少也必须付出十天或十五天（每天十小时）劳动的代价，这即是说要付出一百小时或一百五十小时的劳动的代价。要是一个英国的农夫想得到这种奢侈品，他便要去做一个月或一个月以上的工才能够付出这奢侈品的代价。

由此例看来，我们可以知道在良好社会组织之下，只要每年五十天的半日劳动，我们便可以得着比现在小资产阶级所穿着的更要华美的衣服了。

如以上所述，我们为着要得到土地的产物，只要每天做五小时的工，共做工六十天便够了；为着要得到房屋居住，只须做工四十天便够了；为着要得到衣帽穿戴，只须做工五十天便够了；假使我们把休息日除开，每年的劳动日子算成三百天，那么这不过是半年的劳动罢了。

因此，还要剩余下一百五十天的劳动，这可以用来制造其他的生活必需品——如葡萄酒、砂糖、咖啡、家具、运输等。

固然，这些计算只不过是近似的，并不是极正确的，然而也可以用其他的方法来证明。我们看:在现在所谓文明国家中有许多人徒手游荡,不做一事;有许多人终日从事于应该消灭的、有害的职业,还有许多无用的经纪人;这样我们可以知道无论在任何国家中,实际生产者只有其国民的半数,假使从前十个人做的工,现在由二十个人来做,制造有用的物品,假使社会努力节省人类的精力,那么,这二十个人每天只要做五小时的工便够了,生产也并不会减少的。现在,每个富豪的家里养着许多无用的奴婢;而且在行政机关里,差不多等于为着每十个居民或者甚至于六个居民设置一个官吏,这是无益的浪费;假使我们尽量地减少了人类精力的这种浪费,而且利用此等力量来增加国民的生产力,这是很够的。实在,我们能够把做工的时间减少到每日四小时或三小时,而同时物品生产的数量并不比现在所产出的为少。

倘使我们把这些事实综合地研究一下。我们便可以得到下面的结论:假定现在有一个居民不过数百万的社会从事于农业及种种的工业——例如,巴黎和塞纳—瓦兹省。假定这个社会里的所有的儿童都学习用自己的脑和手劳动。除开那些从事教育儿童的妇人而外,凡是成年的人,从二十岁或二十二岁起,到四十五岁或五十岁止,每天都应该劳动五小时而且还要从事一种这城里所认为必需的职业,但任其选择任何部门。这样的社会才能够保证其中一切人的安乐。比今日中产阶级所享受到的安乐还要实在些。并且这个社会里每个工人至少每天有五小时的时间用在科学、艺术以及那些不便归在必需品的项下的个人的欲求(在人类生产力增加的时候,这些东西也成为必需品,不再是奢侈难得的东西)上面的。

第九章　奢侈的欲求

I

人类不是仅以衣食住为其一生之目的的。他的物质的需要一经满足，其他的可以说是带有艺术性质的欲求，便会立刻发生。这样的欲求种类很多，而且是因人而异的；社会愈文明，个性愈发达，则欲望的种类也愈多。

便是在今天还有人不承认有获取这种无谓的东西，或者求得某种特殊的快乐以及精神上物质上的享受的必要。一个基督教徒或禁欲主义者自然会排斥此等奢侈的欲望；然而正要靠着这些无谓的东西，才能够打破人生的单调，使其成为愉快而有趣味的。要是人不能于其每日工作以外，得到一种适合他个人嗜好的快乐，那么，这个充满着愁烦与劳苦的人生，还有活下去的价值么？

我们希望的社会革命，不用说第一着就要把面包分给一切的人，把我们这个可诅咒的社会加以改造——在这个社会里许多强壮的工人因为找不到一个可以掠夺他的雇主，便失了业，终日向人摇尾乞怜；许多妇人和小孩晚间在街中游荡，没有宿处；全家就靠着干面包来维系生命；男人、妇女和小孩因为看护不足或甚至食物缺乏而饿死；这都是我们每日常见的。我们起来反抗，便是为着想禁绝这些不公平的缘故。

但是我们所期望于革命的，却不只是这一点。我们看见工人为苦痛的生存竞争所迫，甚至到了完全不知道人类所能得到的高尚的娱乐——科学（特别是科学的发现）的娱乐和艺术（特别是艺术的创造）的娱乐。为着要把今日少数人所占有的娱乐供给一切的人；为着要使一切的人都有发展他们的智能的余暇和能力，那么，社会革命必须保证每人每日的面包。在面包上得着保证以后，至上的目的便是闲暇了。

自然，在如今千万的人缺乏着面包、煤炭、衣服、住所的时候，奢侈便是一种罪恶；要满足奢侈，便会使劳动者的小孩没有面包吃！然而在将来人人都得到必需的衣食住的社会中，今日视为奢侈的东西，那时都会觉得是必要的了。因为所有的人并不是一样的，而且也不能都是一样的（嗜好与欲求之不同，正是人类进步的主要保证）。所以常有，而且也应该常有许多的人，他们的欲望超越了平常人的欲望的范围而趋向于特殊的方面。

并不是任何人都需要一个天文镜的，因为纵然学问如何普及，仍有许多人喜欢用显微镜来检查物体，而不愿研究天空的星座。有些人喜欢雕像，有的人喜欢绘画。有的人什么都不想，只想要一架上等钢琴，而别的人又只喜欢手风琴。趣味虽各异，可是人人都有艺术的欲求。一个农夫现在常用某个地方的风景画片装饰他的房间，要是他的趣味较为发展，他便希望有一张美丽的雕版画。在现今可怜的资本主义的社会中，一个人如果不是大资产的承继者，或者不曾千辛万苦地去求得那个能使他从事安乐的职业的“智慧的资本”，则他纵有艺术的欲求也是不能满足的。他仍还存着将来便可以多少满足他的嗜好的希望，因此他便轻视理想主义的共产社会，说这是以各个人的物质生活为其唯一的目的。他说："在你们的共同仓库中，你们有很充足的面包，可以供给万人取用，然而并没有美丽的图画、光学器械、美丽的家具和美丽的宝玉细工等等；总之，凡是与人类的各种趣味嗜好相适应的东西，你们都没有。公社所能供给各人的只有面包和牛乳，此外获得其他物品的可能性都被你们压制了，所有的妇女也不得不穿起褐色的麻布衣服。"

这种反对论是各种共产主义制度应该考究的，而且又是那些在美洲荒野的地方建立新社会的人所不了解的。[①] 他们以为只要社会能够得着充足的衣服，供给各分子使用，并且有着一间音乐室，"同胞们"可以常常在里面胡乱地弹奏一曲乐调，或演一幕戏剧，便够了。他们忘记了艺术的情感是人人都有的，不管是农夫也好，绅士也好，他们一样地都有着对艺术的感情，不过因他们的教养不同，故艺术感情的表现也就各别，然而在大体上还是一致的。社会只供给普通的生活必需品与各分子，而且还压制着促成个性发展的教育，除《圣经》以外的书都不许读——但这些努力都是无用的。个人的嗜好纷出，一般人的不平时起；有人提议买钢琴或科学的器械引起了争吵；进步的诸要素遂归于衰灭。这个社会要是不破坏一切个人的情感、一切艺术的倾向以及一切的发展，它便不能存在。

难道无政府主义的公社也要照着这同样的方针进行么？——不，绝不是这样。假若它明白要生产物质生活所必需的一切东西，

① 指欧文、加伯及其他在北美洲平原上组织共产社会的人。欧文曾在美国的印第安纳州建设"新和谐村"，后又在墨西哥从事于建设同样的共产协社，但都归于失败。参看第 164 页注②和第 186 页注①。——译者

必同时努力满足人类心灵的一切表现,那么它绝对不会照着这样的方针进行。

II

我们明白地承认:当我们想到我们四周的贫困苦痛的无底深渊时,当我们听见那些求工作而徜徉街头的劳动者的哀告时,我们实在不忍来讨论下面的问题:在各分子的衣食住得到了相当满足的社会中,人们要怎样来使那些想要色佛尔[①]的瓷器或天鹅绒衣服的个人满足呢?

我们对这个问题的答复是:“我们最先把面包问题完全解决了。然后才来谈瓷器和天鹅绒问题。”

然而我们不可不承认人类于食物之外尚有其他的欲求,而且无政府主义的力量在于它能了解一切的人类的才能,一切的激情,什么也不曾忽略过去,因此我们要简单地说明一个人怎样才可以使他所有的智慧与艺术的欲求得到满足。

我们已经说过,一个人每日劳动四五小时,一直到四十五岁或五十岁,他便能够很容易地生产出保证社会的安乐的一切必需品了。

然而那些习惯于勤劳的人也不必限定每日劳动五小时;他可以每天做十小时的工,一年劳动三百天,一生继续劳动下去也无妨。自然要是一个人永远被束缚在一架机器旁边,他的健康不久就会被损坏,他的才智也要变成愚钝;可是当一个人可以随时变更

① Sèvres,法国塞纳—瓦兹省的城市,出产瓷器的地方。——译者

职业，特别时常互相替换地做着手工作与脑工作的时候，那么，虽然每天劳动十小时或十二小时，也不会感到疲倦，反而觉得愉快的。因此一个人每天做了四五小时的工以后，已足以维持他的生活了，还有五六小时，他可以利用来满足自己的嗜好。假若他与别人合作，这五六小时的时间，除了产出一切的人的必需品而外，还能够充分地产出他所希望的一切物品。

他要先在田地、工厂以及其他的地方劳动，这是他对于社会上一般的生产所应尽的义务。过后他便用他的其余的时间来满足他的艺术和科学的欲求和嗜好。

为着要满足各种趣味，各种嗜好，便有无数的团体勃兴起来。

例如有些人想用他们的余暇来研究文学。于是他们组织了团体，包含着著作家、排字人、印刷人、雕版人、画图人，大家都有一个共同目标——即是广阔地传布他们所爱好的思想。

现在一个著作家知道有一种叫做“工人”的牛马，只要每天给他们几个法郎，他们便会印刷他的书；然而印刷所内容如何，他便不得而知了。假使排字工人染受铅毒而受苦，管理机器的学徒得着贫血病而死，难道还愁没有贫穷的奴隶来代替他们吗？

然而在那些为着微少的工钱而甘心出卖他们的劳力的饥饿者没有了的时候，而且现在被掠夺的工人都受到教育，能够把自己的思想印出，使别人知道的时候，那么著作家和学者们为着要把他们的文章和诗歌公布于世起见，便不得不和印刷工人联合起来了。

只要人们把简单的手工作视作下等事情的时候，他们看见著作家自己排字印刷他的著作，便会觉得这是异常奇怪的，难道他没有体育场或其他的游戏来振刷他的精神吗？然而当人们不以手工作为耻辱，而且所有的人都不能不做手工作的时候，再没有人来替那些著作家劳动了，于是他们以及爱读他们的著作的人都要来学习处理排字架和铅字的技术了；这时候，大家(著作家和一切爱好那些在印刷中的著作的读者们)合作来拣铅字排成一面一面的版子，又放上印架，然后运转机器，印成一本极精美的书，——这种快乐，他们已经知道了。这些精美的机器，在现在那些从早到晚管理着它们的学徒们看来，固然是虐待的器具，而在那些要利用它们来发表自己或自己平日所爱好的著作家的思想的人看来，却实在是娱乐的泉源了。

难道文学会因此受到损害么？难道诗人在户外劳动或帮助来印刷他的著作过后，他的诗人的价值便减低了么？难道小说家在树林或工厂中和别人共同劳动之后，或者参加了道路工作、铁路工作以后，便失去了对于人类天性的知识么？对于这个问题，不见得就有两个回答罢。

也许书的篇幅要减少，然而所说的事一定会多。也许有一两册无谓的书出版，然而这是很不常见的事了，大概印出来的书都是值得精读和吟味的。因为读者都受了良好的教育，更富于判断力，书籍的价值读者自己会判定，无谓的书也不会出版了。

并且印刷术自顾登堡[①]以来没有什么进步，现在还是在幼稚期中。现在用十分钟写出来的东西，要费两小时的时间才能够用铅字排好，不过现在正讲求传播思想更便利的方法，而且不久便会

① J. Gutemberg(1397—1488)，德国人，活字版印刷术的发明家。——译者

发现的。[①]

一个著作家对于他自己的著作的印刷居然毫无关系，这实在是异常可笑的事！否则，印刷术早就有了很大的进步了，我们也不会再使用17世纪式的铅字了。

难道我们是在做梦么？——自然在那些曾经考察和熟思过的人们看来，这并不是梦。便是在现在，生活已驱使我们向着这方面进行了。

III

在某一个社会中，人人都是生产者，人人都受着研求科学与艺术的教育，而且有闲暇来做这样的事，那时人们为着要印刷他们所选择的著作而联合起来，各自贡献他对于手工作应尽的一部分责任——这果然是梦想吗？现在我们已经有无数的学艺、文学及其他的学术团体；这些团体都是许多对于某部门的学问感着兴趣的人，为着刊布他们的著作的目的而联合起来，自动地组织成功的。在这些团体的会报上发表文章的著作者并没有得着报酬，会报除去一定的份数以外，大半都是非卖品，免费送与世界各地研究同样部门的学术的团体。这团体的甲会员可以把他的观察概括地写成一页在杂志上发表；乙会员也可以把他穷年累月研究的结果写成长篇论著刊布出来；而其他的会员又以这杂志所刊载的东西为起点，而从事进一步的研究。总之，这些著作家和读者都是为着要出版他们所感着兴趣的著作的缘故而联合起来的。

① 自这篇文字发表以后，此种方法已经发现了。——著者（英文本）

实际上，一个学术团体和个人的著作家一样，也要到现在工人在那里劳动的印刷所里去从事印刷。现在学术团体的会员们都轻视手工作。诚然，现在手工作的进行状态是异常恶劣的；然而在将来的社会里各分子都受了广大的哲学与科学的教育，自然会知道改善手工作的方法，使它成为人类夸耀的事业。那时的学术团体会成为科学的爱好者，探求者和劳动者等的联合，大家都知道一种手工作的技术，大家都有科学的兴趣。

例如，这个团体是研究地质学的，各会员都要尽力探查地球的地层，都要作实地观察，在今天的研究者不过一百人，到那时便会有一万人。因此他们在一年中间所做的事，比现在我们在二十年中间所能做出的还要多。当他们的著作要刊行的时候，便有熟习各种技术的一万多人来尽力帮忙，或绘地图，或雕版，或排字，或印刷。他们很快乐地来利用他们的闲暇——在夏天去探检，在冬天去做室内工作。而且当此等书籍出版的时候，对于这共同事业感着兴趣的读者也不仅有一百人，大概有一万人之多。

进步是向着这方面进行的。便是今天如果英国需要一种完全的《英语字典》，也不必等待着以毕生精力从事于这种工作的利德勒[①]的降生了，这种工作应该靠着那些志愿的人。会有一千多人自然地而且无须报酬地来为此尽力，或则涉猎图书馆或则记录注释，在数年之内能完成一个人毕生所不能完成的事业，在其他一切人类智慧的各部门中，也同样涌现出此种精神，如果我们看见这种

① M. P. E. Littré(1801—1881)，法国哲学家。他的大著《法文字典》是费了许多年的工夫才完成的。——译者

尝试的合作渐渐地代替了个人事业，我们还不能预料将来如何，那么，我们不能不承认我们的关于人类的智识，实在是很有限的。

如果这部字典果然是真正的集合的著作，那么，许多志愿的著作家、印刷者、校对者，都应该来共同劳动；然而社会主义的报纸已经实行了这个方针的一部分，把手腕的工作与精神的工作联合的例子指示给我们看过了，现今社会主义的著作家有时也亲手排印他自己的论文。固然这样的事情是不常见的，但是我们因此也可以看出进化是向着什么方向进行的。

这给我们指示了到自由之路。在将来，一个人如果要发有益的言论——超于他所处的时代的言论，他不必去找可以供给必要的资本的出版家了，他只去找知道印刷术并且赞成他的新著作中的理想的人来同他合作，他们就可以共同地出版新著作或杂志了。

文艺与新闻事业不再是赚钱的利器和掠夺他人的工具了。难道真正能够了解文艺和新闻事业的人会不热烈地希望文艺终于会从以前的保护者和现在的掠夺者手中逃出来吗？不希望文艺从那爱好庸俗以及投合大多数的恶趣味的世俗的束缚中解放出来吗？

当文学与科学脱离了金钱的束缚，专为着那些爱好它们的人，而且由这些人来培植的时候，它们才能够在人类发达的事业中占一个适当的位置。

IV

文学、科学、艺术，不可不由自由的人来培植的。只有在这种条件之下，它们才能够从阻碍它们的国家；资本以及资产阶级的庸俗的桎梏中解放出来。

现在的科学家要用什么方法来从事自己所感着兴趣的研究呢？恳求国家的帮助吗？国家只能在一百个候补者中间帮助一个，而且只有那个明白承认不致逸出前人的轨外的人才能够得到这种帮助。我们不要忘记法国科学院怎样非难过达尔文[①]，圣彼得堡学院怎样侮慢过门捷列夫[②]，伦敦皇家学会曾把助劳[③]决定"热之力学等的价量"的著作认为是"非科学的"，不肯公布的事实。[④]

因此，从来一切的大研究，一切使科学发生革命的大发见，都是在学院和大学的外面完成的，这样的成功都是靠着像达尔文、利爱尔[⑤]那样有充分的家产可以独立研究的人，或者那些在贫困中劳苦工作致损坏其健康，且久苦于没有实验室，不能得着必要的书籍和器具以继续其研究，而仍不屈不挠地保持其希望的人的力量。他们中间有的人甚至在目的未达到时候就中途病死。这样的人是很多很多的。

就大体说，国家补助制度是极有害的，因此常常企图着脱离掉这个羁绊，因此在欧美便有志愿者组织的无数学术团体成立起来——其中有一些极其发达，它们有的贵重品，甚至是那些得着国家补助的团体的全部资源和大富豪的一切资财都买不到的。一切

---

① Charles R. Darwin(1809—1882)，英国博物学家。——译者

② D. I. Mendeleef(1834—1907)，俄国化学家。——译者

③ J. P. Joule(1818—1889)，英国物理学家。热之力学的等价量之发现为近世科学的一大胜利。——译者

④ 英国化学家蒲来非尔(Playfair，1818—1898)在助劳死后，曾言及此事，因此我们才知道。——著者

⑤ C. Lyell(1797—1875)，英国地质学家。——译者

政府的学术机关总不及伦敦动物学会富足，然而这个团体却是靠着随意捐助来维持的。

这个动物学会的动物园里养的无数的动物不是买来的，而是其他的团体和全世界的采集者的寄赠品。有时孟买动物学会送一只象来，有时埃及的博物学家送一匹河马或犀牛来。每天都有从世界各地送来的这些伟大的赠品——鸟类、爬虫类、昆虫类等等。其中常有虽用全世界的黄金也买不到的动物。例如，某一个旅行家冒着生命的危险，获得一个动物，便像爱儿子一般地爱它，他也会把它送到动物学会来，因为他知道动物学会会小心看护这个动物。这动物园也是要收门票的，每日无数的参观者所付的门票费已足以维持这个大的机关了。

伦敦动物学会以及其他同类的团体的缺点，就在会员不能缴纳会费时，不得以工作来代替；而且不承认这个大机关的管理人和许多的雇员为学会会员，但以那些除了想在名片上写着“动物学会会员”外，并无其他目的的人为会员。总之，它还缺少着更完满的合作。

我们所说关于科学家的事实也适用于发明家。谁都知道差不多所有的大发明都是用多大的辛苦买来的；常常夜里不能睡眠，一家人没有面包吃，又缺乏实验的材料和器具，——这便是几乎所有那些使工业发达的发明家的历史，他们的发明真是现代文明的骄子。

然而我们应当怎样把这众人所认为不良的情形改善呢？已经试用过专利权了，其结果是我们所知道的。发明家得了几镑的金钱，便把专利权卖掉了，而此种发明所生出的绝大利益却落到那些出借资本的人的怀中。而且专利权还要使发明家陷于孤立的地位,使他隐秘他的研究,因此常得到失败的结果;而事实上从那些对根本观念没有多大研究的头脑中想出来的简单的暗示往往足以助成发明,使它丰饶而且成为实际。专利权和一切国家的管理一样,阻碍着工业的进步。原来思想是不能够专利的东西,专利权在理论上是一件大不公道的事。在实际上成了对于发明的迅速进步的大障碍。

增进发明精神所必需的:第一,便是思想的觉醒、认识的大胆,这是现代的全部教育努力在摧残的;第二,是科学教育的普及,因而研究者的数目增加了百倍;第三,是对于人类继续不断地进步之信仰,因为从来鼓舞着一切大发明家的便是热诚,也就是为善的希望。只有社会革命才能够推动思想,才能够生出这种大胆,这种知识,这种为万人而劳动的信念。

这时,我们将有具备各种原动力和器具的大的组织,还有为所有的研究者开放的广大的工业实验所。当人们尽了对社会所应负的责任以后,便可以到这里来工作以求他的梦想实现;在这里他们可以费五六小时的闲暇做他们的实验,在这里还可遇着熟习某部门的工业的人来研究某种艰难的问题,因此他们可以互相帮助,交换知识,——各人的思想与经验的凑合,便会发现出来许久未能得到的解决方法。而且这绝不是梦想。圣彼得堡的散劳诺高罗道克场(Solanoi Gorodok)关于工艺的一方面已经实行了一部分。这是一个器械具备而且为万人开放的工厂;器具与原动力都是免费供给的;只有使用金属和木料才要付代价。不幸劳动者没有空暇,他们在工厂里劳动了十小时,弄得精力疲倦后,只能在夜间到那里去。而且他们互相隐秘着他们的发明，因为他们被专利权和资本制度束缚住了。这两种东西实在是现社会的大患，也是道德与智识的进步路上的陷阱。

V

关于艺术又怎样呢？到处我们都听见在叹息艺术衰颓之声。实际我们远不如文艺复兴时期[①]的诸大家。艺术的技巧近时已有很大的进步，而且有无数赋有某种程度的才能的人在分类研求，然而艺术却似乎离开文明了。学问渐渐进步，但灵感却不常来到艺术家的画室了。

这个灵感究竟应该从什么地方来呢？只有伟大的思想才能够鼓舞着艺术。根据我们的理想，艺术直与创造同义，它应该永远眺望着前方，不可不着眼于前人未发之处；然而在一般职业的艺术家中却很少很少有人能够脱离庸俗境域，而看到新的天际的。

这种灵感绝不是可以从书本中得来的；这只能由实生活里得来，然而现社会却不能唤起这种灵感。

拉斐尔[②]和茉利诺[③]在那新理想的探究还能够适应于旧的宗教的传说的时代中作出他们的名画。他们作画来装饰大寺院，这些寺院自身便足以代表这都市的世世代代的敬虔的事业。那带有

① Renaissance，指第14至16世纪中间在意大利发生的文艺复兴的运动。——译者

② Raphael Sanzio（1483—1520），意大利画家，文艺复兴时期三大家之一。——译者

③ B. E. Murillo（1617—1682），西班牙画家，他善画宗教画及街市景象，如《乞儿》和《卖花女》。——译者

神秘景象与庄严伟大的殿堂直接与都市的生活相结合，而且能鼓舞起画家的灵感。那么，他是在为建立一般民众的纪念物而劳动，他对他的同胞发言，因此他自己也得到了灵感；他对民众发言，犹如寺院的正殿、圆柱、染色的窗、雕像以及雕刻的门等等自身对民众发言一样。今天的艺术家所能希望到的最大荣誉，不过是把他的画布张于镀金的木架子上挂在博物馆，一种古董店里，在那里和在布拉多[①]一样，我们可看见茉利诺的"升天"（Ascension）悬在威拉斯开士[②]的"乞丐"和"腓力二世的群狗"[③]等画的旁边。可怜的威拉斯开士，可怜的茉利诺！可怜那些曾在都市的城楼上"生活过"的希腊雕像，现今皆窒息于卢浮宫[④]的赤色暖帘之下了。

当希腊的雕刻家雕刻大理石的时候，他是在努力表现那都市的精神与心情。它的一切激情，一切光荣的传统都复活在他的作品之中。然而如今团结的都市已不存在，思想的传达早已没有了。城市如今只是人民的偶然聚合，这些人彼此不相知，没有共同利害，唯有损害他人以利自己而已。所谓祖国也不存在。——难道国际的银行家和拾破烂的乞丐会有一个共同的祖国么？只有当都市、州郡、国家或国家的联合重新开始过着和谐的生活的时候，艺术才能够从这都市或联合所共同保持的理想中得到灵感。这时候

① Prado，西班牙国家博物馆，在马德里，内设图画雕刻两部。——译者

② Diego Rodriguez de Silva Y Velasques（1599—1660），西班牙画家。——译者

③ 腓力二世 Philippe II（1527—1598），西班牙国王，爱好艺术，对西班牙文化与艺术的发展很有帮助。——译者

④ 卢浮宫（Musées du Louvre），法国国家美术馆，在巴黎，内分：1. 绘画，铜版画；2. 希腊罗马古物；3. 东方古物；4. 埃及古物；5. 中世纪，文艺复兴及近代的艺术品和雕刻；6. 人类学和航海术等六部。——译者

建筑家要设计建筑都市的纪念物，那不再是寺院，监狱或炮台了；画家、铸像家、雕刻家、装饰家等也知道应该把他们的画布、雕像、装饰放在什么地方了；他们从同一活力的泉源得到了实行力，堂皇地共同向着将来前进。

然而到了那时，艺术也只能说是存在而已。近代艺术家的最好的绘画大抵在描写自然、村落、山谷、危险的大海及庄严的高山。但是如果一个画家从来不曾享受过田园劳动的乐趣，只凭思索，只凭想象，他如何能够描写出这种诗趣呢？假使他不知道田园，不过像候鸟之知道田舍那样，仅在迁移的时候从上飞过罢了；假使他在青春的气力旺盛的时期，早晨不去耕种田地，也不去伴随勤苦的刈草人用镰刀割草，和那些歌声响于空际的少女们竞争，他怎么能够描画出田园劳动的诗趣呢？对于土地和生在土地上面的东西的热爱，是不能从画笔的挥洒中得来的——画笔唯供其役使而已；然而要是不爱它又怎能够把它描画出来呢？因此即便是现在最优秀的画家在这方面的作品也都是不完全的，而且对于人生也不忠实，几乎常是感伤的。其中毫无力量。

工作完毕回家的时候，你会看见美丽的夕阳。倘使你要看那壮丽的光景，便不得不做农夫中的一人。倘使你要了解捕鱼的诗趣，便应该日夜与渔人共同在海上辛苦，自己也要捕鱼，与波涛相斗，忍受着风暴，你做了这些困难的工作以后，把网扯起，要是网很重，里面装满了鱼，你便会感觉快乐；要是网里是空的，你便会感觉到失望；总之，要经验过这事情，才能够了解捕鱼的诗趣。你如果要了解人的力量，并且把这力量表现在艺术的作品里面，你便不得不长久地在工场里劳动，知道创造工作的疲劳和快乐，以熔铁炉的烈火来铸造金属,感觉到机械里面的生命。实在你如果想写出人民的感情,你自身便应该浸透在这种感情里面。

而且将来的艺术家要与人民过同样的生活,像过去的伟大艺术家那样,他们用不着贩卖他们的作品了。这些作品是一个活的整体的不可缺少的部分;它没有这些作品不完全,这些作品没有它也不完全。人们要欣赏这个画家的作品,可以向他所在的都市里去,而且这样的创造品的活泼与清新之美,在人们的心意中,会生出有益的效果。

艺术为求其发展,必须在各种等差程度下与工业相结合,罗斯金[①]与伟大的社会主义的诗人莫里斯[②]曾屡次证明艺术不可不与工业混合,他们的证明是很好的。凡在我们周围的一切东西,或在街上,或在公共纪念馆的内外,都应该具有纯粹艺术的形状。

然而此种情形只能在万人都享受着安乐与闲暇的社会中实现。在这时候我们能看见许多艺术团体,其中的各会员都有发挥他的能力的余地;因为艺术不能和那无数纯手工的和技术的补充工作分开。这些艺术团体还要预备装饰各会员的住宅,犹如那些善良的志愿者,爱丁堡的青年画家,去装饰他们的城里的贫民医院的墙壁和天花板一样。

又某一个画家或雕刻家把他自身的感情表现在作品中,献与

① John Ruskin(1819—1900),英国著作家,艺术批评家和社会改革家。——译者

② William Morris(1834—1896),英国诗人和艺术家,又是社会主义者。他那部表现他的社会理想的小说《乌有乡消息》(News from Nowhere,1891)是一本被人广读的书。——译者

他所爱的女子或亲友等，为了爱或被爱所鼓舞而完成的作品，难道果然劣于现在那种单以售价高昂来满足俗人的虚荣的艺术吗？

关于日常生活必需以外的一切娱乐，也都要依着这同样方针进行。例如想要大钢琴的人，就可以加入乐器制造家的团体。只要贡献了他的若干半日的闲暇，便可以得到他梦想的钢琴。假若他非常爱好天文学的研究，他便可以加入天文学家的团体，同着这团体的哲学家、观察者、计算者、制作天文学器械的技师、学者，以及爱好者共同工作；他如果担任了这个团体的工作的一部分，便可以得到他所渴望的天文镜，因为要建造一个天文台，最需要的工作是粗重的工作，如砖瓦匠、木匠、铸物匠和器械工的工作——最后才轮着专门技师来校对精确的机械。

总之，一个人为着生产必需品费了几小时的时间后，每天还有五小时甚至七小时是他自己随意做事的时间，奢侈的欲求的种类虽不同，但这已经能够充分地满足它们了。还有无数的团体企图来满足这些欲望。今日极少数人的特权，将来众人都可以得到了。所谓奢侈不再是资产阶级的愚劣而且虚夸的表现，却成了一种艺术的娱乐。

所有的人都是更幸福的了。各人为着要达到他所希求的目的——想得一本书，一件美术品或一件奢侈品，欣然来从事共同的工作，在这工作里面他们会得到一种刺激、一种使人生成为愉快的必要的舒畅。

我们为着废除主人与奴隶的差别而劳动，其实也就是为着两者的幸福，为着全人类的幸福而劳动。

第十章　愉快的劳动

I

社会主义者主张说，在脱离了资本家控制的社会中，劳动一定会是愉快的，此后也不会再有什么可厌的、不卫生的贱役；但是他们却得着一般人的非笑。就是在今日我们也可以看出不少的在这方面的显著的进步；凡是达到这种进步的地方，雇主们都能够因此节省不少的精力。

要使一个工厂变成像科学实验室那样又卫生又适意的地方，也是显然可能的。并且做到了这样，也很有益，这一层也是很显然的。在广大而空气流通的工厂里，工作的结果是更好一点，而且很容易实施种种小的改良，每次改良的结果，都使手工和时间得到节省。至于现在我们所知道的工厂，大半都是污秽而不合卫生的，这是因为一则在现今的工厂组织中劳动者是丝毫不足轻重的，二则现在工业组织的特点正是在最荒谬地浪费人类精力。

然而我们现在已经常常看见设备很好的工厂了，这些工厂的设备实在很好，假使每日的工作时间不过四五小时，而且各人能够依他的嗜好选择，变换各种工作，那么在这工厂里面劳动，实在是极愉快的了。

据我所知在英国中部地方的某几个大工厂不幸被用来专门制

造军用品;但是若以这工厂的卫生及智能方面的组织而论,它们实在很完善的。地面共占五十英亩,其中的十五英亩是有玻璃屋顶的。路是用耐火砖铺的,而且很清洁;玻璃屋顶也是异常清洁的;有一群每天专门擦玻璃的工人。在这些工厂里,可以铸造出二十吨重一块的钢铁;大熔铁炉的火焰有一千度以上的热度,然而假使你站在离这熔铁炉有三十英尺远的地方,你就会毫不觉得热;倘使不时常看见它张开大口吐出怪物一般的钢铁熔汁来,你甚至不会觉得你是站在熔铁炉的旁边。至于这钢铁的怪物,就只有三四个职工来对付它,他们走来走去,打开龙头用水的压力来转动那巨大的起重机。

你走进这些工厂,以为可以听着那震得人耳聋的打炼机的响声了,然而进去一看里面并没有打炼机。百吨的大炮和大西洋航路的轮船的曲拐轴,都是用水的压力铸造成的,工人只在旁边扭龙头,使钢铁块合于模型,造成各种形状;用这个方法,不拘如何厚的铁块,都可以成为一点缝隙也没有的性质纯一的金属。

我又以为会听见讨厌的轧轧声,然而我看见机器切断三十英尺长的钢铁,却像在切干酪一样,没有什么响声。我不禁向着引导参观的技师表示我的赞叹。他答道:

“这不过是经济问题而已!这刨平钢铁的机器已经用了四十二年了。要是机件的各部分配合得不好,刨床每次移动的时候发生阻碍,发出轧轧的声音,这样一定用不到十年!

“至于熔矿炉呢,若不利用热而任其发散,这实在是浪费。要是因放射而失去的热有几吨煤炭的热量的时候,岂不是要蒸杀职工么?

“可以使附近五海里的房屋震动的打炼机，也是空费的。用压力来铸造，比用锤打好些，而且费用少，实在损失也少。

“在这些工厂里，要得着光亮、清洁，而且使坐的地方有广阔的地位，这都不过是经济的问题。假使你能够明白你在做什么，而且你又有自由活动的余地，那么你的工作一定会比从前更要好些。”

他又说：“老实说，我们在来这里以前，是非常困难的。在大都市附近地方的土地非常昂贵——因为地主任意把持！”

就是矿坑的情形也是这样。我们从左拉的描写①和报纸的记载，便可以知道今日矿坑的情形是怎样的。将来的矿坑，空气之流通，温度之适宜，完全像图书馆那样的安排；在那里面，马也不再会死在地下了；至于坑内的搬运，都靠着放在坑口的自动的电缆。通风器常动，也没有煤气爆炸之虞。这并不是梦想，这样的矿坑在英国已经可以看见了；我已经下去看过。这种卓越的组织也只是经济问题。我所说的这个矿坑，虽是非常之深(四百六十六码)，但是只用两百个矿工，每天竟能够产出一千吨的煤——即是每一个矿工每天产煤五吨，而同时(19 世纪 90 年代初)在英国的其他二千多个矿坑中，平均一个人一年所产的煤还不到三百吨。

倘使是必要的话，我们还可以举出许多例子来证明关于物质的组织。傅立叶的梦想绝不是“乌托邦”。

然而这个问题已经常常在社会主义的报纸杂志上讨论过，因此关于这点，一般的舆论大概已经有了相当的认识。工厂，铁工

① Emile Zola(1840—1902)，法国自然主义的小说家。这里指他的描写矿工的惨苦生活的小说《萌芽》(*Germinal*，1885)。——译者

场，矿坑都能够弄成像现代大学的实验室那样又卫生，又漂亮的，组织愈完善，则人类劳动的生产亦愈多。

果然，将来在平等的社会里，劳动者不再出卖他们的劳力去在任何条件之下做苦工了，我们还能够疑惑在那时候劳动不是一种快乐、一种娱乐么？烦厌的工作也会消灭了，因为这种不卫生的状态是有害于社会全体的。只有奴隶才能够屈服于这种旧环境，然而自由人是要创造新环境的，他们的劳动将要成为愉快的了，而且生产力也会无限制地加多。今日的例外到明天就会成为通例了。

家庭里的工作现在完全是放在那些今日负担着人类中的贱役的妇人的身上，但是也和前面所说各种事物的情形一样，在将来应该有新的改革。

II

依革命而改造的社会还要消灭家庭的奴隶制——这是奴隶制的最后形式，它由来最古，所以也许是最稳固的。然而这是不能由共同居住论者梦想的方法或强权共产主义者屡次想象的方式而实现的。

“共同居住”并不是大多数人所喜欢的。思虑极深的人为其同事业的目的，自然会感到有和他的伙伴会合的必要；他愈感到他自身是一个大的全体的一部分，他对于共同事业，便愈感到兴味。然而在休息与团聚的闲暇时间里则不如是。“共同住居”和“一族同居”却没有想到这一点，再不然它们就以人为的集合来努力满足此项需要。

“共同住居”在事实上不过是一所大旅馆，可以使某一些人快乐的，甚至可以使所有的人在他们的生涯的某一时期中，引以为快乐的，然而大多数的民众却喜欢家庭生活（自然是将来的家庭生活）。他们喜欢单独的房间；盎格鲁-撒克逊人[①]甚至还想要六个乃至八个房间的住宅，以便一家族或一群友人可以在里面分别居住。有时"共同住居"是必要的，但是它如果成为普遍的规则，就可厌了。在花费了一些时间在社交方面以后，想过着清静的生活，这是人类天性中的常态的欲望。因此监狱里的最大苦痛之一，便是不能独居，这和永久受着单独禁锢不能过社会生活的情形一样。

有人以为"共同居住"是一个经济的办法，其实这完全是杂货商的经济办法。最重要而且唯一的合理的经济乃是使人人得到生活的乐趣，因为人在生活上得到满足后，他的生产力之大也是那些终日诅咒环境的人所远不能及的。[②]

其他的社会主义者也排斥共同居住。然而你去问他们家事如何处理，他们便会答道："各人会做自己的工作。我的妻子整理家

① 即英国人。——译者

② 青年伊加利亚共产社会中的人已经知道在工作以外的日常关系中自由选择的重要。原来宗教的共产主义者常以共同会食为其理想；从前的基督教徒以共同会食为皈依基督教的表示。圣餐礼即其遗迹。然而青年伊加利亚的人却已废弃了此种宗教的习俗；他们虽在公共食堂里会食，但里面设有分别的小桌子，任他们捡选自己所喜欢的地方去坐。安那玛（Anama）共产社会的人各有自己的家庭，从公共仓库里领了食物，拿到自己家里去吃。——著者

伊加利亚是法国著作家卡贝（E. Cabet 1788—1856）的理想社会，关于这个社会的详细描写，见他的有名的著作《伊加利亚旅行记》（Voyage en Icarie，1845）。这书的里封面上印得有理想社会的标语。卡贝于 1848 年在美国得克萨斯（Texas）州建立他的理想社会（即青年伊加利亚），后又迁到伊利诺伊州。安那玛的共产社会是德国安那玛的农民在北美建立的。当时因为美洲地价低廉，而且比较自由，许多乌托邦的社会主义者都到那里去建设新的社会。——译者

务;资产阶级的太太们也应该做这样的事务。”假使说这样话的人是一个从事社会主义运动的资产阶级,他便要带笑对他的妻子说:“亲爱的,在社会主义的社会里不是没有女佣吗?那么,你也要像我们的同志保罗君或木匠约翰君的太太一样劳动呢?”

人常常叫妇女(女佣或妻子)治理家事。

然而妇女最后要出来要求得到人类解放的权利。她不再愿意做家庭的牛马了。她牺牲了许多岁月来养育儿童,她以为这已经够了。她不再愿意做厨役、补衣妇、打扫房屋的人了!因为美国的妇女要贯彻她们的要求,结果在美国内屈身处理家事的妇女便渐渐减少了,因此便引起一般人的叹息。现在的太太们都喜欢艺术、政治、文学或赌博等;做女工的极少,至于愿意做女佣的人,在美国更不常见。结果,解决的方法是异常简单的,而且是生活本身指示出来的。家事的四分之三都是靠着机器来做。

你擦你的皮鞋,你知道这种工作是怎样地笨。然而一双皮鞋要用毛刷刷二三十次,岂不是更笨吗?欧洲人口的十分之一都不得不卖他们身子来换得污秽狭小的住处和不充足的饮食,妇女们也只得甘于奴隶的境遇,以致几百万的女性每天早晨不得不去做这样的工作。

然而理发匠已经应用机器来梳理头发了,不管是软发硬发都可以弄得很快。我们为何不可以把这个原理同样应用到脚上面呢?现在已经这样做了,在现在欧美的大旅馆里都普遍地使用擦鞋机。而且渐渐地流传到旅馆以外。在英国,大的学校内,学生寄宿在教师家里,因为每天早晨要用机器擦一千双鞋子,便特设了一处擦鞋所,很觉便利;这可以免除那些特别雇来做这种愚笨工作的一百个奴仆了。这擦鞋所每天晚间把鞋子拿去用机器擦得很干净，第二天早晨再送回原处。

至于洗衣物呢？没有一个地方的妇女不怕做这种既费时间又污秽的工作。这种工作大概都是用手来做，仅仅因为这是家庭奴隶的工作，是无足挂齿的。

在美国现在比较好一点，美国有很多的城市，已经用水管送热水到各家户，就像在欧洲供给冷水一样。在这样的情形之下，这个问题便是极简单的了，而且已被一个妇人——柯黑兰夫人(Mrs. Cochrane)——解决了。她的机器费不到三分钟的时间，便可以把十二打盆子、碟子洗净揩干了。伊立诺斯州的某工厂制造出这样的机器来，以平均中等人家能够购买的价格卖出。又小家庭内为什么不像送鞋子到擦鞋所那样，把器皿也送到洗的地方去洗呢？其实连这两种职务——擦鞋子与洗器皿——都可以由同一个团体承办。

搓洗衣服会使手脱皮；扫地板，刷绒毡会使尘埃像云雾一般地飞起，而且这样做，尘埃也不容易消除的。这些有害健康的工作至今还是由人来做，因为妇女们现在还被视作奴隶；然而因为这也可以用机器来做，而且做得很好，妇女们已渐渐地不做这种工作了。将来所有的机器都要备置在家庭里，要是再把原动力分送到各家庭，人民不必劳其筋骨就可以使用机器做各种工作了。

制造这种机器的费用也是很小的。现在它们之所以卖价很高，是因为这些机器不能得着普遍的使用，尤其因为绅士们对于各种机器要课额外的税，这些人永远想过奢侈体面的生活，而且在土地、原料制造、贩卖、专利、税金等等上面做投机事业。

然而要从家庭的劳役解放出来，这不是仅仅靠着小的机器就能成功的。所谓家庭渐渐地脱离它们现在这种孤立状态了；各家庭开始互相联合起来共同去做它们从前单独做的事。

实际，在将来像擦鞋的机器、洗器皿的机器、洗衣的机器等等，不必每家都置备一架。反之，将来会有一个共同火炉送热到全区域的各家屋里，免得每家单独生火。在美国现在有几个都市已经这样做了。从一个中央火炉供给热水与各家、各屋，这是用水管流通的；要加减温度，只要把龙头扭一下，就可以得着适宜的温度了。要是想在某一个房间生火，只要把为着温暖的目的从中央贮藏室供给来的煤气点燃，就行了。所有打扫烟囱，保持火种的工作不知费了妇女们的若干时间，现在渐渐地消灭了。

蜡烛、洋灯、煤气都是过去的了。在有些都市内，无论是到什么地方，你要光亮，只须把那个电钮一按，就行了，而且要得着充足的电灯光，这也只是单纯的经济与知识的问题。在美国，人已说到组织团体来进行处理家政的工作。每条街都必须设一个处理所。每天用一辆大车子到各家去收集要擦的鞋子，要洗的衣服，要修补的东西（倘使这是值得修补的），要刷的绒毡，到第二日早晨都弄得很清洁的送回来。在两三小时以后，热的咖啡和煮得很好的鸡蛋都会摆在你们的桌上了。从十二点钟到两点钟中间，有两千万以上的美国人还有和这个数目差不多的英国人在吃烤牛肉、烤羊肉、烧猪肉、马铃薯以及各种新鲜的蔬菜。在两三小时中间至少有八百万家在烧火烘炙肉羹烹调蔬菜；有八百万的妇女牺牲她们的时间来预备一餐饮食，把所有各家庭做的菜蔬的样数算起来，至多也不过十二种不同的样式。

有一个美国妇人写过这样的话："本来在一个地方烧火便够了，现在却要在五十个地方烧火。"假使你喜欢，你可以在你自己家里同你的小孩用膳；然而你试想一想，要做几杯咖啡，一餐饮食，为什么应该牺牲五十个妇女一早晨的光阴呢？两个人用一个地方的火已经足以烹调所有这些肉和这些菜蔬了，然而为什么还要用五十个地方的火呢？假使你有特别的嗜好，你自己可以随意去烤牛肉羊肉，也可以随意烹调各种新鲜菜蔬。然而你只应该要一个厨房，一处火，并且要尽力把这个厨房置备得异常精致完备。

为什么妇女们的工作就不足挂齿呢？为什么每个家庭要一个主妇和三四个用人为着一餐饮食费去那许多时间呢？这是因为那些企图解放人类的人并不曾把妇女包括在他们的解放的梦中，他们以为想到"这种厨房里的工作"，便损失了高贵的男性的尊严，他们把这样的工作放在那些做贱役的妇女们的肩上。

所谓妇女解放不仅是把大学、法庭、议会的大门打开了，请她们进去。因为现在那些所谓"解放了的"妇女，常常把家庭的工作放在别的妇女的肩上。真正的妇女解放，是在于使妇女不再会做像现在那样烹调饮食、洗衣物的折磨人的工作；是在于使她把家庭整理得很好，使她有时间来养育小孩，并且参加社会活动。

这样的时代快要到来了。如前面所说，万事都是前进不已的。只是我们应该完全了解：一个革命纵然醉心于自由、平等、休戚相关的美名，倘使仍然维持着家庭的奴隶制，便不得谓之革命。假使这一半的人类仍还在做火炉旁边的奴隶，那么她们仍然会起来反抗那别的一半的人类的。

第十一章 自由合意

I

我们因为受了遗传的偏见，不健全的教育和虚伪的训练等等的影响，所以除却政府、立法、行政之外，我们什么都看不见，因此便有人相信要是一旦没有了警察，我们人类恐怕会像野兽一样地互相吞食起来；倘使在革命的时期中强权被推翻了，世界便要陷于绝对的混乱状态之中。其实现在许多的人类集团，并没有受过何种法律的干涉，却自由地自己组织起来，还要比较那些在政府监督之下的团体得到更优越的结果；这样的事，却被我们轻轻地漏过了。

假使你翻开一份报纸，你会看出其中所记载的不外是**政府**的处理事件和政治的勾当。要是另一个世界中的人读了它，一定会相信在欧洲除了**证券交易所**的事情外，没有主人的命令，是什么事都不能够做的。反之，关于那些不依官府的命令而自然生长发育的各种制度，却不见有什么记载。没有——差不多完全没有！即使有标题着“杂讯”一栏（法国报纸常有 Faits Divers 一栏），也不过记载着与警察有关系的事件而已。家庭的戏剧和叛逆的行为，倘若使不牵涉到警察，报上也不会有记载的。

三亿五千万的欧洲人[1]相爱或是互相憎恨，或者靠着他们的收入生活；然而除了文学、戏剧运动以外，他们的生活，如果不受到政府的何种方式的干涉，报纸是不会注意的。便是历史也是与这相同。如果论到国王的生活和议会所发生的事，我们可以极详细地知道；政治家的一切好的或坏的演说，即使如某个老议员所说的"便是对于任何一个议员的投票上也不会有影响的"演说，也得以保存至今。国王的驾临，政治家的脾气好不好，他们的诙谐和阴谋都被小心地记录下来留给后人阅览。然而我们要知道中世纪的都市的状况，要了解汉萨商业同盟各都市间存在着的巨大的贸易机构，要晓得卢昂城怎样建筑它的大教堂[2]，这都是异常困难的。要是一个学者费尽他毕生的时间来研究这些问题，他的著作是不会被人知道的；然而议会的历史——这是不完全的东西，因为它只论及社会生活的一方面——却继续出版，流传甚广，而且又被人用作教材，在学校中教授。

这样，我们甚至不知道那些人民的自发的集团每日成就的巨大工作；其实这样的工作，便是现世纪的主要的事业。

我们因此要指出几个最显著的现象，而且表示出来，人们的利益倘非绝对冲突，他们必能和谐地一致行动，完成性质非常复杂的集体的事业。

显然的，在我们这个建立在私有财产的基础上面（即是说建立

① 这是19世纪80年代的统计。1914年欧洲的人口为四亿五千二百万。据近时调查，已超过五亿。——译者

② 参看《互助论》第五、第六两章。汉萨同盟是中世纪保护德意志沿海贸易而缔结的通商条约。——译者

在掠夺的基础上面，又是建立在褊狭愚劣的个人主义的基础上面）的社会中，这种事实并不多见，这是自然的事。现社会中所谓合意常常不是完全自由的，它的目的虽是非可诅咒的，然而常常是可鄙的。

但是我们所关心的，并不在举出几个可以随便盲从的例子（这是现社会所不能供给我们的）。我们想做的事却是指出：不管强权的个人主义如何压迫我们，然而在我们的生活（以全体而论）里面，仍还有很大的一部分是仅仅依着自由合意而活动的；而且没有政府时，事情还要比较平常一般人所想的更要容易。

为着证实我们的见解起见，我们已经举出铁道为例，现在我们再回转来说到它们。

我们知道在欧洲有十七万五千公里的铁道[1]，在这个铁道网中要从北到南，从东到西，从马德里到圣彼得堡，从加来到君士坦丁堡，倘使你搭特别快车旅行，并不要中途换车，就可以到目的地了。而且更有便利的：你把行李交到车站，不管到土耳其也好，中央亚细亚也好，都可以运到你下车的地方交给你，手续也很简单，不过由旅客自己在一方纸片上写明下车的地方就行了。

要得到这个结果，有两个方法。一个方法是要有像拿破仑[2]或俾斯麦[3]那样的英雄出来把欧洲征服了，从巴黎、柏林或罗马，

① 这也是从前的统计，据 1934 年统计欧洲铁道共有三十九万一千六百公里。——译者

② 指拿破仑一世（Napoleon Bonaparte，1769—1821），他是 1804—1814 年间法国的皇帝和征服欧洲的英雄。——译者

③ Otto Bismarck（1815—1898），德国政治家，德意志的统一与帝国的建立以他的功劳为最大。——译者

画出铁道地图，规定开车的时间。俄皇尼古拉一世便梦想过这样的权力。当他看见莫斯科与圣彼得堡间的铁道的图样时，他拿起一把界尺在俄国地图上这两个都城中间，引了一条直线，一面说："这就是我的计划。"这条路线真是依着一条直线建造的，穿过了深的山谷，架起了高的铁桥；然而过了数年，这个工作便被放弃了，每一英里的铁路约值十二万镑乃至十五万镑。

这是一个方法，但是幸而人们还用了别的方法。铁道一线一线地被建造起来，各线互相联络在一起，而这各线所属的几百个不同的公司，关于车到车开，以及从一线通过他线时，货物不必卸下，从各国来的车辆便得通行全线等等事情，渐渐地成立了种种的协定。

这一切都只可以依着自由合意，书信或提案的交换，或者由会议而达到成功的。在这样会议中各公司的代表聚会来讨论某种特别的问题，他们为着求得一个合意而来的，决不是要来制造法律。会议完毕，代表们各回到本公司，他们带回去的，不是法律，而是契约的草案，至于承认或拒绝，尚待公司来决定。

自然，也有遇到困难的时候。因为世界上还有异常固执的人。然而共同的利益终究能够使所有的人成为一致。对待那些顽固的人，也没有请军队来威压的必要。

这样连结起来大的铁道网，以及因此生出的可惊的运输力，实在是 19 世纪的最显著的事迹，而且都是自由合意的结果。在八十年前，倘使有人预言着这样的事情，我们的祖先一定会以为这是狂人或疯子。他们一定要说："你不能够使一百多个公司的股东都来听道理！这是乌托邦，这是神话。这样的事只有一个中央政府和一个铁腕的独裁者可以强制地做到。”

而且最有趣的，便是在这个组织里面并没有什么欧洲铁道的中央政府！没有！没有铁道大臣，没有独裁者。甚至连大陆铁道议会或管理委员会都没有！万事皆由自由合意而成。

那些国家主义者常说：“即便是仅仅为着调节交通运输的事，也不可不有一个中央政府。”我们要问问他们道：那么，欧洲的铁道并没有政府，何以又会处理得很好呢？那几百万的旅客和堆积如山的货物，又怎么能够通行全欧洲呢？既然各个铁道公司都能够互相合意，那么，将来占据铁道的那些劳动者，又为什么不能够互相合意呢？既然圣彼得堡—华沙线和巴黎—柏耳福线的铁路公司能够和谐地做事，不必去设一个无用的共同管理机关；那么，在我们这个自由劳动者的集团所组成的社会之中，为什么一定需要一个政府呢？

II

以全体而论，现在的社会组织是极不合理的；然而甚至在这样的社会中，只要人们的利益并不正面冲突，那么虽然没有强权的干涉，他们也能够得到合意的——我们要举出实例来证明这个的时候，我们对于别人会提出来的反对论也是要预先知道的。

我们举的这些实例，自然都有一些缺点，因为现在实在找不出一个没有强者掠夺弱者、富者掠夺贫者这类情形的组织。因此那些国家主义者要用他们得意的理论向我们说：“要消灭这种掠夺，国家的干涉便是必要的呵！”

但是，他们却忘记了历史的教训。原本是国家制造出无产阶级来交在掠夺者的手中，这样对现在的制度有了很大的帮助，他们对这些事一点都不说。事实上要消灭掠夺而让掠夺的第一原因——私有资本和贫乏（贫乏的三分之二都是由国家故意造出来的）——继续存在，这是否可能，他们也忘记告诉我们。

当我们谈到在各铁道公司中间订立的协定的时候，我想那些崇拜资产阶级国家的人一定会说："你没看见现在的铁路公司不是在压制、虐待雇员和旅客吗？那么，为着保护工人和公众起见，国家便不得不来加以干涉。"

但是我们不是屡屡说过，只要有资本家存在，这种权力的滥用是不会有底止的吗？各公司今日所有的独占权，正是那个自称为我们的恩人的国家所给予的。国家不是创立了租借权和保证制度吗？国家不是派兵压制过罢工的铁路人员吗？在最初的试验中（最近我们在俄国还可看见这样的事），国家为着使它所保证的股票不致跌落，不是扩张过那些铁道巨子的特权甚至禁止报纸揭载铁道上的事故吗？国家不是袒护过范德贝尔特、波立亚柯夫、P. L. M. 公司、C. P. R. 公司、圣哥塔特等等的巨头——所谓"当代的王侯"，把独占权给予他们吗？

因此倘使我们举出铁道公司中间的默契合意为例，我们绝不把它视作经济的处理之理想，也不把它当作技术的组织之理想。这只是证明纵是那些以损人利己为目的的资本家，不必试立什么国际部也能够经营铁道获取厚利；然则，劳动者的社会不必任命什么欧洲铁道的大臣，便也可以处理得同样的好，或者更好一点。

这里又有一个反对论来了。最初看起来，这个反对论好像更严重。有人说，我们现在所说的合意并不是完全自由的，乃是大公司对小公司颁布法令罢了。例如一个得着国家资助的富足的德国公司，强迫着那些从柏林到巴塞尔的旅客不经过莱比锡铁道，而取道科乐尼和法兰克福。又某公司为着取得有力的股东的欢心起见，在运输货物的时候，绕道走了一百三十英里的路程，因此使副线衰落。在美国也是一样，为着使得金圆大量地流进范德贝尔特的私囊起见，公司常常让旅客和货物糊里糊涂地走了许多迂曲的路程。

对于这个，我们的答复仍是一样的：只要有资本家存在，大资本家就会压迫小资本家。然而压迫不仅是资本的结果。大公司之所以能压迫小公司，也要靠着国家的帮助以及国家替它们造出的独占权。

初期的英法社会主义者早已指出来英国的立法怎样尽全力来促成小工业的没落，使农民贫困，使无数的人不得不去替富裕的工业的雇主们做工，并不问工钱的多寡。铁道的立法的功用恰和这相同。不管是军事线或补助线，以及那些得了万国邮政独占权的公司；一切的事都是向着增加富裕的资本家的利益一方面进行的。当全欧洲国家的债主罗斯齐尔德投资于铁道的时候，他的忠仆（即各大臣）必尽力使他得着更多的赢利。

在美国，即是强权论者所认为理想的民主国中，和铁道有关的一切事情，都是极其诈伪的。因此，倘使某公司用廉价的办法把竞争者打倒了，它之所以能够这样做，常常是因为它可以从国家所赠送的土地中取得报偿。近时发表的关于美国小麦商的文件，已足以证明国家怎样帮助强者来掠夺弱者。蓄积的资本的力量得到了国家的帮助，更十倍或百倍地增加起来。因此，当我们看见铁道公司的联合会(自由合意的产物)能够成功地保护小公司抵抗大公司时,此种自由合意的实力居然能够保持自身来抵抗那个得着国家恩宠的万能的资本,——这样的事使得我们不能不惊叹了。

事实上并不管国家的偏袒,小公司依然存在着。假使我们在集权的法国内仅仅看见五六个大公司,那么我们要记者,在大英帝国内却有一百个以上的小公司处理得非常协和,而且关于迅速运送旅客和货物的组织,确要比法、德两国的公司好得多。

而且,问题还不是那样。大资本得着国家的袒护,只要有利于它,它便可以常常压倒小的资本。我们所视为重要的是这个:欧洲铁道所属的数百家资本家的公司中间的合意,是不要那个以法律来牵制各种公司的中央政府干涉而成立的,此种合意是以各代表组成的会议来维持的;代表们互相讨论完毕后给那些举派他们的人带回去的,只是提案,而不是法律。这是一种新原理,完全和君主制或共和制,独裁制或代议制等等一切政治原理不相同的。此种革新,曾经被人们战战兢兢地介绍到欧洲的习俗里面,现在,它却止足不前了。

III

我们常常在那些喜欢国家的社会主义者的著作中读到这样的话:“要是这样,那么在将来的社会中,谁来定下运河交通的规则呢?倘使你们无政府主义的“同志”中间有一个人想把他的货船横在运河中间,妨碍着多数的小船通行,那时谁能够制止他,谁又来强迫他服从理性呢?”

我们不得不说这种想象是多少有点滑稽的。然而还有这样的说法："倘使某一个公社，或公社的联合体想使自己的货船在别公社的船之先出发，那时候，也许要因为运输自己的石子的缘故，把运河堵塞起来，而别的公社所急需的小麦，却不得不停着等候轮值。那么，如果没有政府，谁又能够颁布货船交通的规则呢？"

然而实际生活指示出来，就是在这种地方也和在其他的一切地方一样，没有政府，事情的进行也是很好的。自由合意，自由组织，代替了那有害的费用大的制度，而且能够做得更好。

我们知道在荷兰，运河是怎样的东西。它实在是荷兰的公路。我们又知道那里的运河的交通运输是异常热闹的。在我们用铁道和公路运输的东西，在荷兰便要用运河的小船来转运。在那里倘使你的船要争先出发，便会引起争吵的。政府为着保持运输交通的秩序起见，也得实际地加以干涉。

然而事实上并不是这样。荷兰人已经以更实际的方法来解决一切事件了，在很久以前，他们就已设立过一种公会，即船夫联合会。这是因航行上的真正需要而产生的自由联合。船舶的通行权，皆依着航行登记簿上记下的次序而行；一个一个依着自己的轮次出发。谁也不能够越过别的船只先走，倘使有人犯规，就会被公会除名。停船的时间也是一定的，谁也不能在码头上多停一刻；倘若在那一定的时间中，某一只船没有货物装载，船主更倒霉，应该立刻把这空船驶开，让别的船只来停泊。这样，纵使船主间的竞争仍还继续存在，却也把障碍免除了。倘使连船主间的竞争也被克服了时，此种合意便是更加出于至诚。

至于船主们是否得加入船夫们的联合会，在这里也没有提说的必要，那是他们自己的事；不过大多数已经加入了。而且这种联合会所提供的利益，是非常之大，因此它们便能够沿着莱茵威塞尔奥得诸河发展，甚至推广到柏林。船夫们并不等着一个伟大的卑斯麦出来把荷兰并吞到德国去，然后委任一个“全国运河航行事务局总务长官”，在他的衣袖上缝了许多条金边，算是符合着这样长的官衔。船夫们却愿意自己来获取一个国际的协调。此外，还有许多航行德国与斯堪的纳维亚间，甚至航行于俄国的船主们，也都加入了这些联合会，以便规定波罗的海的交通，使船舶的交错，得以调和。这种团体是自由发起，而得着志愿的赞成者加入，与所谓政府是毫无关系的。

虽然，在这里也有大资本压迫小资本的事。这些联合会也有成为垄断的倾向，特别在得着国家庇护的联合会中，此种倾向更是显著，国家对它所保护的联合会自然要出来加以援助。我们不要忘记，这些联合会不过是一种团体，它的会员仅有私人的利益；而且在生产，消费，交易成为社会化以后，船主们为着满足他们的需要，也不得不加入联合的公社，或别的几百个协会，那时候情形一定不同了。在海上有势力的船主们，在陆地上便没有势力了，他们与铁路，工厂及其他团体订立合同时，也不能不让步一点。

将来的事暂且放下不提；但是无论如何现在还另有离开政府而组织成的自发的团体。我们更要举出一些例子来。

因为我们在说船舶的事，便不可不提起在19世纪中产生的极好团体之一，我们也可以拿它自豪的——即是英国救生艇会(Lifeboat Association)。

谁都知道在英国海岸遇难的船只，每年多至千余艘。坚固的船在海上是不怕暴风雨的。只有在挨近海岸时才容易遇到危险——如打破船尾骨的大浪,吹落樯和帆的狂飙,使船簸动不易驾驶的波涛,使船搁浅的沙滩和暗礁等等,在近海岸的地方便容易时常遇到。

在古代沿海岸的居民常常烧火引诱船只向着暗礁进行,以便抢掠船上的货物,此种举动在当时且成了习惯,大家不以为怪,但甚至就在那种时候,他们也常常努力去救助遇难的船员。他们倘使看见船只遭难,立刻驾起小船去援救遇难的水手,纵使他们自己葬身波涛,也不顾惜。在海边的每个村落里都有一些男子或女子救助遇难船员的英勇事迹。

自然,国家与科学家曾经尽力减少死亡的数目。灯台、信号、航海图与气象的警报也曾大大地减少了死亡的数目,可是每年还有一千多般只和几千的性命需要人救助。

少数善良的人,因此曾竭尽他们的精力来从事这种工作。他们自己便是很好的水手和航海者,发明了足以抵御暴风雨不致为其破坏或颠覆的救生艇,尽力引起公众对于他们事业的兴趣,募集必要的款项来制造救生艇,停泊在沿海岸一带,无论何处,只要用得着救生艇的地方,它们便要在那里停泊。

这些人不是雅各宾派,所以他们并不倾向于政府一方面。他们知道要使他们的企图完全成功,只有靠着大家的合作。热心和地域的知识,尤其不可少的乃是水手的牺牲精神。他们也知道在发第一次信号的时候,便要使小船驾出去向波涛中驶去,在夜间,黑暗与大浪都是不易避免的;和猛烈的风浪奋斗了五六小时,甚至十余小时以后,他们才能够达到遭难的船——这些预备牺牲自己生命去援救别人的人确实是受着休戚相关的感情和牺牲的精神所鼓动的，那种感情和精神决非徽章能够买到。这完全是出于自由合意与个人发意的自发的运动。在沿海岸各地方已成立了数百个地方团体。发起人是明白的人，他们不会拿出主人的架子。他们在渔人的村舍中访求贤明的人，倘使某一个富豪要在海边的村庄里设置一处避难所，捐一千镑的钱作设备的费用，他交出这笔捐款以后，地址的选择等事，还是由本地方的渔夫和水手们去决定。

新救生艇的样式也不由海军部来规定。这个协会的一个报告中曾说："因为救生艇的船员应该十分信任他所驾驶的船，这是极重要的，所以本委员会主张依照船员表示的希望，而决定救生艇的建造与设备。"因此，每年都会有新的改良。

这种事业完全由志愿者团结起来组织委员会及地域团体来担任；完全以合意与互助来完成的。——呵！无政府主义者呵！而且，他们不向纳税人取钱，只收自动的捐款，一年中间至少可以收到四万镑。

至于成绩呢，请看：在 1891 年该会共有二百九十三只救生艇，在那年救过遇难船舶三十三只，水手六百零一人；从成立到现在，救生艇会一共救了三万二千六百六十一人。

在 1886 年有三只救生艇载着船员在海中沉没了，立刻便有几百个新的志愿者出来组织地域的团体，结果，建造了二十只新船。我们还要知道这个会每年还要把上等的晴雨表送给渔夫和水手们，收回比市价少三倍的钱款。这使气象学的知识普及，且以科学者所预报的天气急变警戒会员。

我们还要知道，这几百个委员会与地域团体的组织，是不分阶级的，完全是由志愿者、船员以及对于这个事业有兴趣的人们组成的。所谓中央委员会不过是通信联络的中心，并没有干涉的职务。

倘使在某地方发生表决地方税或教育问题的时候，全国救生艇会的委员并不参加讨论。——这样的谦逊的态度，可惜那些议会的议员不会仿效。然而关于救人的事，这班勇敢的人便不许那些不曾冒过暴风雨的人来替他们立法。当遭难的第一个信号发出的时候，他们立刻跑上救生艇，奋勇前进。他们并不希望什么徽章，也没有镶金的制服；这全是出于仁爱心。

我们再举出一个同种类的团体，即是红十字会，我们不必管它的名称，现在且来考察它的内容。

我们且想象有人在五十多年前说过这样的话："国家只能够一天杀两万人，伤五万余人，然而并没有能力去救护自己的受伤者；只要有战争存在，便不可不用个人发意去干涉，而且那些善良的人为着这人道的事业，必须成立国际的组织。"那个敢于说这种话的人，当时不知道受过何等样的嘲骂！最先他就会被人骂为空想家；如果他还让别人说下去，他就会听到下面的话："这简直是胡话！最感到需要你们志愿者的地方，志愿者就一定会缺乏。你们志愿者的病院集中在安全的地方，而在战地医院里面什么东西都没有。像你这样的空想家完全忘记了国家的敌对，就是这个才会使可怜的兵士得不到救助而死的。"这样令人沮丧的议论，竟然得着许多论客的附和。我们中间谁又没有听见过这种论调呢？

现在我们明白事情的真相了。红十字会在各国在各处都自由地自己成立起来了；当1870到1871年普法战争爆发的时候，志愿队便组织起来着手工作了。男子和妇女都尽力去服务。无数的医院和战地医院都组织成功了；火车上设着战地医院，并运送食料、纱布及药品到战地去。英国的委员会为着帮助耕种因战争而荒废了的土地起见，便把食物、衣服、器具、播种的谷物、负重的牛马运送到乡间去，甚至把蒸汽犁和使用它的人送去！只要去读莫华尼耶[1]著的《红十字会》一书，你便会惊叹它所成就的事业之广大。

至于那些预言者，他们常常否认别人的勇气、热诚和贤明，却相信只有他们自己能够用着鞭子来支配全世界，然而他们所预言的一切完全没有实现过。红十字会志愿队的义勇决不是言辞所能形容和赞美的。他们只去寻找危险的地位；然而那些受着国家薪俸的军医，当普鲁士军队逼近的时候，便跟着他们的参谋部逃走了；只有红十字会的志愿队，却仍还在枪林弹雨之下继续他们的工作，忍受俾斯麦和拿破仑三世的将校们的虐待，热心救护各国的受伤者。荷兰人、意大利人、瑞典人、比利时人甚至中国人和日本人也都协同一致，做得很好。他们依着需要，分设医院及战地医院。他们特别讲求医院的卫生设备。至今我们还听见有些法国人说起他受过红十字会战地医院的荷兰人或德国人的志愿队的仔细的看护，并且表示深的感谢。然而，在一个强权论者看起来，又觉得怎样呢？他的理想人物，便是那个受国家薪俸的军医。至于红十字会和它的卫生的医院却是他不愿意顾及的，因为看护妇并不是什么官吏！

有一个组织最近才成立，立刻便有数十万的会员；有不少战地医院、病院列车，并用新方法来治疗受伤者；这也是由于少数献身

---

① Gustave Moynier(1820—1910)，瑞士慈善家，红十字会的创立者之一。——译者

的人的自动的发意，才得到这样的成绩。

也许有人会说在这个组织里面，国家多少有一点力量。不错，国家伸过手来想把这个组织抓在手里。干部现在是由那些被谄佞者所称为“赤血的王侯”的人来指挥。皇帝同皇后也很尽力地庇护本国的委员会。但是这个组织的成功，并不是由于这种庇护的力量；却是靠着几千个各国的地方支部，个人的活动，以及所有那些努力救助战争中负伤者的人的献身精神。要是国家不来干涉，这种献身精神只有更加发达。

总之，英国人、日本人、瑞典人和中国人在1871年奋起救助伤兵，并不是因为受了国际干部委员会的命令。而且在侵占区设立医院，把战地医院移到战场上去，也不是因为受了国际干部的命令。这是由于各国的志愿者的发意而成功的。他们到了那里，并不像各国的雅各宾派所预料的，立刻争打起来；他们共同做事，忘记了国家的区别。

我们一定会可惜这样大的努力竟用在像战争那样的事情上面，我们会像诗人的儿子那样地问着：“既然后来要治疗他们，为什么又要先把他们弄伤呢？”我们要破坏资本家的权力和中产阶级的强权，便要立刻阻止那个叫做战争的大屠杀。我们希望红十字会的志愿队同我们一起努力做消灭战争的活动，并不希望他们专门去救助伤兵；我们在这里提到这个大组织，不过用来作为自由合意与自由扶助所产生的结果的另一个说明而已。

倘使我们想把灭绝人类的技术一一列举出来，实在是举不胜举的。只要提出那些帮助德国军队强盛的许多团体便够了。德国军队的强盛，并不如世人所相信的，只靠着训练，那些以普及军事知道为目的之各团体的力量也是很大的。

在最近一次的军事同盟会的大会中,共有二千四百五十二个联合会的代表十五万一千七百十二人参与会议。此外还有射击、军事竞技、兵略竞争、风土研究等等的许多团体——这些便是发展德国军队的技术的知识工厂,至于联队附设的学校,却算不得什么。这实在是联络各种团体的一个大纲,里面有军人,有文官;有地理学者,也有体育家;有猎人,也有工艺家;这些人自动地团结起来,组织,联合,讨论,并且往国内各地探检。造成德国军队的真正脊骨的,便是这些志愿的自由的团体。

他们的目的是可诅咒的。这是在维持帝国。但是我们所留意的是:纵然军队组织是"国家的大使命",但是这一部分也是一样要由团体的自由合意与个人的自由发意来做,才能够得到更大的成功。

便是和战争有关的事,也要靠着自由合意的力量。为着更充分地证明我们的主张起见,我们再举出瑞士的风土考察志愿队(他们曾经详细地研究过山路),法国的飞行队,三十万的英国义勇队,英国国家炮兵联合会,正在组织中的英国海岸防御会,又如商船队、脚踏车队,以及私人汽车、汽艇的新组织,都得靠着自由合意的力量。

在各处,国家都不断地把它的神圣职权让给私人。各处的自由组织都侵入了国家的领域。以上所举的事实,不过略略表示在将来国家消灭的时候,等候着我们的自由合意的大概而已。

第十二章　反对论

I

我们现在来检讨那些非难共产主义的反对论。大部分的反对论都是出于单纯的误解，然而它们也引起了重大的问题，这是值得我们注意的。

但是那强权的共产主义所引起的反对论，我们是不答辩的，——因为我们自己也反对强权的共产主义。文明各国的国民为着个人解放的长久的艰难的斗争，劳苦过甚，他们不能放弃他们过去的努力，让那个干涉人民生活细故的政府存在，纵使这政府的目的是在谋社会的福利，他们也不能忍受。强权社会主义的社会纵然能够建设成功，它也不能够继续下去；一般人的不满不久便会使它消灭，或者使它不得不依据自由的原理而自行改造。

我们所说的无政府共产主义的社会，即是承认个人的充分的自由，而不容许任何强权的存在，也无强迫人劳动的必要的社会。我们研究这个问题的经济方面，且看看假使这样的社会仍是由像现在一样的人民（既不较好，也不较坏，既不较现在的人勤勉，也不较现在的人懒惰）组织成的，这样的社会有没有成功发达的机会呢？

下面的反对论我们是知道的："倘使各人的生存都得到了保

证，倘使没有挣取工钱的必要来强迫他们劳动，那么，谁也不会劳动罢。要是自己不做也可以，那么无论谁也会把他的劳动的责任放在别人的肩头上的。”我们最先要说这个反对论是由于出乎事实以外的过分的浅虑而起的。要知道这个问题的真相，不能不知道：一方面，究竟以工钱为目的劳动所得的结果是否更为有效；他方面，志愿的劳动的生产量是否少于受着工钱鼓励的劳动。然而发出反对论的人却不曾想到这个问题。适当地说，这个问题是值得严密研究的。然而在精密的科学里，人对于那些极不重要极简单的问题，却加以严密的探讨，而且谨慎地搜集和分析事实，然后才决定他们的意见。——独独对这个问题，他们并不稍加考察，而且仅以一件特殊的事实，如美洲几处的共产社会不曾成功[①]之类为满足，便立刻加以判断了。他们的举动恰像一个律师，他不顾反对方面的理由，以及和他自己的意见相反对的主张，他只知道对方是他在辩论时的敌人；假使他的运气好，能够临机应变制胜，他并不管自己的理由是否正当。因此一切经济学的本质的基础的研究，即以人类精力的最少浪费供给社会以最大量的有用生产品之最有利的条件之研究，便不能前进了。人们或则仅限于反复地述说着平凡的断定，或则装出不知道我们的主张的样子。

在此种浅见之中极可惊异的，便是甚至在资本主义的经济学中，也有几个著作家迫于时势，不得不疑惑这个科学的创立者所定下的公理：饥饿的威胁乃是对于人类的生产劳动之最好的鼓励。

① 指卡贝和欧文以及其他许多宗教的共产主义者在美洲建立理想社会的实验。——译者

他们现在知道，在生产中有一种集合的要素，这种要素到现在差不多还没有人注意过，但是实际上却要比个人的利益重要得多。工钱劳动的下劣性质，近世农工业的劳动中人类精力之可怖的浪费，那些把自己的负担放在别人肩头上的快乐追求者之不断的增加，以及生产中某种活气的缺乏之渐渐显著：凡此种种现在已开始成了"古典派"的经济学家所研究的问题了。他们中间有一些人自己也疑惑起来，究竟走入迷途没有：那个假定被不义之财或工钱所诱惑的想象中的恶人究竟存在不存在。这种异端的见解居然进到了各大学里面，便在正统派经济学的书籍中也可以见着了。

虽然这个个人报酬说和工钱制度的旧城堡已由其旧的防守者一块一块地拆除下来，使敌人有攻击的机会了，可是许多社会主义的改革者仍还拥护着它。

他们担心着要是没有人来加以强制，民众便不会劳动。

然而我们一生不是听见人两次表示过这同样的恐怖么？一次是在美国解放黑奴以前，反对废止奴隶的人所表示的；还有一次，是在农奴解放以前，俄国贵族所表示的。反对废止黑奴的人说："不用鞭笞，黑奴便会不劳动的。"俄国的农奴所有者也说："农奴要是不受主人的监督，便不去耕田，而任其荒废。"这是在 1789 年法国贵族所唱的"复唱词"；又是中世纪的"复唱词"，也可说是自有世界以来的"复唱词"；凡起了扫荡不正不义的问题的地方，我们便可听见这样的"复唱词"。然而每一次，现实的事实又证明出来它的虚伪。1792 年解放的农夫曾以他们的祖先所不知道的那样热烈的精力来耕种田地；解放了的黑奴也比较他的祖先更加勤劳地努力工作；俄国的农夫把星期五当作和星期日一样的休假日，来庆祝他们解放的"蜜月”以后，便以他们所获得自由之程度为比例而努力从事工作。最自由的农夫，便工作得最勤苦、最热心。在田地属于他自己的地方，他便不顾死活地劳动；这是一句很恰当的话。那些反对废止奴隶的人的“复唱词”对于奴隶所有者是有价值的；至于奴隶自身，因为他们知道这种“复唱词”的动机，所以也知它的真实价值了。

而且，经济学家自己告诉我们说，工钱劳动者劳动总是淡漠的，只有那些知道自己财富的增加是与其努力为比例的人的劳动，才是热烈的生产的劳动。一切称颂私有财产的赞美歌皆可以归结为此种公理。

我们应该注意，经济学家想称颂私有财产的恩惠，向我们说，虽是不出产的、卑湿的、像石头一样的土地，若用农民的私有者去耕种，也可以得到非常丰饶的收获；可是这种说法一点也不能够作为他们的私有财产拥护说的证据。经济学家承认使你的劳动结果不会被人掠夺去的唯一保证便是占有劳动机关（这是真实的），他们也不过证明一个人能够自由劳动，他能够自由选择职业，没有监督者来妨碍他，而且他又知道他的劳动所得的利益只有他自己和那些同他一样劳动的人才能够享受得到，懒惰者是得不到的，那时候他的生产量实在是最高的。我们能够从他们的论据中演绎出来的，就只有这一点；而且这也就是我们自己所主张的。

至于占有劳动机关的形式，那些经济学家只不过在他们对于耕作者保证他的生产和改良所生的利益的论证中，间接论及。并且，他们又拥护私有财产，反对一切其他形式的占有，所以他们又指出土地在共有财产的形式下，不能够生产出像在私人占有下面那样丰富的收获。然而他们也不能证明这个；实际上事实所表现的恰与这相反。

例如瑞士的公社，在冬季，全体村民一同去斫伐共有的树林。在这劳动的节期中，对于工作的最大热心以及人类精力的最大表现完全显示出来了。一切工钱的劳动和私有主的努力都不能与这个相比。

又如俄国的某村，全村人民一同到公社所有或租借的田地上去割草。在那里你们便可以看出当人们为着共同生产而共同劳动的时候，能够生产若干量的东西。同伴中间互相竞争所割的草的多少，妇女们也奋勇做事，不落刈草者之后。这也是一个劳动的节期，在这个节期中一百个人在几小时之间便能够完成平日各人分开做时，几天中方能够做完的工作。孤立的所有者的工作，如果拿来和这个比较，便是一个何等可怜的对照。

实在，我们还可以从美国的开拓者和瑞士、德国、俄国以及某一些法国的村落中，引出许多的例子。又如俄国石工、木匠、船夫、渔夫等的"阿尔特耳"（Artel，即同业公会）所做的工作也可以引用的，这些人共同地担任一种工作，自己分配他们的生产或者所得的报酬，并不要经过中间人（经纪人）之手。我在英国造船所中所见到，依照这同样的原则，付给报酬时所完成的工作量，也是可以引用的。我们还可以举出游牧种族的共同大狩猎以及其他无数伟大的共同事业。无论在什么地方共同事业确实要比工钱劳动者与孤立私有主的工作优胜得多。

安乐——即是生理上、艺术上、道德上的欲求之满足，常常是鼓舞劳动者的最有力的东西。做佣工的人虽辛辛苦苦，还难于维系生命；而自由的劳动者知道为着他自己和别人的安宁与奢侈，是以他的努力为比例而增加的，因此他便愈加发挥他的精力与智力，更得着很多很多的生产物。一个是永远钉在贫穷上面的，其他一个却有将来的安宁和奢侈的希望。全部秘密就在这里。因此在一个以万人的安乐为目的的社会，以人人有享受生活的一切表现之可能性为目的的社会中，当然只有志愿的劳动，是比较在现在的奴隶制、农奴制、工钱制的鞭笞之下的劳动所生产的物品更多而且更好。

II

如今凡是能够把自己的生存所必需的劳动的负担放在别人肩上的人，都这样做，而且谁也相信无论到什么时候都会是这样的。

生存所必需的劳动主要的乃是筋肉劳动。我们无论做艺术家也好，科学家也好，要是我们没有筋肉劳动所做出来的东西——面包、衣服、道路、船舶、灯光、热度等等，我们连什么事都不会做出来。而且无论我们的快乐是何等高尚的艺术的，何等深远的玄学的东西，然而都是离不掉筋肉劳动的。这种劳动乃是生活的基础，但是一般人想避免的又正是它。

我们早就想到如今的情形一定是这样。

因为现在要做筋肉劳动，便是把自己每天关闭在不卫生的工厂里面经过十小时至十二小时之久，把自己锁在同样的工作上面，经过二三十年，甚至于一生。

这便是说这些人被命定为得着些少的工钱，不能顾到明日的安全，常有失业的恐惧，永远是贫穷困苦的，其中大部分的人在为着自己和自己的子女以外的人的衣食住、娱乐、教育等等劳动了四十年之后，总是悲惨地死在慈善病院里面。

这便是说把你的一生盖上了“劣等”的印记；因为政治家常说，筋肉劳动者总要劣于头脑劳动者，那个在工厂里劳动了十小时的人并没有时间，更没有方法，来享受科学与艺术的高尚的快乐，甚或没有欣赏此等快乐的修养准备；他不能不就拾起从特权阶级食桌上面落下来的面包碎屑认为满足了。

我们知道在此种情形之下，筋肉劳动自然会成为命运的诅咒了。

我们又知道所有的人只有一个梦想，——即是使自己和自己的子女脱离这种劣等的状态为着他们自己创造一个“独立的”地位，这是什么意思呢？——便是也靠着别人的劳力来生活。

只要筋肉劳动者的阶级与头脑劳动者的阶级分开存在的时候，只要黑手与白手中间的区别存在的时候，情形总是如此的。

实在，要是劳动者知道从生到死所等待着他的命运，便只是生活在凡庸，贫穷与明日的不安中间，那么，他对于这沉重郁闷的工作还能够有什么兴趣呢？因此当我们看见大多数的人每天早晨动手去做他们的艰苦的工作时，我们不禁惊奇他们的坚忍和对于工作的热心，以及那种使他们像盲目地服从动力的机械一样，过他们的困苦生活的习惯；他们不但丝毫没有明日的希望，而且他们永远不曾想到有一天他们自己或者至少是他们的子孙会因为是人类的一分子，便应该享受今日少数特权者所垄断了的人类共有的一切丰富的自然界的宝藏，一切由知识与科学的和艺术的创造等等所产生的快乐。

我们要废止工钱制度，我们要实行社会革命，便是要废止筋肉劳动与头脑劳动中间的区别；如此，则劳动便不会再是命运的诅咒了；它将恢复它的本来面目，而成为人的全部才能之自由的行使。

而且现在应该把那假定优等的劳动只能在工钱制度的鞭子下面产生的传说加以严格的分析了。

我们不必去参观什么特殊的模范工厂和制造场，只要到那些普通的工厂里去看一下，就足以看出那种成了近代工业特征的人类精力之巨大耗费。例如有一个组织多少合理化的工厂，同时就有一百以上的工厂把人的劳力任意浪费掉，而其真正的动机也不外是每天替雇主多挣几镑金钱罢了。

在这里你又会看见许多从二十岁到二十五岁的青年，终日坐在板凳上，胸部陷入，像患着热病那样地摇着他们的头和身体，又像魔术家那样快地挽系那些织花边机上剩下的废物——不值钱的棉丝断节的两端。像这样摇摇战栗的身体能够生出怎样的子孙贡献给社会呢？雇主们却要说："但是他们在我的工厂里所占的位置很小，每天不过替我赚了六便士的净利。"

在伦敦的某大工厂里，我们可以看见那些因为常常把放着火柴的木盘顶在头上从这间屋搬到那间屋去的缘故，在十七岁便秃头的女子，其实把火柴搬到桌上去的工作，一架最简单的机器便可以做了。然而"没有特别技能的妇女的劳动并不值钱，为什么还要用机器呢？假使这些女工不能再做下去，我们还可以另外雇用一些来代替，因为在街上这类女子多得很"。

在一个结冰的晚上，你可以看见一个赤足的小孩挟着一束报纸睡在一所大厦门前的石阶上——因为童工是如此价廉，雇用的人便也很多；这个小孩每晚沿街卖报，卖得十个便士，他只能够得到一便士或一便士半。而在所有的大城市中，你又会看见许多强壮的男子在街头彷徨，他们已经失业数月了；同时他们的女儿在机织工厂里过度炎热的蒸汽中，渐渐失去了脸上的血色；他们的儿子或则提着鞋油瓶在街中替人擦鞋，或则呆立在街角，向过往的人乞讨一两个便士，或则把应该用来学习一种技能的光阴耗费去替卖小菜的人提篮子，到了十八岁或二十岁就变成了永远的失业者。

从旧金山到莫斯科，或者从那不勒斯到斯德哥尔摩，情形都是一样。人类精力的浪费，便是近代工业的最显著、最重要的特征，至于商业上的浪费，比这更大得多，这是不用说的。

把经济学这个名称，给予在工钱制度下面浪费人类精力的学问，这是何等可悲的讽刺！

还有呢，假使你去和一个组织很完备的工厂的管理人谈谈，他便会直率地向你说，现在要得到一个熟练、勤勉、热心的专心做工的工人很不容易。“假使每星期一来求工作的二三十个人中间有一个这样的人，纵然是在我们要裁人的时候，我们也决定雇用他。我们一见这样的人便知道的，我们一定要雇用他，纵使第二天就不得不把一个年纪较大，工作较不勤快的工人开除，我们也情愿。”而那些已经接到解雇通告的，和那些明天就要接到这通告的工人便只有跑进资本的预备兵大队（即失业的工人）里去，这些人仅仅在工作很多或者发生罢工潮雇主抵抗罢工工人的时候，才能够在织机或工作台旁边做工。至于那些因厂内的工作减少被上等工厂辞退出来的普通的工人，他们也会加入这群老朽和不勤快的工人的可怖的队伍，到二等工厂里去做工，这些二等工厂就靠着用谲诈欺骗的方法对付购买者（特别是远方国家的购买者），来赚钱维持。

假使你又去同工人们谈谈，你一定会明白工厂里的通例是——永不要你尽你的能力做去。“下等工钱——下等工作。”这便是工人初进这样的工厂时，他的同伴给他的忠告。

因为劳动者都知道，假使他们起了好心，依着雇主的愿望努力劳动，增加物品的产量，以适应大批急迫的订货，那么，这种辛苦的劳动便会成为将来工资表的标准了。所以在这一类的工厂里，他们绝不愿意尽力去生产。在有些工业里，人们为着维持高的价格起见，故意限制着生产额，有时还有一种口号，“狡猾地去干”，这就是说，“工钱少，工作坏”。

工钱的劳动便是奴隶的劳动罢；这样的劳动并不能够，而且也不可以生产出它所能生产的。现在正应该把以为工钱制度是生产的劳动之最好的奖励的那种传说抛弃了。如果论到现在的工业比我们祖父时代的工业，在生产上增加了几百倍，这是由于前世纪末叶物理化学的突然发达；不但不是靠着工钱制度的资本主义组织的力量，而且还是与这组织完全无关的。

III

那些认真地研究过这个问题的人，决不能否认共产制度的利益，不过他们认为这个共产制度应该是完全自由的，换句话说，是无政府主义的。他们知道受着金钱的报酬的劳动，甚或就在“劳动券”的假面目之下（由国家付给它所支配的劳动团体的），也仍旧保存着工钱制度的特质及其弊害。他们承认纵使社会占有了生产机关，全部组织不久也会受到工钱制度的损害。他们更承认：要是对于所有儿童实施一种“完全的”教育，保持着文明社会的勤劳的习惯，而且让各人有选择和变更职业的自由，使大家都看见同等的人为了万人的安乐所从事的工作的引诱力，那么一个共产的社会中是不会缺乏生产者的，反而这些生产者立刻会使土地的生产力增加到三倍乃至十倍以上，并且给工业以一个新的刺激。

这个，反对我们的人也同意的。他们却又说："但是危险是要从那些少数的懒惰者方面来的，他们即使在那种使劳动成为愉快的优良的情形下面也不肯劳动，而且也不会有正规的劳动习惯。如今因为有饥饿的恐慌，所以无论谁，即使是最倔强的人，也不得不同他人一起动作。迟到的人便要被斥退。然而一只黑羊可以染污全体的羊群，两三个怠情者和倔强者就足以诱惑他人，惹起工厂里的混乱与反叛的精神，使得工作成为不可能；所以结果我们不得不恢复原来的强制制度，强迫那些倔强的罪魁与他人同样工作。那么，以工作的成绩为标准而付给工钱的制度，岂不是既不伤害劳动者独立的感情，又可以行使强制的唯一方法吗？所有其他的手段多少总带有由强权来不断干涉的意味，这是自由的人所极憎厌的。"我们相信这个反对论的真义便是如此。

我们第一便要认清这样的反对论是属于拥护国家、刑法、裁判官、狱吏一方面的。

强权论者说："只要还有极少数的人不服从社会的习惯，我们便不得不保存行政官、法庭、监狱等等，纵然这些制度已经成了一切新弊害的根源，也是无法的事。"

所以我们只能够重述着我们关于强权本身屡次说过的话："你们要避免一种弊害，却把一种更大的弊害用来做避免的方法，而且这个弊害就是你所要补救的那些弊害的根源。资本主义制度的罪恶，你们是早已知道的了。你们不要忘记创造出现时资本主义制度的，便是工钱制度，即不出卖劳力便不能生活的事。”而且此种强权论者的论法，不过是诡辩地替现制度的罪恶做辩护。工钱制度并不是为着要除去**共产主义**的弊害而创设的；它的起源和**国家**、私有财产的起源相同，是从别处来的。这是从被武力强迫实施的奴隶制度和农奴制度生出来的，不过穿上近代的服装罢了。因此，拥护工钱制度的议论，和替国家与私有财产辩护的议论一样，都是没有价值的。

但是我们仍还想把这个反对论考察一下，看看里面究竟有没有真理。

第一，一个依照自由劳动的原理而建设的社会，假使遇到懒惰的人，是不是用不着像现在有的那种强权的组织和工钱制度，也能够维持下去呢？

例如有一个为着某种特殊企业组织起来的志愿者的团体，因为大家都相信这个企业会得到成功，他们一心一意地劳动着，然而其中有一个人，他却常常缺席，不尽他的责任。难道因为他一个人的缘故，便必须把这团体解散吗？或者选举出一个会长来课以罚金吗？再不然，制造出惩罚的条例吗？其实，显然用不着这样做，只有在某一天这个使企业陷于危险地位的朋友会受到劝告：“朋友，我们很愿意和你在一起做工；可是你时常放弃你的责任，你又荒废了你的工作，我们现在不能不和你分离了。去罢，去找那些对你这种行为觉得不要紧的同伴罢。”

这是极其自然的方法，各处都在实行，即便在如今所有的工业里，这个方法和罚金、扣薪、监督等制度还同时流行，甚或彼此竞争着；一个工人可以在指定的时间到工厂里去，然而假使他的工作做得不好，他又有懒惰的习惯和其他的缺点足以妨害他的同伴工作，假使他是爱吵闹的，那么，就只有最后一个手段：他必须要离开这个工厂。

强权论者认为在工厂里使得工作有规则而且品质优良的人，便是万能的雇主和监工，实则，在每个稍为复杂的企业中，在一件生产品完成以前必须经过多数人的手，那个使工作优良的人，便是工厂本身，换句话说，即是全体工人。因此在英国私人工业的工厂中，所谓监工那样的人实在很少，平均比法国工场中监工的数目少得多，而且比英国国有工厂里的也更少。

维持公共道德的某一种标准，也用这样的方法。强权论者说这是靠乡丁、裁判官、警察等的力量，而实际上公德的维持，和乡丁、裁判官、警察等并没有什么关系。有人在很久以前就这样说过了："法律多，罪人多。"

不仅在工业制造所里事情的进行是向着这方面的；其实无论什么地方，无论什么时候，事实大都是如此，只有那些书呆子，才是没有注意到。要是一个和其他铁路公司联合的某铁路公司不能履行它的契约，让火车耽误了时间，使货物凌乱地堆在车站上，其他的公司便会以解除此种契约来威胁，这种威胁常常是有效果的。

一般人都相信，至少赞成国家的一派是这样相信的，商业上的契约之所以被遵守履行，全是因为惧怕法律的缘故。但事实绝对不是这样的；十分之九不守信约的商人都不会到裁判官面前去受审判的。像伦敦那样的商业最繁盛的地方，万一有债权者提起诉讼的事，大多数的商人就会完全拒绝和那个强迫与他们中间的一个发生诉讼的人进行任何交易。

既是这样，那么在工厂里的工人，商业中的商人，以及运输组织中的铁路公司中间，现在所通行的方法，为什么又不能用于以志愿的劳动为基础的社会中呢？

例如有一个团体，它的各个会员约好履行下面的条约："我们共同承认凡是我们的房屋、粮食、街道、运输机关、学校、博物馆等等，你都可以自由使用，但是你从二十岁到四十五岁或五十岁这二三十年间，每天应该拿出四五小时来做生存所必需的工作。你自己去选择你所愿意加入的生产集团，或者另组织新的集团，但以从事必需的生产为限。其余的时间你可以用来和你所喜欢的人共同从事于娱乐、艺术、科学，总之，依着你自己的趣味的倾向去做就是了。

"我们所求于你的，不过是一年中间在从事衣食住的生产集团中劳动，或者在公众卫生，运输等机关中服务一千二百小时乃至一千五百小时。我们对于这些劳动的报酬，便是你可以自由使用这些集团所已生产或将生产的东西。然而倘使属于我们联合的几千个团体都不容纳你(不管动机如何)；倘使你绝对不能生产有用的物品，或者你不肯去做，那么，你就像孤独的人或废人那样地过日子罢。倘使我们是异常富裕的，能够以生活必需品给你的时候，我们也很高兴给你的。你是一个人，你也有生活的权利。然而你如果要在特殊的条件之下生活，离开人民的队伍，那么，你在和别的公民间的日常关系上，一定会受到苦恼。如果不是你的朋友们发现你的才能，亲切地替你去做必要的劳动，解除你对于社会的一切道德的义务，那么你就会被人视为中产阶级社会的鬼魂。

“最后，假使你不喜欢这个，你就去罢，你到这个广大世界的另一个地方去找别的条件，找别的同志，和他们一起根据新的原理组织起来。我们却还是喜欢我们自己的东西。”

假使共产社会里懒人太多，这便是在那个社会里去掉懒人的方法。

IV

我们不相信在真以个人自由为基础的社会中，会有担心这样的事故的必要。

其实，不管资本私有权怎样鼓励懒惰，事实上没有病而真正懒惰的人却是比较的少。

工人们常说资产阶级是懒惰者。自然在这些人中间懒惰者确实是很多的，不过他们也是例外。反而在各个制造工业中我们常常看见几个异常勤勉的资产阶级的人。诚然资产阶级的多数凭借着特权地位的利益，安排他们自己去做劳苦最少的工作，而且他们要在空气、食物等等合于卫生的条件下面工作，所以他们做起事来不会感到多大的疲乏。然而这些工作的条件，正是我们认为所有的劳动者应该没有例外地享受的。

我们还应该说，有钱的人靠着他们的特权地位只去做无益的事，或者有害于社会的事。不过阁员、局长、工厂主、商人、银行家等每天也不得不做几小时他们自己多少有点讨厌的工作，虽然他们中间谁都不喜欢这些义务工作，宁愿享受他们的闲暇时间。倘使这种工作十分之九都是有害的，他们也是一样地感到厌倦。然而正因为资产阶级用过大的精力来防卫他们的特权地位，甚至来做有害的事(有意或无意的),所以他们才能够打倒地主的贵族,而得长久支配民众。假使他们是懒惰者,他们早就不能够存在了,像古代贵族那样地消灭了。所以在将来那个只要求他们每人每日做四五小时的愉快有益而且合于卫生的工作的新社会中,他们一定会好好地劳动,而且他们也不能让现在劳动者所享受的可怕的条件继续存在,而不加以改良。假使像赫胥黎[①]那样的人,只要跑到伦敦沟渠里做了五小时的工,他一定会发现把这沟渠弄得像他自己的生理学实验室那样卫生的方法。

至于说大多数劳动者的懒惰,只有那些卑俗的经济学家和慈善家才能够说出这样的胡话。

你如果去问一个聪明的制造家,他一定会告诉你说,要是工人只知道懒惰,那么所有的工厂都只得关门了,无论什么严酷的手段和侦察的制度也是不中用的。你该记得 1887 年几个煽动者用"狡猾地去干"主义——"工钱少,工作坏!","马马虎虎地做就行了,不要过于劳苦,把你的能力耗费尽了",等等来宣传的时候,英国的雇主们恐慌狼狈的情形。这些人先前还痛骂劳动者的不道德和他的工作的粗恶,这时候却大声疾呼:"他们使工人堕落,他们要毁灭工业了。"假使工人早就是懒惰者,对于他们,雇主还不断地拿着逐出工厂的话来恐吓,那么,"堕落"二字又有什么意义呢?

所以当我们说起懒惰者的时候,我们一定要知道这是社会中极少数人的问题;而且在为少数人立法以前,我们先来研究懒惰的原因,岂不更好吗?任何人如果用贤明的眼光来观察事物,他一定

① 指 Thomas Huxley(1825—1895),英国生物学家。——译者

可以看见在学校里被称为懒惰者的儿童，大半是那些不懂得教师所讲授的功课的人，他们之所以不懂，实则并非由于他们的懒惰，而是教授法不良的结果，又有很多儿童因为贫穷与不合卫生的教育的缘故，得到了“脑贫血”的病，以致对于教师讲授的功课不易理解。一个对希腊语、拉丁语等等功课不用功的儿童，如果教他学习科学，在教授时一面用筋肉劳动来帮助讲授，这个学生的功课就能够做得很好。一个在数学方面愚钝的女孩，如果偶然有人把她从来不曾理解的算术初步对她详细解说一番，她也许会成为班中的第一等数学家。在工厂里懒惰的工人，如果去培植他的园地，他在天刚刚发亮时就会起来，一面眺望着初升的红日一面劳动；傍晚当一切都休息的时候，他又会到园里去工作。

有人说尘埃便是那在不适当地方的物质之谓。这个定义在现今所谓懒惰者的十分之九身上都可以适用。他们是走错了和他们的性质，才能都不适合的方向的人。我们读到伟大人物的传记，一定会惊诧在他们中间竟然有很多的“懒惰者”。他们在未发现正当的路以前，总是异常懒惰，但是后来就非常勤快了。达尔文，斯蒂芬森[①]及别的许多人都是这一类的懒惰者。

所谓懒惰者常常是这样的一种人：他们不愿意把一生的光阴牺牲来专门做针的工作的十八分之一，或表的工作的百分之一，却想把他有的丰富的精力用在别的地方。他又是一个反叛者，他不甘为了替雇主获得无数的快乐的缘故，让自己一生都在工作台旁

① 指 George Stephenson(1780—1843)，英国工程师，火车头的发明者。——译者

边过日子，同时他也知道他的雇主比他更愚笨，不幸的只是他没有生在高楼大厦中，却出生在一间破陋的屋子里面。

还有多数懒惰者之所以懒惰，是因为他们对于自己被强迫学习用以谋生的职业不大清楚了解。他们看见自己亲手做出来的物品并不完全，尽力想好好地去做，却总不成功，后来知道他们已经得到了不良的工作习惯，永远不会成功了，因此就憎恨起他们的职业来，而且因为他们又不知道别的职业，他们便憎恨起一般的劳动来。无数的劳动者和技术家都失败在这个原因上面。

反之，从年青时候便学习钢琴弹得很好，或者把刨凿、毛刷、锉子等等使得很好的人，他绝不会抛弃他的钢琴、凿、锉子等等的。只要他不劳动过度，他便会觉得他的工作是愉快的，不致使他疲乏。

在这个懒惰的名称之下集起了由各种原因生出来的结果，这些对于社会并不是害恶之源，而且能够成为利益之源。像关于犯罪和人类才能的一切问题一样，人们聚集起许多事实，但彼此间并无共通点。他们说起懒惰和罪恶，却不去分析它的原因。他们只忙着处罚这些过失，而不去考究刑罚是否反能奖励“懒惰”与“犯罪”。①

所以自由社会如果看见了其中懒惰者数目的增加，要设法阻止，它在求助于刑罚之前便会先去考察懒惰的原因。例如在那个我们先前所说的患贫血病的儿童的脑筋中，是不能够再把学问灌

① 参看我的《俄法狱中记》(In Russian and French Prisons)，1887年伦敦出版(译者按，原书已绝版，译文即中译本全集第二卷)。——著者

输进去的了，我们应该先给他吃营养品，使他的血液增多，使他的体质强壮；不要再把他的时间浪费了，带他到乡下或海边去；并不用书本，就在露天给他讲授各种学问——教几何，就测量某尖顶的距离，某树木的高度；教博物学，就采集花草或在海里捕鱼；教理科，就制造捕鱼用的小船。然而千万不要把什么古典的文句和已经死了的语言[①]，再装入他的脑里去。不要把他弄成一个懒惰者。

这样的儿童是不会有秩序和正规的习惯的。所以应该使他们先在自己中间保持秩序，然后，在聪明的教师的指导下，实验室、工场以及在一定的地方以许多器具所做的工作，都会把这方法教给他们，然而千万不可让你们的学校把他们教育成混乱无秩序的。因为学校的唯一秩序便是桌子的排列整齐，而且学校在讲授教育方面真是混乱得很，它绝不会引起任何人对于和谐团结的爱心，也不能教授任何人以工作的规律方法。

八百万个学生代表八百万不同种类的才能，你们用一个教育部长为这八百万学生所制定的教授法，只不过实行一个便利一般平凡人的制度罢了。难道你们不知道么？你们的学校成了一个懒惰的大学，恰如你们的监狱是一个犯罪的大学一样。让学校自由，把你们的大学学级废掉，只靠着志愿者的讲授；你们应该从这种方法开始，不要再制造什么制止懒惰的法律了，因为这样的法律只有使懒惰者的数目愈见增加。

那么，对于那些不愿一生专门去做某物品的极小部分的劳动者，以及整年整月闷在制钉机旁边终于发生憎厌的工人，应该使他

① 指古希腊文、拉丁文等。——译者

们有机会去耕种田地，斩伐树木，冒风雨，航大海，乘火车头在世界各处奔驰；但不要再强迫他们一生去伺候一架小机器，或凿螺旋钉的头，或钻缝针的眼孔。

去消灭懒惰的原因罢，而且你们也会明白真正嫌厌劳动，特别是嫌厌志愿劳动的人，是极少的，差不多可以说是没有，因此也没有特别为他们制定法律的必要了。

第十三章　集产主义的工钱制度

I

在我们看来，集产主义者的改造社会的计划犯了两重的错误。他们一面主张废止资本主义制度，一面又希望保存着代议政治和工钱制度——这两个东西其实就是资本主义制度的基础。

至于所谓代议政治，我们已经常常说过了。在英国、法国、德国或在美国，历史留给人们的教训已经不少了，为什么那些聪明的人士（在集产主义者里面也有不少这样的人）仍还去做国会或市议会的议员呢？我们实在不能够明白。

现在议会制度正在崩溃，四面八方都起了攻击议会制度的呼声，而且一天高似一天。不仅代议制度的结果，便是它的原理，也被人攻击得没有存在的余地。然而那些号称革命的社会主义者怎么还可以拥护这个已经受到死刑宣告的制度呢？

议会制度是中产阶级建立来反抗王权保持自己的权利的，他们同时还用它来辩护并且扩充他们支配劳动者的势力；因此，议会制度实是中产阶级特有的制度。即便是那些拥护这种制度的人也没有认真地主张过一个国会或市议会真正就可以代表一国或一城。其中较有见识的人也知道这是不可能的。中产阶级不过利用议会制度来建筑一道堤坝，反抗王权保护自己罢了，并不会给人民以自由的。况且现在的人民都觉悟到他们自己的真正利益，同时这利益的种类又一天一天地增加起来，这个制度便格外没有用了。因此各国的民主主义者虽然努力追求各种改善的方策；但终于是徒然的。“国民投票”试行过了，然而结果是失败的；有些人又空谈着“比例的代表制”，“少数人的代表制”以及其他的“议会的乌托邦”，还是没有用处。总之，他们都是努力去找出不能实现的东西，每次总是经过新的实验后才知道失败了；于是，人民对于代议政治的信任便一天一天地消失了。

就工钱制度而论，也是一样的；因为既然人们主张废除私有财产，将一切生产机关收归公有，又怎样能够维持着工钱制度呢？然而集产主义者却要这样做，他们拿“劳动券”来做集产主义的大雇主（即国家）报酬劳动的方法。

从罗伯特·欧文的时代起，英国的初期社会主义者采用“劳动券”制度，这理由是很容易明白的。他们不过企图使资本与劳动协调而已，他们排斥那个主张用革命的行动来夺取资本家的财产的思想。

蒲鲁东后来也抱着这同样的思想，其原因也是容易明白的。在他的互依主义的制度里，他努力想减少资本的毒害，并不管私有财产的存废；私有财产是他平日极其厌恶的东西，然而他相信要保护个人反抗国家，私有财产却又是必要的了。

还有那些多少带有资产阶级色彩的经济学家赞成“劳动券”，也是无足为怪的。至于把“劳动券”作为工钱付给劳动者，或者把印有帝国元首或民主国首领的肖像的钱币付给劳动者，他们都视为无关重要的。他们只想保存着房屋、土地、工厂等等的私有制;——至少也得保存着房屋和制造上所必需的资本的私有制,而“劳动券”恰好适应着保存私有财产的目的。

只要“劳动券”能够与珠玉车马等交换的时候,那么,有房屋的财主也会愿意把它们当做房租收进。只要房屋、田地、工厂等等属于私人,那么就会有许多劳动者为着求得财主们允许在他们的田地上或工厂中做工,或在他们的房屋里居住,便不得不付租钱给他们;不管是“劳动券”也好,或钱币也好,但总是租钱。只要向劳动者索取租钱的制度仍旧存在,而且这种索取租钱的权利仍还留在财主的手里,那么,财主们也愿意接受金钱、纸币以及可以与各种货物交换的支票。然而当我们承认房屋、田地、工厂不应再归私人占有,而应该成为公共的财产时,那么怎样还可以拥护这个工资的新形式——“劳动券”呢?

II

我们现在且来详细考察现在法国、德国、英国和意大利的集产主义者所倡导的劳动报酬的制度。[①]

约言之,集产主义便是这样:各人在田间、工厂、学校、病院和其他的地方做工。至于劳动时间则由领有土地、工厂、道路等等的国家来规定。对于每日的劳动都由国家给以“劳动券”做报酬,在这“劳动券”上面清清楚楚写着:八小时的劳动。劳动者拿着这张

① 西班牙的无政府主义者现在还自称为集产主义者,他们所谓“集产主义”包含着一切生产机关的共有,以及“各团体依据共产主义或其他原理,照他们认为是适当的办法,来自由分配生产物”的意义。——著者

现在西班牙的无政府主义者不再称为集产主义者了。——译者

纸票便可以向国有商店或各种组合购买各种东西。这种票子又是可以分开的，可以随意买一小时劳动的肉，十分钟的火柴，三十分钟的烟草。在集产主义的革命成功以后，我们不再说什么“两便士的肥皂”，却要说“五分钟的肥皂”了。

多数的集产主义者迷信着中产阶级的经济学家所定的（也相信着马克思所定的）技术劳动与单纯劳动的区别，告诉我们说：技术的或专门的劳动的报酬，应该比单纯劳动的报酬多。因此一小时医生的劳动应该视作和两三小时看护妇的劳动或三五小时掘土工人的劳动相等。所以集产主义者格龙伦德说：“专门或技术的劳动所得的报酬，应该比单纯的劳动所得加倍，因为这种劳动是需要长时间的学习的。”

其他的集产主义者如法国的马克思主义者盖德[①]等则不承认此种区别。他们主张“工钱平等”。即医生、小学教师、大学教授与掘土工人所得到的工钱（用“劳动券”支付）是一样的。医院里看护病人的人的八小时劳动，是和八小时掘土的劳动，或在工厂矿坑中的八小时劳动价值相等的。

还有一些人更让步一点；他们以为可憎厌的不卫生的劳动（如在阴沟里做工之类）应该比那些愉快的劳动所得的报酬多。他们说，在阴沟中劳动一小时应该和大学教授的两小时的劳动相等。

此外还有一些集产主义者赞成依各产业组合的劳动总额付给报酬。某一个组合可以说：“这里有一百吨的钢铁，是我们团体里一百个工人花费了十天的工夫生产出来的。他们每天劳动八小

① Jules Guesde（1845—1922），法国社会主义者。——译者

时，那么，生产一百吨钢铁，要费去八千小时的时间，一吨便要费去八十小时”。因此，国家便给这个组合以一小时的劳动券八千张。这个组合得到八千张劳动券，便以他们所认为适当的方法来分配给铁工组合的各会员。

另一方面，一百个矿工花费了二十天的功夫，掘出八千吨煤，则一吨煤值两小时。于是矿工公会得到一万六千张一小时的劳动券，且照他们所认为适当的方法把这些劳动券在会员中间分配。

假使矿工抗议地说，一吨钢铁的价值不是八小时的劳动，不过是六小时的劳动；假使大学教授要求他每日的报酬应该四倍于看护妇；那么，国家便会出来干涉，解决他们的争端。

总之，这便是集产主义者希望在社会革命后产生的组织。他们的原理，我们已经知道了，便是：生产机关为集合的财产，且以各人所费于生产的时间为标准，同时斟酌他的劳动的生产力而分配报酬。至于政治组织还是议会制度，不过改良一下罢了，如采用国民投票——国民全体参加表明可否的投票——且对于被选作议员的人予以强制的训令。

我们以为这种制度在我们看来是绝对不能实行的。

集产主义者最初宣言一个革命的原理——私有财产之废止，可是言犹在耳，他们便起来否认此种主张，并且维持着那个以私有财产为基础的生产和消费的组织了。

他们一面宣言革命的原理，一面又忽视这个原理的必然的结果。他们忘记了要废止劳动机关（土地、工厂、道路、资本）的私有，便必须使社会向着新的道路进行；而且还必须完全颠覆现在的生产组织，使它的目的和手段都应该完全改变，而且在土地、机械和其他一切生产机关收归公有的时候，各个人间的日常关系也就应该马上跟着变更。

他们说“不要私有财产”，但立刻便努力来维持私有财产之日常的表现。“就生产方面来说，你们是一个公社，什么田地、工具、机械以及其他一切已经发明的东西——工厂、铁道、港口、矿山等等都是你们的。在这个集合的财产中，各人应有的部分都是相同的，并没有丝毫的差别。

“但是从明天起你们要仔细商量你们各人对于制造新机器，开掘新矿山等等工作应该担任的部分。你们要精密地估量新的出产物的哪一部分是属你们各人的。你们要计算你们劳动的时间，并且还要注意不要使你们的邻人的一分钟比较你们的一分钟购买到更多的物品。

“并且以一小时、两小时来计算是没有正确的标准的，因为在有些工厂里一个工人同时可以管理六架机器，在有一些工厂里一个人却只能管理两架；你们便要计算你们所费去的体力、脑力、神经力。你们又要计算你们做学徒的时间，以便估计你们各人对于今后的生产的贡献。这些都是在你们宣言并不计算各人对于过去财产所应有的部分以后所应做的事。”

但是我们很明白一个社会是不能建立在两个完全对立的原理、两个永远冲突的原理上面的。要是一个国家或一个公社有了这样的组织以后，那么，它不是被强迫回复到生产机关的私有去，就是把自己改造成为一个共产的社会。

III

我们已经说过某一些集产主义的著作家企图在技术的或专门的劳动与单纯的劳动中间定下一个区别。他们以为工程师、建筑家、医生等人的一小时的劳动应与铁匠、泥土工、看护妇的两小时或三小时的劳动相等。而且在那些必须学习的各种职业与散工的每日的简单工作中间,也应该定下一个同样的区别。

要定下这种区别,就一定会维持现社会的一切的不平等。这便是在工人与那些企图管理工人的人们中间预先划出一个界限。这仍然把社会分成两个区别得很明显的阶级——上面是有智识的贵族,下面是手胼足胝的贱民。一个阶级的人民命定了去替别一阶级服役,用自己的手去供给别一阶级的人的衣食;而别一阶级的人却利用他们的闲暇去研究怎样管理那些替他们劳动的人的方法。

这便是使现社会的一个显著的特性复活,而且使它得到社会革命的认可。这便是把在古代衰亡的社会中就受到攻击的弊害,当作一种原理建设起来。

我们知道我们会得着怎样的回答。他们会说到“科学的社会主义”,他们还要引用资产阶级的经济学家以及马克思的话来证明工钱的等级有存在的理由,因为工程师的“劳动力”所取偿于社会的实在比较掘土工人的“劳动力”为多。实际上,经济学家不是证明过工程师应该比掘土工人多支二十倍的薪金么?因为要培养一个工程师所“必需”的费用,是要超过培养掘土工人所必需的费用的。马克思不是也主张过这两种筋肉劳动中间的区别是同样合于逻辑的么？他采用着李嘉图的价值论，主张货物的交换，应以生产此货物时社会上所需的劳动量为正比例。此外，再不能够得着别的结论。

然而我们对这个问题另有意见。我们知道假使工程师、科学家、医生所得的报酬比一个工人所得的大十倍或百倍；织布工人的报酬比农业劳动者的大三倍，比制造火柴的女孩大十倍，这并不是由于他们的"生产费"，不过是由于教育的垄断，或工业的垄断而已。工程师、科学家、医生不过利用他们的资本(他们的文凭证书)恰如中产阶级的雇主利用他的工厂，贵族利用他的门第爵位一样。

至于雇主之所以付给工程师以比工人的多二十倍的报酬，这不过是为着个人的利益；假使这个工程师一年里可以使生产费用节省四千镑，雇主便分八百镑给他。假使一个工头很巧妙地剥削工人省下四百镑，他便很高兴地每年分八十镑或一百二十镑给这个工头。他拿出四十镑，便希望得到四百镑；这便是资本主义制度的本质，至于各种手工业间的差别，也是基于这同样的理由产主的。

因此我们不必再讨论那个提高熟练劳动的价值的"生产费"了；他们也许又要告诉我们说：一个在大学里愉快地度过他的青春的学生有权利得到比较一个从十一岁起就辛辛苦苦地憔悴于深山穷洞之中的矿工的小孩大十倍的工钱；一个织布工人有权利得到比农业劳动者大三四倍的工钱。实际上教养一个织布工人的用费并不见得就比教养农业劳动者的费用大四倍。织布工人得到这种恩惠，完全是由于他们的工业在国际贸易中，从别的工业未发达的国家所得来的利益，而且还是由于各国政府所给予这工业的特权较农业为优。

谁也不曾计算过一个生产者的生产费，假使说一个高等游民对社会的费用比一个劳动者多数倍，我们把贫民中幼孩的死亡，贫血病的流行，以及夭亡等等事实计算起来，且看看一个健壮的普通工人对社会的费用究竟是不是比熟练的职工少些！

例如付三十个苏给一个巴黎劳动者，付六个苏给一个为了制造花边快弄瞎眼睛的奥威尼[①]农家少女，付四十个苏给农夫，难道有人能够说这便是代表他们的"生产费"么？我们知道他们有时得到的工钱，还要比这个数目少，但是我们又知道他们之所以这样做，全是因为在我们现在的社会组织之下，要是他们不愿意这点微少的工钱，他们便会饿死。

从这里看来我们可以知道报酬的等级乃是租税，政府的保护和资本家的独占之混合的结果。总之，这是国家和资本的结果。因此我们说关于工钱的一切学说都是发明来掩饰现社会的不公平的，我们不必再来讨论它们。

又有人会向我们说，集产主义者的工钱等级是一个进步。他们说："我们宁愿见熟练的职工得到比普通工人所得的多两三倍的工钱，却不愿意看见一个大官在一天里得到一个工人一年中勤苦做工所不能得到的钱；因为前一件事总比较好一点，而且这是更进一步趋向平等了。"

但是在我们看来，这却是退步。要在新社会中定下单纯劳动与专门劳动的区别，这无异乎在革命时期中又把我们现在所屈服

① Auvergne，在法国南部。——译者

忍受而又不能不认为是不正当的残暴事实加以认可，当作一个原理了。这简直在仿效法国议会[1]的那班先生们的举动，他们在1789年8月4日宣言废止封建权利，然而在8月8日他们又承认这同样的权利，征收农民的赋税以赔偿贵族，且把此种赋税置于革命的保护下。这又像在仿效俄国政府，俄国政府在解放农奴时又曾宣言，从前已认为属于农奴的土地，今后又为贵族所有。

或者再举出一个世人更熟悉的例子：在1871年巴黎公社议决公社议事会会员的薪资每天十五法郎，而同时城垒上的国防队的兵士每日仅得着三十个苏（即一个半法郎），还有人称赞这决议为高的民主的平等。实际上公社不过把从前官吏与兵丁、政府与被统治者间的不平等加以认可罢了。这种决议若出之于投机的众议院，似乎还值得别人称赞，若出之于革命的公社，则未免可笑了。公社还不曾把它的革命的原理付诸实行，就自己先把它们宣告死刑了。

在现在社会制度之下，部长每年得着十万法郎的薪俸，而劳动者却不得不以每年四千法郎上下的工钱为满足；工头所得的工钱也要比寻常工人的工钱多两三倍，并且在工人中间也分出许多等级，从十法郎一天的工人到六个苏一天的农家少女；我们不赞成部长的高俸；同时也不赞成工人和贫家女子中间有十法郎和六个苏的区别。我们说："推倒教育的特权和门第的特权。"我们之所以要做一个无政府主义者，就是因为我们看不过这种特权，我们要反抗它们。

---

① 指国民议会（Assemblée Nationale）。——译者

我们在这个强权的社会中就已经起来反抗它们了。难道在将来宣告平等的社会里，我们还能够让它们存在吗？

有些集产主义者知道在受了革命影响的社会中，再要维持工钱的等级，是不可能的事，因此他们便急急提倡工钱的平等。但是他们又遇到了新的困难，他们所谓的“工钱平等”也就和别的集产主义者的“工钱等级”一样，是同样不能实现的“乌托邦”。

社会既把一切社会财富收归公有，并且大胆宣言任何人对这财富皆有权利，并不管他们对于生产这财富时所尽的力量如何，——这样的一个社会，便不得不废除一切的工钱制度；不管通货也好，劳动券也好，应该一律废止。

IV

集产主义者说：“以各人的成绩为标准而付给报酬。”换句话说，就是以这个人对于社会所尽的职务的分量来作标准。他们以为在社会革命发生，将生产机关收归公有的时候就应该即刻实行这个原理。然而在我们看来，假使社会革命竟不幸而倡导这个原理，则无异乎自己表示它的失败；这也就是表示过去千百年放在我们肩上的那个社会问题，现在又不能够解决了。

在我们现在的社会里，工人劳动愈久，所得报酬愈少，——自然，在这样的社会中，这种原理，初看起来，好像是对正义的渴望。然而实际上它却只是继续着从前的不公道。有了这个原理，工钱制度才得以发生，于是产生了现社会的一切弊害和显著的不平等；因为自从社会用货币或其他一切形式的工钱来估量劳动的价值的时候起，自从社会决定工人只应该收受他所能得到的工钱的日子起，那个得着国家帮助的资本主义社会的全部历史，实际上已经预先写出来了；它就包含在这个里面。

那么，难道我们还要回到出发点，再经过一番这同样的进化吗？那些理论家希望如此，但是幸而这是不可能的。我们以为革命必须是共产主义的，否则，它就会淹没在腥血之中，于是一切又须重新开始了。

我们为社会所尽的职务，不管是在工厂里，或在田地上，或者是精神的工作，都是不能够用金钱来估量价值的。说到生产上面，实在并无所谓价值（一般人误称为交换价值）的正确尺度，亦无使用价值的正确尺度。假设现在有两个人，每天为社会劳动五小时，年年不息，虽是职业不同，然而所给予他们的愉快则一。所以在大体上我们可以说他们的劳动是差不多相等的。但是我们不能把他们的工作分开，说甲一天一小时一分钟的工作结果，是和乙一天一小时一分钟的工作结果相等。

我们在大体上可以说，一个人一生每天牺牲了十小时的闲暇，他们对于社会的贡献，是比较那些每天只牺牲五小时的闲暇或全然不牺牲的人多得多。然而我们却不能够单单指出他的两小时的工作，说他这两小时工作的出产是要比较别一个人的一小时的出产多一倍，付给报酬时也多给他一倍。这样做去，便是蔑视了工业农业和现社会全部生活的复杂关系；而且把个人工作是全社会的过去和现在的劳动的结果这样的事，完全忽视了。这好像一个人明明生在钢铁时代，还梦想在石器时代中生活一样。

我们要是走进一个近代的煤矿去，便会看见那个立在大机器前面升降吊笼的人。他手里拿着一根杠杆，停止或逆转机器的动作；他把柄一放，一瞬间吊笼便逆转了方向，他把吊笼扯上来又放下去，做得异常之快。他集中注意力，两眼不动地注视着指针器，这指计器在那小的格子上指示着那升降的吊笼每秒钟所达到竖坑的那一点。指针若达到一定的度数时，他立即停止吊笼，恰在所需要的地点，一码也不会高，也不会低。炭坑夫便把煤炭车取下换上空车，于是他立刻扭转杠杆，吊笼再回到原地位。

他必须这样不停地凝神注意八小时或十小时。假使他的脑筋稍为休息一下，吊笼便会飞起来与齿轮冲突，打碎车轮，弄断绳索，撞伤人，使矿坑里所有工作一概停止。假使他每动杠杆一次便休息三分钟，那么虽是在今日最完善的矿坑里，每天也会减少二十吨乃至五十吨煤的出产。

那么，在矿坑中最需要的人是他吗？或者是那个在下面发信号叫他扯起吊笼的小孩呢？还是那些在竖坑下面冒着生命危险，甚或因煤气爆发死在矿中的矿工呢？还是那个在计算上错误一点就会失却矿脉，叫矿工去掘毫无价值的岩石的工程师呢？或者还是那个投资于矿山，不听专家的劝告，相信那里可以挖出上等煤炭的矿山主呢？

所以在矿坑中劳动的人对于煤炭出产的贡献，当依他们的体力、精力、知识、才能、技能为比例。我们可以说他们各人都有**生活的**权利，满足他的需要的权利，而且在各人的生活必需品得到保证之后，也有满足他的幻想的权利。但是我们怎样能够估量他们中间各个人劳动的价值呢？

并且，他们挖出来的煤，就完全是**他们的**工作的结果吗？这也不是那些建筑铁道达到矿坑的人，以及在车站的四面八方修筑马路的人的成绩吗？又还不是那些耕种田地、挖掘铁矿、砍伐森林、制造烧煤的机器，渐渐地使整个矿业发达的人吗？

要把这些人各个间的工作划出一个区别来，这是完全不可能的。依照他们工作的结果来估量他们的工作，是不合理的；把他们的全工作分作若干部分，以劳动的钟点来算分数，也是不合理的。只有一件事情是对的：就是把需要（欲求）放在工作之上，不管工作如何，只管需要如何，第一应该承认一切参加生产做工的人，都有生活的权利，其次应该承认他们的安乐的权利。

然而我们且就人类活动的任何另一部分——就各种生活现象的全体来看。我们中间究竟谁能够为他的工作来要求最高的酬报呢？是诊断疾病的医生呢？还是那个用她的合于卫生的看护治好病人的看护妇呢？最初发明蒸汽机的那个人呢？还是那个偶然一天拉绳子（这绳子从前用来拉开舌门，使蒸汽从活塞下进去）疲倦了，把绳子缚在机器的杠杆上面，就出去和他的同伴游戏，自己一点也不知道他已经发明了现代机器的主要部分——自动的舌门的小孩呢？

是火车头的发明家呢？还是那个提议用枕木来代替石头（从前铁道下面用石头来垫，因为没有弹力，所以火车时常出轨）的纽卡斯尔的工人呢？是火车的司机呢？还是那个执红绿小旗叫火车停止或前进的打旗号的人呢？

我们又把那横贯大西洋的海底电线的功劳归给什么人呢？归给那个在博学的科学家们宣言海底电线不能通消息的时候，坚持着要这样做的电气工程师呢？还是归给那个曾进言说用不着粗大的绳索而应该代以藤一般的电线的地文学家莫理[①]呢?或是归给那些不分昼夜在"大东方"[②]船的甲板上一码一码地检查海底电线,把那轮船公司的股东误放在电线的不导电的外包里面,将电线无用的钉子一一拔去的不知何方人氏的志愿者呢?

并且就较大的范围来说,即在包含着快乐、忧患,以及种种临时变故的人生的巨大的领域中,我们中间任何一个人都该记得某人对他尽过职务,而且是个很大的职务,倘使有人用金钱来估量那职务的价值,他就会生气的。有时这种职务不过是一句话——一句合时的话,有时或者又是要几年几月的经营才做得到的。难道对于这"不可计算的"劳役,我们能够用"劳动券"去估量么?

"照各个人的成绩计算!"然而假使个人不愿意使他的劳役超过自己所得到的金钱,钞票或社会的报酬,那么,人类社会将不能继续到二代以上。假使做母亲的不肯花费光阴养育她的儿女,假使个人不能够得到相当的代价,便一点东西都不肯拿给别人,假使人们看不见报酬的地方,就不肯多给一点与别人,那么,人类种族便要灭亡了。

假使资产阶级的社会仍旧一天一天地腐败下去,假使我们已经走入一条没有出路的穷巷里面,非用大刀、阔斧、火把来攻击旧制度,便不能够脱逃出来;这全是因为我们计算得太厉害了。这是因为我们心中存着"为求**获得**方肯**给予**"的观念。这是因为我们把社会当作一个以**债权**和**债务**为基础的商务公司。

---

① M.-F. Maury(1806—1873),英国水道学者。——译者

② Great Eastern,船名,原书缺,这是依据伦敦自由出版社的小册子《工钱制度》(*The Wage System*,1920年新版)补入的。——译者

而且，集产主义者自己也知道的。他们含含糊糊地知道，如果实行“以个人的工作成绩为标准而分配”的原理，社会便不能够存在了。他们以为个人必要的需要（我们不是说奢侈的欲求）常常不能和他的工作相符。因此德·柏朴[①]说：“这个原理（卓越的个人主义的原理）会被为着儿童与青年的教育（包含他们的养育和寄宿）的目的而行的社会的干涉，以及关于病者、弱者的扶助和老年劳动者养老院等等的社会制度所缓和了。”他们知道一个有了三个小孩的四十岁的男子，他的需要总比一个二十岁的青年多些。他们也知道一个夜夜不睡，坐在摇篮旁边喂小孩吃奶的妇人，不能够和一个睡眠充足的男子做出一样多的工作成绩。他们似乎也知道那些为着社会劳动过度以至于衰弱的男女，多半不会再比那些随便把光阴消遣过去，过着国家高官的特权生活，中饱私囊的先生们做出更多的成绩来。

他们极力设法和缓他们的原理。他们说：“社会自然会来养育小孩，自然会来扶助老人和弱者。社会自然会拿需要（而不用工作成绩）来做价值的尺度，以缓和此种工作成绩的原理。”

慈善，慈善，永远是基督教的慈善，这次却由国家来做了。改良孤儿院，实行养老保险和疾病保险——他们相信这样就可以和缓他们的原理了。然而他们还是免不掉有那种“先弄个伤痕，然后再来医治”的思想！

因此，在否定了共产主义，任意嘲笑了“各取所需”的公式以后，这些伟大的经济学家便发觉他们自己忘记了什么东西，这就是

---

① Cesar de Paepe（1842—1890），比利时劳动党的创立者。——译者

生产者的需要，这需要他们现在也承认了。不过他们要国家来估量这需要，而且要国家来确定究竟需要与劳动是否相称。

国家要做慈善事业。从这里去英国的贫民救济法与贫民习艺所仅差一步而已。

这只是一个很小的差异，因为甚至我们所反对的社会的这个继母，也已经不得不缓和她的个人主义的原理了：她也不得不在这同样慈善的形式之下，而且对着共产主义的方向让步了。

她也害怕她的商店被抢劫，特来施舍最下等的饮食；她又建立医院（大概是设备很坏的，但有时也有极其壮丽的）来防止传染病的流行。她依照工作的钟点付给报酬以后，她也常常照顾被她掠夺了的那些人的子女。她想起他们的需要，又来做点慈善事业。

我们常常说过，贫穷是财富的第一原因。创造第一个资本家出来的便是贫穷。因为在我们常常听见人说起的“剩余价值”蓄积起来以前，就有许多人迫于饥寒不得不卖却他们的劳力，以免饿死。贫穷造就了资本家。至于中世纪中贫民的数目急速地增加，便是由于国家建立以后随之而起的侵略与战争，以及因掠夺东方各国而产生的财富之增加。这两个原因，便把农村与都市的人民的联络切断，教他们废止从前在部族生活时代中实行的连带责任，而代以有利于掠夺者的工钱制度的原理。

难道生出这种原理的革命，敢称为社会革命吗？社会革命，这对于受饿，受苦，被压迫的人，是一个何等亲切的名词！

这是绝对不可能的。当旧的制度在无产阶级的斧钺之下打得粉碎的时候，呼声便起了：“我们要的是万人的面包，住居和安乐！”人民会听从的；他们要说：“我们要来满足我们自己从没有忘记过的对于生活、幸福和自由的渴念。等我们人人都尝到了这种快乐的滋味，我们便要动手来工作，把中产阶级统治的痕迹，和它的从账簿中得来的道德，‘借贷’的哲学，‘我的，你的’的制度，一起来毁灭。像蒲鲁东所说：‘我们一面破坏，一面建设’，我们将以共产主义和无政府主义的名义进行建设。”

第十四章　消费与生产

I

如果我们以一种完全和一切强权学派的不同的眼光来观察社会及其政治组织，不是以国家为起点，而下及于个人，乃是以自由的个人为出发点，而后达到自由的社会，这时候对于经济问题，我们也采取这同样的方法。我们在讨论生产、交易、租税、政府等问题之前，应该先研究个人的需要（欲求）和满足此等需要的方法。

初看起来好像这两者的区别是很小的，其实此种区别就会把御用的经济学完全推翻。

不论翻开任何经济学家的著作，最先总是讨论生产，即是分析现在用来制造财富的方法，如分工、工厂及其机械、资本的积蓄等等。从亚当·斯密到马克思所有的经济学家都是这样着手的。至于消费，即是现社会中用来满足个人需要的方法，只不过在他们著作的后面才略略谈到，而且他们只解释在那些互相竞争占有财富的人中间则富是怎样瓜分的。

也许你要说这是合于理论的。满足需要之先，自然应该制造用来满足需要的物品。然而在生产任何物品之前，是不是必须先感到了需要吗？譬如人去狩猎，牧畜，耕种，制造器具，后来又发明机械,这不都是先感到必要才做的吗?支配生产的不应该是对于需要的研究吗?所以应该先考究需要如何,然后再讨论为着满足此等需要应该有怎样的生产组织,这至少也是很合于论理的。

这正是我们现在要做的事。

然而如果我们从这个观点来看经济学,则经济学的形态会完全变更的。经济学不再是单纯的事实的记载,而成了一种科学;我们并且可以给它下一个定义:"人类需要(欲求)及以人类精力之可能的最少的耗费来满足此种需要的方法之研究。"它的真正的名称,应该是社会生理学。它实在与动植物的生理学所构成的科学并立。所谓动植物的生理学,即是动植物的需要及满足此需要的最有利的方法之研究。人类社会的经济学在社会科学中所占的地位与有机体的生理学在生物科学中所占的是相同的。

譬如说,人类结合而成为一社会。大家都感到住卫生房屋的需要。野蛮人的小屋已不能使他们满足了;他们需要着稍为住得舒服的坚固的房屋。于是发生了下面的问题:依照现在人们的生产力来说,究竟所有的人都能够各有各的房屋么?难道又有什么东西阻碍着他们,使他们不能得到呢?

而且当我们发出这个问话后,我们便知道在欧洲的各个家庭都能够有一所完全像现在在英国、比利时或蒲尔满城[①]里的房屋一样舒适的住宅,或者和那类似的一套房间。人只要做了一定的

① Pullmann-City,这是美国工业家蒲尔满(G. M. Pullmann,1831—1897)在美国伊利诺伊州的芝加哥附近为他的公司的工人建筑的一个小城,居民共有一万人,都是在蒲尔满公司的锻铁、制造火车头、铁道材料等等部分做工的劳动者。这可以说是一个工人城。——译者

日数的工作，就可以造成一所家具完全、电灯辉煌、空气流通、异常清洁的房屋了。

然而十分之九的欧洲人从来不曾住过一所卫生的房屋，因为一般平民天天都要去为着满足统治者的欲求做工，永远没有闲暇和金钱来建造自己所梦想的房屋。要是现在的社会状态继续不变，他们便不能够得着房屋，而且只有永远居住在仅能容膝的小屋里面。

由此可以看出来，我们的方法是和经济学家的方法完全相反的。他们相信所谓生产的法则是一定不变的，他们又计算每年新造的房屋的数目，用统计来指明，因为新造的房屋太少了，不能满足一切人的需要，所以十分之九的欧洲人是不能不住小屋的。

更就食物而言。经济学家逐一计算了从分工所得的利益，便告诉我们说，分工后有些人应该做农业的工作，有些人则应该从事制造业的工作。他们说，农夫出产这样多，工厂生产那样多，交易就照那样的方法进行；他们又分析贩卖、利益、利润或剩余价值、工钱、租税，银行事务等等。

然而我们听他们说了这样久，却毫无所得。假使我们来问问他们："各个家庭每年已经能够生产足以养活十人，二十人乃至一百人的小麦了，为什么还有百万的人类得不着面包呢？"他们仍然唱起从前那个单调的赞美歌来回答我们——什么分工、工钱、剩余价值、资本等等，而且还是达到"生产不能满足万人的需要"的同一结论。其实纵使这个结论是真实的，也不能答复我们的问题。我们所问的是："人们究竟能否以自己的劳力去获得自己所需要的面包？要是不能够，那么，他是受着什么的阻碍呢？"

现在有三亿五千万的欧洲人。[①] 他们每年需要这么多的面包，这么多的肉、酒、牛乳、蛋、牛油等等。他们又需要这么多的房屋和衣服。这是他们的需要的最小限度，他们能够生产这一切东西么？要是能够，难道还有充足的闲暇来研究科学、艺术、娱乐么——换句话说，就是还有余暇来享受在绝对必需的物品以外的各种事物么？假使对这个问题的回答是肯定的，——那么，什么东西妨害着他们的前进呢？他们应该用什么方法来破坏那障碍物呢？要达到这样的结果，是不是需要长时间呢？他们赶快动手罢！但是我们不要忘掉生产的目的——这就是使万人的需要皆得以满足。

假使人们的最迫切的需要现在尚未满足，——我们又应该用什么方法来增加我们的劳动的生产力呢？难道没有另外的原因么？也许是因为生产忘掉了满足人们的需要的那个目的，走入一条完全错误的道路，也许是因为生产的组织陷于错误罢。我们虽然能够证明情形果然是这样，那么，我们就应该来研究怎样改造生产的组织，使它能够真正满足万人的需要。

在我们看来，这便是处理事物的唯一的正当方法，也就是使经济学成为一种科学（社会生理学）的唯一方法。

这是很显然的：这种科学在叙述文明国民，印度的公社，或蒙昧人现在所行的生产事业的时候，与现在经济学家所记的事实并不会有什么大的差别；这即是说，这是单纯记述的一章，和动物学植物学的记述的各章相同的。然而假使这几章是写来说明那个满

---

① 参看第 170 页注①。——译者

足人类需要所必需的精力之经济，那么，它除了记述的价值外，还应该是正确精密的。它应该明明白白地指示出来现社会制度下面的可惊的人类精力的浪费，而且应该证实要是现制度存在一日，人类的需要便永不会满足的。

我们知道，观点现在应该完全变更了。在那织出许多码布的织布机后面，在穿过钢板的穿孔器后面，在存储股息的保险箱后面，我们常常看见那些从事生产的工人替别人预备宴席，而自己却完全享受不到。我们也应该知道那立足点是错了，所谓价值与交易的"法则"，不过是现在发生的那些事实之一种虚伪的说明而已；而且当生产组织已经改造来适应一切社会的需要时，万事都会向着一个完全不同的方向进行的。

II

如果从我们的眼光来观察，那么，没有一个经济学的原则不会改变形状的。

譬如说生产过剩，这是我们常常听见的一个名词。世界上的经济学家、学士会员，或学士会名誉会员的候补者，未有不承认经济的恐慌是由于生产过剩——即在某一个时期中生产了更多的棉花、衣服、钟表等等超过需要以上！对于那些无理地拼命去生产超过世人的消费额的物品的资本家的贪欲，我们早就大声反对过了！

然而，要是我们肯仔细考究一下，我们便会知道这些理论都是不正当的。实际上在世间一般的用品中果真有一件生产过多的物品么？我们试把各国的重要输出品一件一件地检查一下，就可以知道所有输出品的全部如果拿来供给与输出国的居民消费，数量还是不够呢。

俄国农民送到欧洲的小麦，并不是他们的剩余。在欧洲俄罗斯境内，即使在收获极丰饶的时候，所产的小麦和米也只够供给本国人民的消费。然而照例，农民要缴纳地租与赋税，便不得不忍饥挨饿卖掉他们真正需要的小麦。

英国送到世界各处的煤，也并不是它的剩余，因为每年留给内地各家庭消费的煤平均每人不过四分之三吨，连一吨都不到。数百万的英国人在冬天都不能烤火取暖，甚或只能够煮一点菜罢了。实际上，除去无益的奢侈品而外，在输出为各国之冠的英国，只有一件普遍使用的物品的生产额也许超过了社会的需要——这便是棉花。然而就英国全体的居民看来，三分之一以上是穿着破烂衣服的，这件事便足以使他们疑惑那些输出的棉花，如果用来供给人民全体的真正的需要，不是也还嫌不够么？

通例，输出品并不是剩余的，也许起初的时候是这样，但现在却不是了。俗语说："做鞋子的人没有鞋穿。"真不错。在从前，个人的职工是这样，在现在，国民也是这样。我们把必需的物品输出去了。我们这样做，因为工人用他们所得的工钱不能够买到他们所生产的物品，而且每件生产品的售价里面还包含着资本家与银行家的房租、地租、利润与利息。

人类的不断地增进的安乐幸福之欲求，不但没有满足，而且生活的绝对必需品也时常缺乏。因此所谓"过剩"是不存在的，至少也不像那些经济学的理论家所解释的那样意思。

再从别一点来观察——所有的经济学家告诉我们说有一个早已证明了的法则，即是："人的生产额多于他的消费额。"他靠着自己劳动所得的东西过活，而且还有剩余。所以一个农家所生产的东西，足以供给数家族的消费。

在我们看来，这种反复地说着的句子并无什么意思。假使这是说明每一代的人多少总要留下点东西给后代，这却是真的。例如一个农夫种了一棵树，这棵树可以继续生长三四十年乃至百年，他的孙子还可以采取这树的果实；又如他开垦了几英亩荒地，也就增多了留给后代的遗产。道路、桥梁、运河、他的房屋和他的家具也都是留给后代的莫大的财富。

然而他们的意思却不是这样。他们说农夫所生产的是要比他所必需消费的多些。其实他们却应该说，国家常常把他（指农夫）的生产的大部分当作赋税拿去了，教士也向他征收什么年税，地主又向他索取地租，结果便创造出来一个阶级；这阶级的人在从前还是消费他们自己生产的东西（不过除去防备为着意外灾祸或补植森林、修道路所需的费用等留起来的一部分），但现在却不能不过着艰难困苦的生活，工作度日，其余的出产都被国家、教士、地主、盘剥重利者等等取去了。

因此我们觉得应该说：农业劳动者与工业劳动者等所消费的不及他所生产的那样多，——因为他们不得不出售他们的劳动的产物的大部分，而以剩下的一小部分为满足。

我们知道，假使以个人的需要为我们的经济学的出发点，则我们一定会达到共产主义，即是以最彻底最经济的方法来满足一切需要的组织。反之，如果以现在的生产方法为出发点，以利益及剩余价值为目的，而不问我们的生产是否适合满足我们的需要，则我们必然会走到资本主义的路上去，至少也不过走上集产主义的路——这不过是现在工钱制度的两种不同的形式而已。

实在,当我们考究个人与社会的需要,以及在人类发达的种种阶段中人们所用以满足此等需要的方法时,我们立刻便会感到必须废止像现在那样的随意的生产,而使我们的努力成为有组织的。人人都知道那个不曾消费的由一代传给一代的财富是被少数人占有了,对于一般人是无利益的。而且我们又知道由此等方法,全社会四分之三的需要便不得满足,而现在浪费人类的精力去制造无用的东西的这种举动更是罪恶有害的了。

而且我们知道使用任何一种物品的最有利的方法,是在先满足最迫切的需要,换句话说,一件物品的所谓“使用价值”,并不在于从前人们常说起的单纯的幻想,而在于它能满足真正的需要。

共产主义,换言之,即是消费、生产、交易三者的一个综合的见解,及与此见解配合的一种组织,因此就成了对事物的如此的理解之论理的结果——在我们看来,只有它才是真正科学的。

一个社会要满足一切人的需要,而且要知道生产应该如何组织才能够达到这个目的,这个社会同时便不可不扫尽关于工业的各种偏见,而最先应该扫去的便是经济学家常常宣传的分工的理论,我在下章里便要来讨论它。

第十五章　分工

从来的经济学只记述社会中发生的事实，而且只是为着支配阶级的利益使此等事实成为合理化。因此它也赞成工业的分工。它觉得分工有利于资本家，所以便把分工当作为一个原理建立起来。

近世经济学的鼻祖亚当·斯密说过，试看乡间的铁匠，假使他对于制造钉子的事不曾熟习，即使非常勤劳，他一天也只能制就两三百根钉子。然而假使他别的事一点不做，专门制造钉子，那么他一天供给二千三百，也是很容易的。于是亚当·斯密便急急地下结论道："分工罢！专门罢！专门地去做罢！我们单要那些只知道制造钉头或钉尖的铁匠便够了。我们用这种方法更可以增加我们的生产。我们会变得更加富裕。"

那个被命定为一生专门制造钉头的铁匠完全失去了对他的职业的兴趣。他因为技能有限，便不得不服从雇主，任凭雇主支配，一年之中有四个月要遇着失业的事情。而且当他的工作可以用学徒来代替的时候，他所得的工钱更会减少。亚当·斯密完全没有想到这些事，便叫道："分工万岁！这是增进国富的真正金矿呵！"

后来，西斯蒙第[①]与萨伊[②]知道了分工不能使全体国民富裕，只不过使富者愈富而已。被定为一生只是去做针的十八分之一部分的劳动者，只会变得愚蠢，而且还会陷于贫穷的境地，——这时候那班御用经济学家有过什么提议么？没有！一点也没有！他们并不曾说：如果劳动者一生只做一种同样的机械的工作，便会失掉他的智力和发明的精神；反之，一人如果兼做几种不同的职事，其结果便可以增加国民的生产力。总之，关于这样的话，他们一句也不曾说过。然而这却是我们目前应当考虑的重要问题。

假使只有博学的经济学家来宣传永久的而且常常世袭的分工，那倒还不要紧，让他们谈谈就是了。然而学者所倡导的思想很能深入人心，而使一般人走入错路；所有中产阶级的人，甚或劳动者常常听见人说起分工、利润、利益、债权等等，当做久已解决了的问题，久而久之，到后来他们便也说起和经济学家的同样的话；他们也崇拜那同样的偶像了。

因此我们看见大部分的社会主义者，甚或那些不怕指出现代经济学的谬误的人也居然承认分工是正当的。如果我们向他们说起革命时期中的劳动组织，他们一定回答说，分工还是应该维持的；假使你在革命之前，是在做磨针的工作，革命后也应该照旧做去。自然你每天不会再做五小时以上的工作，但是你却应该永远

① J. C. L. S. de Sismondi(1773—1842)，瑞士经济学家(原籍法国)。他的主要著作是《经济学的新原理》(*Nouveaux Principes d'Economie Politique ou de la Richesse dans ses rapports avec la Population*，1819)。——译者

② Jean Baptiste Say(1767—1832)，法国经济学家，他的主要著作是《经济学概论》(*Traité d'Economie Politique*，1803)。——译者

磨针，一直到你死；同时还有别的人在计划制造新的机械，预备来使你一生能够磨成千百万根针；还有一些人则成为文学、科学、美术等高尚的事业的专家。巴斯德[①]是生来为着发明疯狗咬伤症的注射剂的，你是生来为着磨针的，革命叫你们两个人仍旧去做各人的事。这个可怕的原理，对于社会是有害的，对于个人是残酷的，这真是万恶的渊薮，我们现在且把它的各方面来说一下罢。

分工的结果是我们所深知道的了。这是很显然的，我们因此被分为两个阶级：一方面是生产者，消费很少，只做体力的工作，被摈在思想以外，因为不用脑力，所以工作也做得不好；他方面是消费者，生产甚少，或者竟然不生产，他们有替别人思想的特权，他们的思想也很不行，因为他们对于那般用手劳动的人的世界，一点都不知道。农业劳动者关于机械，一点都不知道，而机械的劳动者关于农业的事一点都不懂。近世工业的理想，便是叫一个小孩子照应他所不能了解而且也一定不了解的机械。又叫一个工头来监督他，要是他稍不小心，便要立刻受罚。现代工业化的农业的理想，便是完全不要农业的劳动者，只雇用仅会做杂事的人来管理蒸汽犁和打谷机器而已。分工的意思，就是把人一生的命运判定，——有的人在工厂中结绳，有的人做企业中的监工，有的要在煤矿的某一部分推动煤炭车，然而谁也没有关于那个机械、企业、矿坑全体的知识。由此他们毁坏了对于工作的爱好和发明的才能，而这两者实在是近代工业的初期中我们所自夸的机械的创造者。

他们对于个人要这样做，对于各国民也是要这样做。人类被

① Louis Pasteur(1822—1895)，法国化学家，对医学上的贡献也很大。——译者

分为国别的工场，各有它的专门。人说，俄国为自然所限定来生产谷物，英国来纺织棉纱，比利时来织布，瑞士来造就看护妇和女教师。而且各城市也将它的专门工作限定了：里昂织绸缎，奥威尼制花边，巴黎造装饰品。经济学家说，这样做便为生产与消费开拓了一个广大的地盘，而且这样做去，一个为着人类享用的无限的财富的时代便在眼前了。

然而技术的知识一旦普及到外国的时候，这些大希望便消失了。假使永远只有英国一处在纺织棉纱和大规模地做金属工作，永远只有巴黎一处在制造艺术的装饰品，都做得很好，经济学家便可以大谈分工，不会遇到什么反对了。

然而一种思想的新潮流渐渐地使所有的文明国家都来自己制造物品。它们以前都是从外国或自己的殖民地（这些殖民地时时力谋脱离母国的羁绊）输入各种物品，现在觉得在自己国内制造更有利益。科学的发现使生产方法普及，因此，本来在内地很容易生产出来的物品，而要用高价到外国去买，未免太不合算。也没有人愿意再这样做了。分工的理论很久被人相信是极其健全的，现在我们却看见这个工业的革命给了它一个致命的打击了。

第十六章　工业的分散[①]

I

在拿破仑战争以后，英国把在18世纪末叶勃兴的法国的主要工业完全破坏了，而且掌握了海上的霸权，竟成为所向无敌了。它乘着这形势，又知道怎样利用它的特权与便利，以图实利。它建立了工业的独占权，拿只有它独家能够制造的物品去向邻国索取高价，使它的富裕愈见增加。

然而在18世纪的中产阶级革命废除了农奴制，在法国创造出无产阶级之后，那个受到一时挫折的法国工业，又勃兴起来，走向兴隆的气运了。在19世纪的后半期，法国的制造业已可以独立，不再是英国的附庸了。现在法国便成了有数的输出国，每年输出的制造品，其价值已达到六千万镑以上，[②]其中三分之二都是工艺品。法国国内制造输出品的或靠外国贸易生活的人实有三百万之多。

所以法国已经不是英国的从属了。它也极力想获得外国工业的某一部分，如绸缎与现成的衣服之类的独占权，而且已经从此得

① 关于此种思想的更完备的研究，见我的《田园工厂与手工场》，1912年出版。——著者

② 这自然也是从前的统计，下同。——译者

了莫大的利益；然而法国也快要永远地失掉这个独占权了，犹之英国快要永远失掉它的棉纱的独占权一样。

工业东渐，已达到德国。在五十年前，德国所用的属于高等工业的大部分制造品，都是由英、法两国供给的。现在却不是那样了。在过去五十年间，特别自普法战争以来，德国已将它的工业完全改造过了。新设的工厂里都装得有最优良的机械；从曼奇士脱来的棉纱，从里昂来的绸缎等等的最新的工艺品，现在已经能够在德国的新工厂中制造了。在里昂和曼奇士脱，曾经用了两三代的工人的力量才能够创设出来完备的近代机械，德国现在也已完全采用了。德国设立了许多适合工业需要的工艺学校，结果训练出来一批聪明的工人（能够用手腕与脑筋二者劳动的实际的技师）与工厂。德国工业的出发点，便是曼奇士脱和里昂两地经过了五十年的暗中摸索、努力和经验才达到的地点。

德国国内制造业逐渐进步，因之英法两国输入德国的物品便一年一年地减少。到后来不仅在亚洲与非洲，德国是英、法两国的制造品的劲敌，即便在伦敦、巴黎也是如此。一般短见的法国人也许会猛烈地抨击“法兰克福条约”[①]，英国的制造家也许会解释德国与英国竞争的理由，在于铁道关税的无差别，他们只嚣嚣于这个问题的不重要的一方面，而把伟大的历史事实忽略了。然而事实确是如此：从前在英法两国手中的主要工

① 1870年普法两国发生战争，法军大败，拿破仑三世被擒。第二年（1871）1月巴黎陷落，法国被迫与普鲁士订立和平条约，即所谓“法兰克福条约”，除割阿尔萨斯、洛林两省外，法国赔偿普鲁士军费五十亿法郎。和约于1871年5月1日在法兰克福签字。——译者

业，渐向东进，后来到了德国，这正是一个少壮的、富于精力、而且有着聪明的中产阶级的国家，它也渴望着靠外国贸易来增加它的财富。

德意志自从脱离了英、法两国的羁绊之后，已经能够织出自己需用的棉布，制造自己需用的机器——实际，便是制造一切的货物，——这时候，主要的工业在俄国也已有了根基了。俄国的工业还是最近勃兴的，其发展之速很可令人惊异。

在1861年农奴解放的时候，俄国差不多可以说是没有工厂。它所需要的一切机械、铁轨、火车头、上等衣料等都是从西方来的。然而在二十年以后，它便有了八万五千所工厂了。在俄国制造的货物的价值已经增加了四倍。

旧式的机械废除了，现在俄国使用的钢铁全部，铁的四分之三，煤的三分之二，火车头、客车、铁轨的全部和几乎所有的轮船，都是自己制造的。

据一般经济学家说，俄国是应该永久为农业国的，然而俄国现在已急剧地发展为一个工业国了。它在英国订购的物品差不多可以说是没有，在德国订购的也很少。

经济学家说，对这些事实关税应该负责，然而在俄国制造的棉布，却与在伦敦制造的棉布一样，皆以同样的价格出售。资本是不知道什么祖国的，德英两国的资本家带着他们国内的技师和监工同往俄国和波兰去经营制造业，其出品的优良，足与从英国输入的最佳的物品竞争。要是一旦把关税撤废了，制造业只能因此更加得利。近来这些英国的制造家又给那些经营由西欧输入棉布，毛织物等业以一个大的打击。他们在俄国的南部和中部设立起广大的毛织物工厂，装置由布拉福德[①]输入的最完备的机械，因此，现在英、法、奥三国所输入俄国的，只有上等的棉布和毛织物，其余的都在俄国国内制造，地点是在工厂和家庭工业两处。

主要的工业不仅东渐，而且也蔓延及南部半岛。1884 年都灵博览会[②]已足以表明意大利工业品的进步；而且我们也不可不知道法、意两国中产阶级互相嫉视的原因，便是由于他们工业的竞争。西班牙也成了工业国了，同时东欧、波希米亚[③]一跃而为新的工业中心，设置有完备的机械，而且应用最新的科学方法。

我们也可以举出匈牙利的主要工业的迅速进步，然而如果要举例证，还是用巴西来做例子较好些。经济学家断定巴西应该永远栽培棉花，当做原料输出，一方面又从欧洲输入棉布，作为交换。实际上，四十年前巴西仅有九个很可怜的小纺纱厂，纺锤的数目不过三百八十五个。然而现在却有一百六十个纺纱厂了，共有一百五十万个纺锤，五万架织机，每年有五万万码的织物送到市场去。

就是墨西哥，它也能够很好地自己制造棉布，不再从欧洲输入了。至于美国，它已经脱离了欧洲的护持，现在很得意地发展它的制造力到很大的程度了。

然而最足以反对工业国别专门化的显明证据，便是印度。

我们都知道这个理论：欧洲的大国需要殖民地，因为要它们供

① Bradford，英国约克郡的一个城市，毛织物制造业的主要地方，也制造绸缎和天鹅绒。——译者

② 在都灵（Turin）举行，Turin 是意大利西北部 Piemonte 区的首府。——译者

③ Bohemia，捷克西部的一省，最近被希特勒统治的德国占去，成为德国的保护地。——译者

给原料——棉花、羊毛、香料等——给母国。而这母国虽自称把精良的制造品送与它们，实在不过是把损坏的织物，等于废铁的旧机器，以及一切它自己用不着的东西送出去罢了。这些东西，它自身是没有什么价值的，然而它却要用高价来卖给殖民地。

理论便是如此，而且这样已经实行了很久了。伦敦与曼奇士脱积蓄了财富，而印度同时便要破产了。在伦敦的印度博物馆中我们可以看见英国商人从加尔各答、孟买等处收集来的前代未闻的财宝。

然而别的英国商人和资本家则有着简单的思想，以为与其每年从英国输入价值两千万镑，乃至两千四百万镑的货物，不如就在印度本地用土人来制造棉布，更要便利得多。

这些试验起初得到了失败的结果。印度的织工——在他们自己的行业内是熟练的技师——不能够忍耐这种工厂生活；从利物浦运来的机械也是恶劣的，而且气候也有大的关系；那些商人不得不先去适应了新的状态（如今已经完全解决了），然后才可以使英属印度成为像今日那样的母国的劲敌。

印度现在有二百余所纺纱厂，工人共二十三万名，纺锤六百多万个，织机八万多架；此外还有制麻工厂四十所，纺锤四十万个。每年输到中国、荷属印度、非洲的白棉布（向来称为英国的专门制造品）约值八百万镑。当英国工人常常失业，陷于非常贫困的时候，印度的妇女每天得六便士的工钱，在用机器织造那些输到远东各地的棉布。总之，聪明的法国制造家完全明白在不久的将来他们就会不知道应该怎样处置那些从前织造英国输出到各地的棉布的“工厂职工”了。而且这也是显然的：印度将来连一吨的铁也不要从英国输入了。至于使用在印度获得的煤和铁矿的第一困难，也已经除掉了，并且能够和英国竞争的铸铁所已经遍设于印度洋的岸边了。

殖民地以其工业品的生产同母国竞争，这便是可以调整二十世纪的经济的要素。

那么，为什么印度不从事于制造工业呢？有什么障碍呢？资本么？——然而只要有任人掠夺的穷人的地方，便有资本去的。智识么？智识是不承认国界的。工人技术的熟练么？——不，绝不是，难道印度的劳动者还不及现今在英国织物工厂里做工的，成千成万的[①]不到十八岁的青年男女么？

II

我们略略看了各国的工业以后，再来观察某一些特别的部门，是很有趣味的。

例如绸缎是19世纪前半期法国的重要产物。我们都知道里昂是怎样成了绸缎业的中心市场。起初制造绸缎的生丝是从法国南部来的，后来渐渐地从意大利、西班牙、奥地利、高加索、日本等处购来。1875年在里昂附近制造绸缎用的五百万基罗[②]生丝内，只有四十万基罗是法国出产的。然而要是里昂可以用输入的生丝做绸缎，为什么瑞士、德国、俄国又不能够同样地制造呢？果然，楚利克附近村落的绸缎工业也发达起来了。伯勒已经成了绸缎贸易

① 法文本和德文译本都作九万二千人。——译者

② 即 Kilogramme，法国重量名，即一千克。——译者

的一个大中心点。高加索地方行政机关也从马赛雇妇女，从里昂雇工人，来教乔治亚人以完善的养蚕法，教高加索农民织绸缎的技术。奥地利也仿效这种方法。德国得到里昂工人的帮助，也建立了织绸缎的大工厂。而美国在巴脱孙[①]，也做了这同样的事业。

现在绸缎业已不再是法国的独占业了。德国、奥国、美国、英国都能够自己织造绸缎，而且现在法国所用的绸缎的三分之一还是从外面输入的，高加索的农民在冬季织造绸手帕所得的工钱，还不够里昂的织绸工人的生活费。意大利和德国也把绸缎输到法国；里昂在1870年到1874年，输出四亿六千万法郎的绸缎，而现在的输出额却仅有从前那个数目的一半。说实在的，在不久的将来，里昂就会只送上等物品和新样式的东西到德国、俄国、日本去作为标本而已。

而且在所有的工业中，都是这样。比利时已经失去了呢绒的独占权；俄、奥、美各国也在制造呢绒了。瑞士及法国犹拉地方[②]已经不能够再握着钟表业的独占权；钟表在任何地方都可以制造了。苏格兰也不再把精制的砂糖输到俄国去了；而俄国的精制的砂糖反而送了到英国来。意大利虽然没有铁和煤，却也能够制造自己的铁甲舰和轮船机器了。化学工业不再是英国的独占了；甚至在俄国乌拉地方也可以制造硫酸和曹达。在温特图尔[③]制造的

① Paterson是美国新泽西州（New Jersey）的东北部的城市，居民共十余万。——译者

② Jura山脉在法国与瑞士间。犹拉省则是法国的省份，名称就是从犹拉山脉得来的。——译者

③ Winterthur，瑞士国，楚利克的城市，铁路的中心，是制造火车头和机器的重要地方；也出产棉织物和酒。——译者

蒸汽机,曾博得世界的好评;现在便是那个既没有铁又没有煤的瑞士,靠着它的优秀的工业学校,也能够制造出比英国的更优良而且价廉的机械来。交易的理论便这样地消灭了。

商业的趋势也同所有其他的东西一样,向着分散的方面走去。

任何国民都知道把农业和许多不同种类的工厂结合起来是有利益的。经济学家所喋喋不休称赞的专门的分工,确实增加过资本家的富裕,但是现在却已归于无用了。反之,如果各地方、各国民自己生产他们所需要的小麦、菜蔬、自己制造他们所消费的全部物品,对于他们自己是很有利的。这样的种类加多,便是以相互的协作达到生产的完全发展之最确实的保证,而且是进步的动因;至于专门的分工则为进步的阻碍。

农业要接近工厂,才能够繁盛。当一个工厂成立时,它的附近必须即刻成立其他各种的工厂,这样地互相帮助,互相以发明来鼓励,它们便可以增加它们的生产力了。

III

一面输出小麦,一面输入面粉;输出羊毛,而输入呢绒;输出铁,而输入机械:这真是极其愚蠢的事。不仅因为运输是要耗费金钱和时间的,而且我们特别注重的是:工业不发达的国家,在农业方面也是要落伍的;不能够炼钢铁的国家,它的其他的工业也是只有退后的;而且假使一个国家不从事于各种不同的工业,来训练它的国民的工业和技术的能力,那么,此等能力也永远不会发达。

在现今的生产世界中,一切事物都是分离不开的。要是没有机械,没有大的灌溉力,没有铁道,没有肥料制造所,土地的耕种也是不能成功的。而且要使机械、铁道、灌溉机等等适应地方的状态，必须先发展若干发明的精神、若干技术的熟练不可，然而在这种只用锄和锹做耕具的时候，此等精神和技术是异常缺乏的。

假使田地的耕种得宜，而且能够产出我们可以正当期待的丰富的收获，最重要的还是在这些田地的附近能够有工厂、制造所、铸铁所建立，而且发展起来。种种不同的职业，种种不同的技艺，皆由此勃兴了，它们协同地为着一个共同的目标尽力——这些便是进步的真正力量。

我们现在想象着某一个都市或一个地方（不论大小）的居民第一次向社会革命的路上走去。

常常有人告诉我们说："一点也不会变更的。矿山，工厂等都被没收为国有，或社会共有，各人仍旧回去做他原来的工作，革命这时就完成了。"

然而这不过是一场梦：社会革命的发生绝不能是如此简单。

我们已经说过，如果一旦革命在巴黎、里昂或其他任何都市爆发了，——如果工人占领了工厂、房屋、银行等，那么，现在的生产，便会被这简单事实完全革命化的。

国际贸易将完全停止；外国输入的面粉也停止了；货物与食物的流通也停滞了。于是这个革命的都市便不得不由自己供给，改造生产来满足自己的需要。倘使它不能够做到这样，便只有走向灭亡之一途。倘使它能够成功，它就会使全国的经济生活成为革命化。

粮食的输入额减少，而消费却增加了，制造输出品的一百万巴黎工人又失了业，这时从远近各国输入的货物又未运到，装饰品业也暂时停顿——那么，在革命后六个月之间，人民拿什么东西来吃呢？

我们想，在存贮粮食的仓库空虚了的时候，民众便会想法从土地上面获取食物。他们会知道耕田的必要，把巴黎及其附近的农业生产与工业生产联合起来的必要，他们会把制造装饰品业置诸不问，而先来想法满足最迫切的需要——面包。

大多数的都市的居民都会变成农业者了。自然，并不像现在的农夫那样，弄得筋疲力尽，才能够获得一年中的粮食；他们要依照市场园艺家和集约农法的原则，大规模地使用已发明及将来可发明的最良机械。他们要耕种土地，然而却不像乡间的牛马——这样的事一个巴黎的珠宝商也会反对的。他们会依据更优良的原则来改造耕作法；这件事不必在将来，便是在革命斗争的时期中，为避免被敌人征服起见，也要即刻做到的。

假使那些聪明的男女利用他们现在的经验高高兴兴地团结起来，同做愉快的工作，他们从事农业工作的时候，恰像百余年前在巴黎大校场（Champs de Mars）中为着联合大祭日（Fête de la Fédération）①工作的人们一样。如果劳动不是过度的，又受着科

① 这是法国大革命时期中的事。“联合大祭日”在1790年7月14日举行。据克鲁泡特金说：“这是历史上最美丽的民众节日之一。……它还有一个显著的特点。为着这个节日的准备，还有一些必需的工作，如平土、建造台阶、建筑凯旋门。离节日还只有八天了，眼看着做这些工作的一万五千个工人不能按时完成它。——有个不出名的人，便提议说每个人都应该到大校场去做工，于是全巴黎的人不论贫富，艺术家和劳动者，教士和兵丁，大家都高高兴兴地到那里去工作。从各省来的几千个代表所代表的法国在挖地时便发现了它的国民的统一。”（见《法兰西大革命史》，第23章）。——译者

学的安排，人人能够发明和改良他的器具，而且意识到自己是社会中的一个有用的分子，那么，劳动便是愉快的。

自然，他们并不专种燕麦和小麦——从前在外国订购的物品，现在他们也要自己制造了。我们还要记着在发动革命的地方的人民看来，那些不加入革命运动的地方，也应该列在“外国的部分”内。在1793年及1871年革命的时期中，巴黎不得不把靠近城门的郊外地方也当做“外国的部分”。1793—1794年特鲁瓦[1]的谷物投机者曾使巴黎的“无裤党”[2]受到绝大的饥饿，甚至还要比凡尔赛的阴谋者所引进法国的德军给予他们（指“无裤党”）的打击更要厉害得多。所以革命的都市必须不依赖“外人”而靠着自己，为什么不靠自己呢？当法国被大陆诸国封锁，缺乏甘蔗糖的时候，便会发明甜菜糖来代替。巴黎人民不能够获得小国输入的硝石的时候，他们便在自己的土窖里发现了它。难道我们还不如那些连科学的最初的言语也弄不清楚的我们的祖先么？

革命不仅是现在政治制度的变革而已。革命应包含着人类智慧的觉醒，以及发明精神之十倍乃至百倍的增进；这是新科学——像拉普拉斯、拉马克、拉华西[3]那样的人的科学——的曙光。不仅

① Troyes，法国在塞纳河上的一个城市，在巴黎的东南，出产物有麦、菜蔬、酒、猪肉等等。——译者

② 克鲁泡特金在《秩序》一文中说过：“1793年的无裤党是那时平民革命的敌人给予革命者的绰号。”“无裤党”其实应该译作“无短裤党”，因为那时的革命者不穿短裤，而改穿长裤，贵族们便称他们做“无短裤党”。这名称后来就成为与爱国者同意义的了。——译者

③ P. S. Laplace（1749—1827），法国天文学和数学家。J. B. Lamarck（1744—1829），法国博物学家。Antoine Lavoisier（1743—1794），法国化学家。这三个人对于科学都有极大的贡献。——译者

是制度的革命，而且是更深刻的人类头脑的革命。

可是还有经济学家向我们说，在“革命成功之后”每个人都要回到从前的工厂里去，好像经过革命，不过与在枫丹白露[1]树林散步之后回到家里一样。

第一，所谓攫取中产阶级的财产必须含有将工厂、制造所、造船所中的全部经济生活完全改造。

革命是必须向着这方面行动的。如果巴黎在社会革命的时期中，被中产阶级统治的拥护者把它和世界的交通截断了一两年，那么城内不曾被工厂生活所毁坏的数百万有智力的人民——那个鼓励发明精神的小工业都市——不要外面的帮助，只靠着那放射光线的太阳的原动力，扫清一切不洁物的风力，以及在我们所践踏的地中劳动着的沉默的活力，便可以把人的脑筋所能够成就的什么样的事业表现出来。

我们会看见聚在一个地方，互相补助，而且受到革命鼓舞的各种各样职业的合作能够使几百万聪明的人都得到衣食住，以及一切种类的奢侈品之供给。

我们也用不着写一部小说来证明这个。我们所已知道的，已经实验过而且认为可行的，就足以使它变成真的事实，不过还有一个条件，便是：应该由革命的大胆的鼓吹和民众的自发的冲动使这个计划成为丰富而活泼。

① Fontainebleau 在巴黎东南，有风景优美的树林。英文本作 Epping Forest（爱平树林），是英国的名胜和游览地方，在英国东南部，属爱色克斯（Essex）。——译者

第十七章　农业

I

经济学常常被人非难为从一个分明虚伪的原理中演绎出一切的，这原理即是：驱使人们增进其生产力的唯一刺激物乃是最狭义的个人一身的利益。

这种非难是完全不错的；我们如果想到在工业的大发明和大进步的时代中，人们都在追求万人的幸福，而少有顾及一己的富裕，那么，我们会更觉得这是不错的了。从来伟大的科学研究者和发明家都是特别以谋人类的较大自由为目的的。假使瓦特、斯蒂芬森，雅加尔[①]等人当初能够预料到他们夜以继日苦心研究的结果，会使无数的劳动者陷于悲惨的苦境，那么他们一定要焚毁他们的计划书，毁坏他们的模型了。

此外在经济学中还有一个通行的原理，也是一样虚伪的。这是一般经济学家所共同默认的：纵然在某一部门中发现了生产过剩的现象，社会仍还没有充足的生产品以满足一切人的需要，因此人们不卖他们的劳力去求工钱的日子是永不会来到的。此种默认

① J.-M. Jacquard(1752—1834)，法国机械学者与发明家，曾发明“雅加尔织机”，被称为工业机器的最优美的发明之一。——译者

是建立在经济学家所倡导的一切所谓“法则”和学说的基础上面的。

而且当任何文明的个人团体着手来研究这个问题：万人的需要是什么？要用什么手段才能满足这些需要？这时候他们定会明白在工业中与在农业中一样，已经有着很充足的物品足以应万人的需要了，只要他们知道怎样应用它们来满足真正的需要。

关于工业，这是十分确实，没有人可以否认的。我们只要调查大工业中挖取煤炭和矿物，铸炼钢铁，以及大规模地制造用于衣着等上面的物品等等所取的方法，我们便可以看见生产额已经能够增加到四倍以上，而同时劳动则较我们现在所耗费的更少。

我们再进一步说，农业和工业的情形也是一样的。农业劳动者和工业劳动者一样，已经能够增加他们的生产额不仅到四倍，而且还要到十倍以上；只要他们觉得有实行这个的必要——只要社会主义的劳动组织建立起来代替了资本主义制度，他们立刻可以这样实行的。

世人说到农业，无论什么时候，总想到一个农夫拿着锄，弯着腰，拿一些没有好好选择的种子随便撒在地上，于是焦急地等候着好的或不好的季节给他带来的收获；他们又想象到那自朝至夕劳苦不息而所得的报酬不过是粗拙的床、干的面包、劣质的饮料的农民家族。总之，他们简直在描画拉布律耶[①]的所谓“野兽”了。

① Jean de la Bruyère(1645—1696)，法国道德家。他把人描画成一个生性就不正、忘恩，而且冷酷无情的利己主义者。——译者

对于这些沉溺在如此苦海中的人，社会所提出的最上的救济方法，不过是减轻他们的租税和地租罢了。至于说使耕田者直立起来，每天得有闲暇的时间，而且只做几小时的工作，就可以产出不仅养活他一家，并且至少足以养活百余人的粮食，——这样的事，甚至大多数的社会改革论者也还不敢想到的。一般社会主义者的最热烈的未来的梦想，也还脱不了美国式的粗放耕作法的范围，这种耕作法不过是农业技术的幼稚期罢了。

然而有头脑的农业家现在已有更广大的理想了，——他的计划的范围更扩大了。他只要求一英亩的地面，便可以生产出供他一家取用的菜蔬了；养二十五头牛羊所需要的地面，并不比从前养一头时所需的地面宽广；他的目的是要自己制造土壤，并不去管季节和气候，只把那些嫩植物四周的空气和土壤都弄得很温和；总之，从前在五十英亩田地中的收获物，现在要在这一英亩中生产出来，不但没有何等过度的疲劳——反而会大大地减少从前的劳动量。他知道为着养活所有的人的缘故，各人在田地上劳动的时间并不要许多，正好是各人能够快快乐乐地安排的。

这便是现代农业的倾向了。

化学农业论的创始人里比希[①]一流的科学家，因为偏爱学理，往往走入谬误之途，而目不识丁的农业家却开辟了到繁荣的新路。巴黎、多罗瓦、卢昂的市场园艺家，苏格兰、英格兰的园艺家，弗兰

① Justus Von Liebig(1803—1873)，德国化学家。——译者

特[1]的农人，郎巴底[2]的农夫，泽西岛与格恩西岛[3]的农民，细利群岛[4]的农夫等等已经打开了极大的地平线，但是许多人都还不敢接近它们。以前一个农家靠着土地的出产过活，至少需要十七英亩乃至二十英亩才够（农民怎样生活这是我们所知道的）；但是在今天如果依照集约的农法来耕种土地，那么我们再不能够说什么是可以生产一个家族的一切必需品（甚至奢侈品也可以包含在内）的最小地面了。因为那时出产的丰饶，绝不是我们所能够想象到的。

在二十年前（法文本作十年前）人们已确定地承认英国的三千万人口，[5]只靠着国内生产的物品，不从外国输入什么东西，便能够生活得很好了。然而现在我们看见法、德、英三国近来的进步，又考究了那个在我们眼前展开的新地平线，我们可以说不管土地如何瘠瘦，只要用现在许多地方已经采用了的那种耕种法来耕种它们，那么，这五六千万的英帝国人民，和土地的生产物比较起来还是相差很远呢！

无论如何（我们将在后面讨论），我们且认定这是绝对证明了的：假使明天巴黎和塞纳与塞纳—瓦兹两省一旦组织成一个**无政**

---

① 这里指说 Flemish 语的比利时人。古弗兰特的土地如今分属于法、比、荷三国。——译者

② 郎巴底（Lombardy），在意大利北部的一区。——译者

③ Jersey 与 Guernsey 是英属 Channel Islands（又称诺尔曼群岛）中两个最大的岛。出产大量的果物、鲜花和菜蔬，供给英国本部消费。——译者

④ Scilly Isles，属英国，大部分居民以养花种菜为业，销售处为伦敦市场。——译者

⑤ 据 1931 年统计英国人口共有四千六百多万（46,041,485）。——译者

府主义的公社，万人都来用手劳动，不要外国输入一英斗小麦，一头家畜，一篮果物，他们只有这两省的土地，然而他们不仅能够产出他们所需要的一切谷物、肉类和菜蔬，甚至一切现在所视为奢侈品的食物也可以生产出来的。

而且我们还要肯定说，这种劳动的总量比较现在拿在奥威尼与俄罗斯收获的谷物，用粗放农法在各处生产得很少的菜蔬，和南部地方生产的果物，来供给这两省人民所耗费的劳动总量却少得多。

不用说，我们并不想把一切的交易完全禁止，也不要把那些只能在一定的季节和气候中生产的东西，在每个区域里都用多少人工的耕种法生产出来。然而我们要人注意现在人们所了解的交易的理论，——"交易常常无用而且有害"，是过于夸张的。而且我们还可以断言关于法国南部的葡萄栽培者以及俄罗斯、匈牙利等国的谷物生产者等的那种何等辛苦的劳作，世人并没有一个正确的观念。事实上倘使那些生产者废弃了现在所采用的粗放农法，而代以集约农法，则此种过度的劳动也可以因之而节省了。

II

在这里我不能把我们的主张所根据的许多事实一一列举出来。对于那些愿意更进一步研究的人，我应该把我的另一部著作：《田园工厂与手工场》介绍给他们。我特别劝对于这个问题有兴趣的诸位去读法国和其他各国出版的几种好书，书目附在本书卷未（见附录一）。至于大城市中的居民，对于农业的实际情形如果还没有真实的观念，那么我劝他们去考察附近的市场农园。他们只要去观察，去访问园艺家，他们就会看见一个新的世界在他们的眼前出现了。于是他们更能够看出欧洲的农业在二十世纪中应当如何了；而且他们会了解当我们知道从土地中取出我们所需要的一切的秘诀以后，社会革命就会得到如何强有力的武装了。

我们只要举出几件事实便足以证明我们的主张，决不是夸大的。我们且先来大体地讨论一下。

欧洲农业陷在何等悲惨的状态中，我们是知道的了。土地耕作者纵不为地主所劫掠，亦必为国家所榨取。假使国家的赋税偶然减轻了一点，放债的人又会拿借据或期票来束缚他们，使他们不久就变成某银行团体的土地的佃户了。地主、国家、银行家用地租、赋税、利息三种东西来抢劫他们。劫去的数目，在各国虽是多寡不同，然而从来没有在收获物四分之一以下的，大概总要到收获的半数。在法国与意大利的农业家近来缴纳给国家的，竟到总出产额的百分之四十四。

而且地主和国家的所得是一天一天地增加的。如果耕作者以极其勤勉的劳动、发明或首创精神使生产额大为增加，于是他应该献与地主、国家、银行家的贡物，也要比例地增加了。假使每英亩的收获增加了一倍，同时地租也要增加一倍，赋税也要增加一倍，倘使售价腾贵，则国家更要增加赋税。其他亦以此为标准。总之，无论何处，土地的耕种者每日总要做十二小时到十六小时的工；这三个秃鹰便把所有他可以贮蓄起来的东西全都攫去了；凡是能够帮助他改良耕作的一切东西，都被他们攫去了。这便是农业进步如此迟缓的原因。

耕作者只能偶尔有一点进步，这是在特殊的地方，特殊的情形下，趁着那三个吸血鬼中间起了内讧的时候，才可以做到的。并且我们尚未说到各个耕作者付给制造家的贡税。每架机器、每把锄锹、每桶化学肥料，卖给他时所索的价格总要较实价高三四倍。此外，我们不要忘记还有那个中间人（经纪人）要在土地的生产物中征收多额的税金。

在像现今这样的发明与进步的世纪中，农业却只能够在有限的地域里，偶尔得到一点改良，原因就在这里了。

幸而我们还有那些鹰眼所看不到的沙漠中的沃地；在那里我们可以知道集约农法能够为人类生产的东西究竟有多少。我们且举出几个例子。

在美国平原（那里只有春季的小麦收成，一英亩可以收到七英斗至十五英斗，而且常常会遭受定期的洪水的损害）只要用五百人，工作八个月，便能够产出五万人一年间所需要的食料。有了最近三年的改良，则一个人一年间（以三百日计算）的劳动，便能生产出（磨成面粉在芝加哥交付）二百五十个人一年的食料了。这个结果是从手腕劳动的绝大的节省得来的：即在那些一望无涯的大平原上，无论耕种，收割，打谷，差不多都是依着军队式的组织的。无益的各处奔跑，是没有的；浪费时间的事，也是没有的——一切都做得很整齐，就像军队行列那样的整齐。

这是大规模的农业——粗放农法，只取天然沃土，并不想加以改良。倘使这一块土地的生产限量告竭，他们便舍弃它而移到别的新地上去，又要把这地方的生产量取尽。然而这中间也有所谓“集约”农法，即是以机械来从事工作的，而且以后会逐渐加多机械的使用。它的目的是要把一块限定的地方耕作得很好，施以肥料，加以改良，集中工作以求得到可能限度内的最大收成。此种耕作法年年向各处蔓延，在法国南部和美国西部沃野中的农民，用粗放耕作法，平均每年每英亩可以收得十一英斗至十五英斗，他们便以为满足了；而在法国北部则一英亩照例可以有三十九英斗，甚或五十英斗的收获，有时甚至可以得到六十英斗的。还要不到四分之一英亩的地面，便可以产出一个人一年间的消费品了。

耕作法愈集约，则因生产小麦所费的劳力亦愈节省。倘使能在预备工作上和土地必需的改良上（排水，取除石块等等）均以机械来代替人力，那么将来永远可以得到加倍的收获。假使是普通的田地，不施肥料，也不要其他的什么工作，只要能把杂草除得干干净净，就可以年年丰收了。这在英国希尔福郡的罗散斯德[1]内，已继续实行了四十年了。

我们不要写什么农业的小说，然而我却希望每英亩土地生产出四十四英斗的收获。这并不需要什么特别的沃地，只要施以合理的耕作便够了；我们现在来看看这种耕作法是什么？

塞纳和塞纳—瓦兹两省的居民共有三百六十万，他们的食料每年约需二千二百万英斗的谷物（以小麦为主）；依我们推测，他们要收获这些生产物，则在他们所有的一百五十万七千三百英亩的土地中，非耕作四十九万四千二百英亩不可。当然他们不再用锄锹耕作了，因为用锄锹耕作要费极长的时间，一日劳动五小时，共

① Rothamstead是英国诺斯勋爵（B. Lawes，1814—1900）的田地。诺斯曾在他的田地上做过多种农业的实验。关于这事的书籍除克鲁泡特金在“附录”中所举出的一种外，尚有海尔（Hall）的《罗散斯德实验记》（The Book of Rothamstead Experiments）。——译者

要九十六日，才能够耕出一英亩的田地。那么，不如一次就把全部土地改良——应排水者排水，应坦平者坦平，还要把石块去除干净，纵然这种预备工作需要五百万日的劳动(每日五小时)，算起来平均一英亩也不过需要十天的劳动罢了。

于是他们用蒸汽犁来锄田，一英亩只费时一日又五分之三，再耕第二次，每英亩也只需要一日又五分之三。种子也不是胡乱无定地集在一处，而是用蒸汽选种机选拔过的，播种时是要整整齐齐一列一列的，不是像随风吹散到四方那样。假使这种工作是在良好的情形下面做的，全体合计起来，每日做工五小时，每英亩还要不到十天呢。然而倘使在三四年中间花费了一千万日的劳动于良好的耕作，那么，后来虽把劳动时间减少一半，也能够在一英亩中得到四十四英斗乃至五十五英斗的收获了。

如此，要供给这三百六十万居民所需要的面包，只需要一千五百万日的劳动便够了。而且这样的工作虽是没有铜铁一般的筋骨的人，或者从来不曾在田地上劳动过的人，也都可以做的。至于创意和工作之一般的分配，却非由熟悉土地的人来做不可。若说到工作本身，则住在都市中的男女学习了几小时以后，绝不会连照应机械和田地工作的一部分都做不来的。

当我们想到在现今的混沌中，在像巴黎那样的都市里面，除去上流阶级的游民外，还有十万内外的各种职业的失业工人，那么，我们会知道单是在现社会组织中白白失掉的人力，若用之于合理的耕作，便足以产出这两省的三四百万居民必需的面包。

我们现在还要再说一遍，这并不是在做梦，而且这时我们尚未说到真正的集约农法。我们还没有拿小麦来作根据，依着哈勒特先生的三年中间的实验，小麦一粒，再种下去，便可以生产五千乃至六千粒，有时甚至可以得到一万粒；五口之家有一百二十方码的土地，一年所必需的面包便够了。反之，我们却只说法、英、比等国的许多农夫所已经实行而得到成功的，以及依今日大规模的实验所得的知识与经验，可以在明天做得到的事情而已。

然而要是不经过一次革命，不说明天，便到了后天以及以后的许多天，这也是不能实行的，因为这是对资本家，地主等没有利益的；并且因为那些知道他们的利益就在这一点的农夫自己既没有知识，又没有金钱，更没有时间，来取得实行这个所必需的一切东西。

现在的社会还未达到这个程度。不过要是巴黎人民起来宣告成立无政府主义的公社，他们一定会向着这个方向走的，因为他们绝不会愚蠢到那样的地步，还继续着制造奢侈的玩具（维也纳、华沙、柏林等处也已经在制造这种东西）去冒面包缺乏的危险了。

而且，农业工作如果得着机械的帮助，就会立刻变成一切职业中最有趣味的最快乐的了。

他们要说："我们已经有很多的珠宝了，很多的玩偶的衣服了，现在正是劳动者借农业来修养体力，贯注元气，玩味自然，寻求人生的快乐的好时机了，——这些都是他们在附近城市的黑暗工厂中，久已忘去了的事情。"

在中世纪的时候，瑞士人脱去了王侯的羁绊，与其说是靠着枪炮的力量，不如说是靠阿尔普斯一带牧野的力量更恰当。近代的农业会帮助一个革命的都市，来打破资产阶级联合的势力，而取得自由。

III

我们已经看见巴黎附近两省的三百五六十万居民是如何只要把他们所有土地的三分之一加以耕种，便可以得到足以供给他们的需要的面包了。现在我们来讨论牲畜的问题。

即便是食肉最多的英国人，他们的消费量平均也不过一个成年人一年二百二十磅罢了。假定吃的都是牡牛，则一个人还吃不到一头牛的三分之一。五个人(小孩在内)每年吃一头牛便很够了。如此，则三百五六十万居民每年的消费量也不过是七十万头牛而已。

以现在的牧场组织，养六十六万头牛，至少也需要五百万英亩的土地。平均每头牛需九英亩。然而如果换以泉流湿润恰到适度的草原(如在法国西部的数千英亩中近来所实行的)，则只要一百二十五万英亩便够了。如果再实行集约农法培养甜菜根以充秣草，则只要其四分之一，即三十一万英亩，便绰绰有余了。要是我们更用玉蜀黍，且实行阿拉伯人保藏秣草的方法(于秣草青时便割而压榨之)，则有二十一万七千五百英亩的土地，便可以得到十分充足的秣粮了。

米兰[①]附近地方，向来用沟渠的污水灌溉的田地，共有二万二千英亩，每英亩所生的秣草，只足以养二三头乳牛；而在别的两三处良好的田地上，只要十英亩便可收获一百七十七吨干草，可供三十六头挤乳的母牛一年的食料。在现在牧场组织之下，养一头牛

① Milan是意大利北部郎巴底区的一省，人口一百七十余万。——译者

需要着九英亩的土地，而在新式制度之下，养九头牛也只要二英亩半的土地便够了。这正是近代农业中两个相反对的极端。

在格恩西岛的已开垦的九千八百八十四英亩的土地中，差不多有一半（四千六百九十五英亩）是被谷物和菜蔬掩蔽了的；只有五千一百八十九英亩还是牧场。而在此五千一百八十九英亩中，却饲养着一千四百八十匹马，七千二百六十头牛，九百只羊，四千二百口猪；若把羊、猪等不算在内，平均每两英亩地可养三头以上的牛。不用说，这些土地的膏腴自然是用海藻和化学肥料造出来的。

返回来再说巴黎及其附近的三百五六十万居民，我们可以看出他们饲养牲畜所需要的土地，已经从五百万英亩减到十九万七千英亩了。但是我们不要就拿这个最低的数目作根据，我们还是以实行普通的集约耕作法所得的数目做标准，而且我们还要宽放地划出一部分土地，去饲养可以代替牛的小牲畜，譬如我们就在供给了众人的面包之后余下的一百零一万三千英亩的土地中，拿出三十九万五千英亩——要是你们愿意，四十九万四千英亩也可以——，来作为饲养这些小牲畜所需要的土地。

我们就慷慨一点，暂把使这些土地变成生产的状态，所需要的工作时间，定作五百万日。

只要在一年以内，用了二千万日的劳动（其中一半是用在永久的改良方面的），我们众人部可以得到充足的面包与肉类了，至于家禽、猪兔等肉还不算在内；而且还不曾把那些有了上等菜蔬和果物，因之消费的肉量较少的人算在里面。这些人消费的肉量实在比英国人消费的少得多，英国人因为没有充足的菜蔬，故以肉类来补充。试把这二千万日的劳动(一日五小时)分配起来,一个人究竟应该担负多少呢?实在少得很。在三百五六十万的人口中,至少有一百二十万个壮丁,而且还有同样多的能够做工的妇女。那么,要使众人都得到面包和肉类,一天做工五小时,每人每年只做工十七日便够了。如果说因挤牛乳又要加上三百万日,甚或六百万日的劳动,总共平均起来,每人每年只要劳动二十五日(而且这种工作简直是愉快的田间的运动),他们的三种主要的食物就都不会缺乏了,在现时这三种食物正是十分之九的当家的人天天焦虑着的东西。

我们又要来说一遍,这不是梦想。我们所说的尽是用大规模的实验所已做到或正在做着的一切。只要财产法和一般人的愚昧不来加以反对,在明天农业便可以依照这个方针而改造了。

当巴黎人民明白:消费何种食物及如何生产此等食物,这是一个公众利益的问题的时候,而且任何人都知道这个问题比较现时在议会中所讨论的一切重要得多的时候,——那么,革命便会实现了。巴黎人民会将两省占领而且来耕种它们。巴黎的劳动者为着购取那粗恶而且不足的食物的缘故,耗费了他的生涯的三分之一从事辛苦的劳动,现在要在他的城堡(假使那时还有)的围绕中,他的墙壁之下,自己来生产他需要的食物,每天不过做两三小时的卫生的和有趣的工作。

我们再来说到菜蔬和果物。我们且走到巴黎郊外去参观一个市场园艺家的设备。这个市场园艺家在离那些学院不过两三公里的地方,居然成就了不可思议的奇迹(这是一般的经济学家所不曾知道的)。

譬如说我们所拜访的是一位彭斯先生，他是某一本关于市场园艺的书籍的著者（见附录一），他把土地所给与他的一切，完全公布于世，绝对不曾守着丝毫的秘密。

彭斯先生，尤其他的工人，都辛苦地像黑奴一般地劳动着。八个人耕种了二英亩又十分之七的地坪，他们每天劳动十二小时乃至十五小时，即较实际必要的劳动多了三倍。他们共有二十四个人，并不算多。不过彭斯会告诉我们，他为着这一点地每年必须纳两千五百法郎的地租，他从兵营那里买肥料，又需要付两千五百法郎，既然花了这样可惊的巨款，他便不能不掠夺工人了。他一定会这样地说："我被人家掠夺了，我也要来掠夺别人。"他开始这个事业的时候，设备费等就使他花费了三万法郎，其中大半都是送到工业界的高等游民的手里去了的。实际上，这个设备所费的劳动时间最多还不到三千日。

据我们调查他的收获：十吨内外的胡萝卜，十吨内外的洋葱、萝卜、野菜，六千颗洋白菜，三千颗花椰菜，五千篮番茄，五千打上等果物，十五万四千颗生菜；总之，即从一百二十码长一百零九码宽的二英亩又十分之七的地中，要生出一百二十三吨的菜蔬和果物，平均一英亩可以生出四十四吨以上的菜蔬。

然而每人每年所吃的菜蔬和果物至多不过六百六十磅；有了二英亩半的市场农园，便能够供给三百五十个壮丁一年中间食桌上极丰富的菜蔬了。因此，只用二十四个人来耕种这二英亩又十分之七的地坪，每日劳动五小时，只须劳动一年，便能够生产出供给三百五十个壮丁的十分充足的果物和菜蔬。这三百五十个壮丁至少可以等于五百个普通的人。

又从别一方面看:像彭斯那样地耕作,——现在已经有超过他的成绩的了——那三百五十个壮丁每年只劳动一百零三小时,便足以产出五百个人所必需的菜蔬和果物。

这样的生产决不是例外的。在巴黎,五千个市场园艺家在二千二百二十英亩的土地上便常常得着这样的结果。然而因为平均每英亩地须纳三十二镑的地租所以这些市场园艺家现在便陷于牛马一样的惨状中了。

难道这些人人都能够确证的事实,还不足以证明一万七千三百英亩的土地(由留给我们的五十一万九千英亩中划出的),可以供给我们这两省的三百五六十万居民之一切必要的蔬菜和丰富的果物么?

至于生产这些果物和菜蔬所必需的劳动,我们若以市场园艺家的工作为标准而计算,一天劳动五小时,不过五千万日而已,即是每个壮丁劳动五十日。如果采用泽西岛和格恩西岛两地所流行的耕作法,还可以减省一些劳力。我们还要记着巴黎的市场园艺家因为要缴纳那高无伦比的地租,便不能不生产先于季节的果物,以求售得高价,因此他们便要更加勤苦;而且这种耕作法所需要的劳动,比较生产平常的菜蔬和果物所需的更要多。巴黎的市场园艺家因为没有供给他的农园多额费用的力量,加之又不得不出高价去买玻璃、木材、铁、煤炭等,所以他们虽然知道温室中取热费用较少,也只得仍旧从肥料中取人工的温度。

IV

如今的市场园艺家为了要得到他们的可惊的收获的缘故,便不得不变成了一种机械，而摒弃了一切人生的快乐。然而这些辛苦劳动的人，对于人类确实有过了一个大的贡献，即是教我们知道，土壤是可以“用工人制造”的，他们用肥料的暖床制造土壤，这肥料的暖床对于植物的苗和早生的果物所必需的温热是已经有了功效的；他们制造出的土壤是很多的，如果不分卖出去，则农园的地面每年要增高一英寸。他们制造土壤的成绩是极其良好的（巴拉尔[①]在他的《农业字典》中一篇关于市场园艺的论文里这样告诉过我们），所以近时的契约中规定着，倘使市场园艺家离开他现在的地方迁往别处的时候，他可以把他的土壤带去。肥土是要和各种器具，玻璃架子一同放在车里运去的，——这便是实际耕作者对于李嘉图之流的博识议论（认定地租是均平土地的天然利益的一个方法）的答辩。“土壤的价值与人的价值相等。”这便是园艺家的格言了。

然而巴黎和卢昂的市场园艺家，倘使要得到与格恩西岛或英国本部的同类劳动者所得的同样的结果，则必须比较他们更加三倍地勤苦。因为那些人把工业应用到农业上，用温室的方法，更进而制造气候。

在五十年前，温室不过是富贵人家独享的奢侈品。它的用处只是培养外国植物，供有钱的人娱乐；但是现在却渐渐地为一般人使用了。近来在泽西岛和格恩西岛一个大工业已经勃兴起来，在这两个地方有几百英亩的土地是用玻璃罩着的——还不曾算入其

① ①J. -A. Barral（1819—1884），法国化学家与农学家。——译者

他各地小农园中无数的小温室。又在威孙[1](在1912年共有一百零三英亩),在伦敦郊外,和在其他几处英格兰、苏格兰的地方,几英亩几英亩的温室正在不断地建造呢!

它们的建筑是有各种性质的:最上等的用花岗石作墙壁,下等的是用木板和玻璃架子制的,仅足以蔽风雨而已;像后者的建筑费,纵然加上应纳予资本家、经纪人等的各项费用,现在算来,总共也不过是玻璃罩着的每一方码,不到三先令六便士。一年中大概至少暖三四个月,而且还有全不需要热的冷的花房,也能产出优良的出品,——自然,不是葡萄和热带植物,而是马铃薯、胡萝卜、豆子、番茄等物。

人用这种方法便可以脱离气候的束缚了,同时像用暖床那样辛苦的劳动也可以免掉了,一方面肥料可以节省,一方面工作也可以节省。每一英亩中用三个人,每个人一星期的劳动不到六十小时,从前要有几英亩的土地才能够产出的东西,现在在这极小的地方便生产出来了。

这一切近代耕作法的进步的结果,即是,如果某一个都市的壮丁的半数工作了五十天(每日五小时),来培养不合季节的最新鲜的菜蔬和果物,那么,他们便可以供给这个都市全人口一年所需要的此类菜蔬和果物而有余。

然而还有一件重要的事实,我们不应该忘记的。在今日,温室已变成单是玻璃罩下的菜园的一种倾向。因为如果是为着这个目的而使用,那么,只要有玻璃和木板罩着,不要温暖,便可以得到惊

① Worthing属英国塞塞克斯郡(Sussex)。——译者

人的收获，——譬如马铃薯的第一次收获在4月的末尾，一英亩能收得五英斗：此后在玻璃罩下的夏天最高温度中，也还可以得到第二次、第三次的收获。

我在《田园工厂与手工场》一书内已经举出许多倾向于这方面的最显著的事实了。在这里我只预备略为提说一下：在泽西岛，用三十四个人劳动（其中只有一个人是熟练的园艺家），耕种在玻璃罩下的十三英亩的土地，他们便得到了一百四十三吨的果物和早生菜蔬；而这种非常的耕作所费的煤还不上一千吨。

在泽西岛和格恩西岛已经大规模地实行这个了；单单为着输出这些温室中的收获物的缘故，已经有无数的轮船不断地在格恩西岛与伦敦之间航行了。

现在要同样收获五百英斗的马铃薯，我们每年必须耕种四英亩的地面，还要做种植、培养、除草等等的工作；然而在玻璃罩下，纵然起初因造温室的时候每一方码的地面大概每人要费半天的劳动，——但是以后在每年的劳动量中，却要较前节省一半，甚或省至四分之三了。

这些都是事实，任何人都能够自己确证的成绩。这些事实所暗示的是：如果人能够巧妙地使用土地，他便可以从土地中得着何等丰富的物品。

V

我在上面所说的都是经过了实地试验的。如田地的集约农法，灌溉过的牧场，暖室以及玻璃罩下的菜园，完全是实在的东西。而且这些耕种方法渐渐地扩张和普及，这个倾向我们已经可以看见了，因为此等方法使生产加多而工作减少，并且生产较前更有把握。

实在，倘使去考察格恩西岛的最简单的玻璃棚，我们可以断定4月里在玻璃下收获马铃薯所费的劳力，比较在露天之下收获时所费的劳力少得多，如果在露天里耕作，则必须挖掘四倍大的土地，又要做灌溉除草等等事情。假使采用完善的器具或机械，虽最初要用去一笔巨款购买器具，可是后来却能够使劳力节省很多。

关于在玻璃罩下普通菜蔬的种植现在还没有精确的计算。因为这种耕作法是近来才开始采用的，所以实行的地方还少。然而关于这五十余年来早生葡萄的培养法的计算却已经有了。这些计算是极其明确的。

在英国的北部，苏格兰的边境上，煤坑附近的地方一吨煤的售价不过三先令，人们久已用它们来培养暖室中的葡萄了。三十年以前，这些葡萄在1月里成熟后，培养者便以每磅二十先令的价格出卖了，贩卖的人买到后，又以每磅四十先令的售价转卖与拿破仑三世的手下人，而送到拿破仑三世的食桌上。但是如今这同样的培养者只要得着每磅二先令六便士的价格，便把他的葡萄出卖了。他自己在一本园艺杂志中这样地告诉我们。价格低落的原因，是在1月里有许多吨的葡萄不绝地运到了伦敦与巴黎。

靠着煤炭的廉价和培养法的巧妙，葡萄却和寻常果物的方向相反，渐渐地从北部移到南部了。它们的费用是极少的，所以在5月里英国和泽西岛的园艺家仅以每磅一先令八便士的价格，便把他们的葡萄卖去了，而且此种价格恰与三十年前的四十先令的价格一样，只是靠着弛缓的生产来维持的。

在3月里,比利时的葡萄售价六便士到八便士,而在10月里,大量的葡萄培养出来了(在伦敦附近地方,玻璃罩下,稍加一点人工的热度以后产出来的),每磅的售价恰与瑞士和莱茵的葡萄园里的售价相同,即是每磅售价两三个便士而已。然而这仍要较实际费用高过三分之二,因为这个园艺家要支付过高的地租,以及开业的费用和温度的经费等给资本家和经纪人。如果能够明白这一点,那么我们便可以断言当秋凉之际,在我们的深雾的伦敦,和在同一纬度的地方,只要以"几乎少到没有"的费用便可以得到味美的葡萄了。例如在某个郊外的地方,靠近我们的屋子的长九英尺十英寸、宽六英尺半的一个灰泥涂抹的旧玻璃屋,在10月里也能够收获五十磅的葡萄,这样已经持续了九年了。这收获是从德国汉堡种的长了六年的葡萄茎来的。[①] 而且这玻璃屋又漏雨。在夜里的温度竟会与外面的一样。这显然是不能加热的,因为这恰和街道一样,加了热又有什么用处呢?所能加以注意的:便是每半年光景把葡萄藤剪削一次,把一车的肥料放在种在棚外赤色黏土中的葡萄茎的周围。

在他方面,我们若估计莱茵或勒曼湖的附近地方培养葡萄所需要的费用,如在山丘的斜坡上叠石重重地筑修平场,把肥料和土搬运到两三百英尺高的上面去等等,我们便可以得到下面的结论:即全瑞士或莱茵河畔培养葡萄所必需的工作的费用,比较在伦敦郊外的玻璃棚下的费用更大得多。

① 即便是这葡萄茎本身也可以表示出二三代园丁的苦心的研究。这是一株汉堡的变种,极适于寒冷的冬季;要受着冬天的霜,才能够成熟。——著者

这似乎是离奇之论，因为一般人都相信在欧洲南部葡萄是自然生长的，栽葡萄的人并不必再有什么花费。然而农业和园艺家并不反对我们的说法，而且反来确证我们的主张。《英国园艺杂志》的主笔兼实际园艺家的某君曾在《十九世纪》[①]中说过："在英国最有利益的耕种，即是培养葡萄。"而且葡萄的市价本身即可证明的。

如果把这些事实译成共产主义的用语，我们便可以下断语道，在欧洲的任何气候中，简单的玻璃棚下培养两三株葡萄（无论男女）只要每年把闲暇时间分出二十小时，稍稍费点精神来看顾（这种工作大概是极愉快的），就能够产出他的家族和朋友所需要的十分充足的葡萄了。这种说法不仅适用于葡萄，而且可以适用于一切的果树。

一个公社如果大规模地实行集约农法，则公社的各居民每人每年只做十小时内外的工作，就可以得到各种各类的内地产和外国产的一切菜蔬和一切合意的果物。

实在，以直接的经验来确证上述的事实，是再容易不过的事。我们假定有一百英亩轻松的肥土（像在威孙的那样）搬到了几处市场农园里面，每一个农园都有养育幼苗和种子的玻璃屋。又假定还有五十英亩盖着玻璃屋的土地，而且全部事务都由那些有实地经验的法国市场园艺家与格恩西岛或威孙的温室园艺家来管理。

要维持这一百五十英亩的土地，拿泽西岛的情形做标准，在玻

① Nineteenth Century 是当时在伦敦出版的学术月刊，编辑人 J. Knowlles 是克鲁泡特金的友人。克鲁泡特金在这杂志上面发表了不少的重要文章。——译者

璃棚下的每英亩地需要着三个人的劳动(每年要不到八千六百小时的劳动),一百五十英亩的地需要着一百三十万小时的劳动。假使其中有五十个适当的园艺家每天工作五小时,则其余的劳动可以交给普通的工人去做,那些人虽然没有园艺的技能,但渐渐地也知道使用锄锹照应植物的方法的。这种工作的结果,至少也可以产出作为四五万人的必需品和奢侈品的蔬菜与果物了(这事实我们在前章里便已经知道)。在这些人数当中,有一万三千五百个壮丁,他们愿意在菜园中劳动的,而且每个人一年中只要劳动一百小时便够了。这种劳动时间简直和在或许比较传说中的塞米拉米斯的花园①更美丽的园子里同着朋友及儿女们一起度过的愉快的休养时间无异。

这便是使我们能够享用充足的果物和丰富的蔬菜所需要的劳动的出入账;现在我们的果物是被人掠夺去了的,至于菜蔬,我们的管家妇每天只肯拿很少的量给我们吃,因为她时时担心着不肯多花一个便士,免得落进资本家和地主的手里(见附录二)。

在将来,人类一定能够自觉到什么是他所能做的,这种自觉便会使他有要做的力量。

那时他一定会知道到现在妨害着一切革命的暗礁便是精神的怯懦。

VI

我们能够很容易地认出在社会革命前面的新地平线。

① Semiramis,神话中的人物,她是古巴比伦和亚述的女王,她有着极其美丽的花园。——译者

我们每次说起革命的时候，那些见过儿女们受饿的状况的劳动者一听见，便阴沉着脸，问道："面包究竟怎样解决？假使各人尽量地吃，也够么？"假使那班常常做反动派的愚昧的工具的农民像1793年法国大革命时的黑党[①]那样，使我们都市居民陷于饥饿，我们又将怎样做呢？

让他们照最坏的做罢！大都市不依靠他们也能够生存的！

那么，现今窒息在手工场和工厂中的无数劳动者恢复了自由以后，又会被雇用去做什么呢？难道在革命以后，他们还要继续把自己关在工厂里面么？当谷物告罄，肉类缺乏，菜蔬绝种的时候，难道他们不想法去继续生产，还要依旧制造输出的奢侈的玩具么？

决没有这样的事！他们要离开都市走到田间去的！他们靠着那个连身体极弱的人也能够使用的机械的帮助，要使从来受着束缚的农业发生革命，像他们使得制度和思想起了革命那样。

许多英亩的土地都会被玻璃掩盖了，无数的男女都要用他们的手指来培养草木幼苗的生长。又有许多英亩的土地是要用蒸汽犁来犁过，用肥料来改良，更把岩石弄成粉末造成人工的土壤以肥沃土质。那么偶尔来参加劳动的愉快的人群，会使丰饶的收获出现在这许多英亩的地面上；这时候，那班偶然的劳动者的工作和实验，一方面是受着精通农事的人的指导，另一方面它们又会特别受着那些从长梦中惊醒而且为光亮的烽火（即万人的幸福）所照耀着的人民之伟大实践的精神的鼓舞。

① 当时腐败军人的一种组织，专门从事抢劫搜刮，以所谓杀头的茹尔当（Jourdan Coupe-Tête）为首领。后来茹尔当被处死刑。——译者

而且在两三月之内，早生的收获便可以满足最迫切的需要了，然后供给人民的一切食物，他们盼望了千百年到现在至少可以满足他们的饥饿，尽量地大吃了。

同时那些知道自己的需要的革命的国民中最孚人望的天才便更进一步，努力来实验新的耕作法，这些新方法我们已略窥见其端倪，只需要再受着实验的洗礼，便可以被一般人采用了。第一要受着实验的便是“光”——这个新的耕作法的未知的主动力在雅库次克[1]的纬度之下，四十五天中间，便使大麦成熟了；集中的或人造的“光”，在促成植物生长的工作上，将要和“热”竞争了。将来的穆学[2]会发明一种机器利用太阳光线来做工作，于是我们不必再求地底的煤炭中所贮藏的太阳热了。其次实验培养细菌来灌溉土地的方法，——这仅是昨日才发生的合理的思想，我们依此，可以把那些能够培养植物支根，分解与同化土壤成分的微细生物放在土地里面。

往后他们还要实验……但是我们就说到这里为止，否则便要走入空想的领域中了。我们还是来研究已经得到确证的事实。我们如果采用那个对抗工业的竞争得到了胜利的大规模地使用的耕作法，则我们的愉快的劳动就可以为我们取得安乐与奢侈，在最近的将来，我们便可以明白近代科学的发现所指示的各种方法，如何可以实行。现在我们只来着手开辟一条新的道路，这条路就是在**人类的需要及满足此等需要的方法之研究**中间。

---

① Yakutsk，俄国西伯利亚的省份。——译者

② A. Mouchot(1825－18??)，法国物理学家，以他的应用太阳热的实验出名。——译者

革命有时会缺乏的唯一的东西便是发意的勇敢。

我们的心在年青时代便被养成了极其狭小的，而且在成人时代又被过去的事实束缚着，因此我们几乎不敢思想。对于一种新思想，在表示我们自己的主张以前，我们却必须先去参考百年前的陈腐书籍，以便知道古贤先哲对这个问题的见解如何。

假使在这次革命中，发意和思想的勇敢并不缺乏，那么革命决不会因食物而失败。

在法国革命的伟大日子中，最伟大而最美丽的一天，便是从法国各处来到巴黎的代表们为着联合大祭日的准备，一同拿起锄锹来铲平大校场的土地。

那一天全法国结合成一体了：法国受着这种新精神的鼓舞，在这共同耕种土地的劳动中，法国也瞥见它的将来的面影了。

将来的那些得到了自由的社会，由于共同耕种土地的劳动便可以发见它们的结合力，而且会消除那种使它们分裂的憎恨与压制了。

因此，新社会要是能够了解休戚相关的连带性(那个使人们的精力和创造力增进百倍的绝大力量)，便会以所有青春的元气，向着未来之征服迈进。

如果社会不再替那班不知道姓名的买主生产，而只求满足自己的需要和嗜好，那么它不但能够完全保证各分子的生活与安乐，而且还可以使他们各人都得着随意选择工作、随意完成工作的自由，和由此生出的道德上的满足，以及过着不侵扰他人生活的日子的快乐。

从休戚相关的感情生出来的新勇气鼓舞着我们大家向着征服

知识和艺术创造的最高快乐之目标前进。

受着这样的鼓舞的社会是不怕内讧和外患的。对抗着旧势力之结合的便是新的和谐,各人和全体的发意,以及由人民才智的觉醒所生出的勇气。

在这种不可抗拒的势力之前,"谋叛的王侯"是没有力量的了。他们不能做别的事情,只有低头屈服去做驾车的马,拖起人道的马车,向着社会革命所开辟的新地平线驰去。

附　　录

I

参考以下各书：

La Répartition métrique des impôts, by A. Toubeau, 共二卷, 1880 年 Guillaumin 书店出版。（我们对于杜波的结论，毫不赞同，但这书乃是指示那些证明我们从土地可以得到如何收获的材料的一部真正百科全书。）

La Culture maraîchère, by M. Ponce, Paris, 1869.

Le Potager Gressent, Paris, 1885. 这是一本优美的实际的著作。

Physiologie et culture du blé, by Risler, Paris, 1881.

Le blé, sa culture intensive et extensive, by Lecouteux, Paris, 1883.

La Cité Chinoise, by Bugène Simon.

Le dictionnaire d'agriculture, by Barral.（Hachette, 书店出版。）

The Rothamstead Experiments, by Wm. Fream, London, 1888,（不用肥料的耕作法等等）the "Field" office 出版。

Fields, Factories and workshops, by P. Kropotkin.（Thomas Nelson & Sons 书店出版。）

II

关于农业的计算，即证明塞纳和塞纳—瓦兹二省的居民每年只须费极少的时间，在自己的土地上劳动来生产食物，就可以过着完全安乐的生活的数字，现在概括如下：

塞纳和塞纳—瓦兹二省

1889 年居民数	3,900,000
土地面积（英亩）	1,507,300

每英亩居民平均数	2.6
因养育居民所耕作的土地面积(英亩)：	
谷类	494,000
天然和工人的牧场	494,000
蔬菜和果物	从 17,300 到 25,000
其余房屋、道路、公园、森林等所占面积	494,000
因耕作及改良上述土地的面积一年中必需的劳动日数(每日五小时)	
谷类(耕种与收获)	15,000,000
牧草、牛乳、牧畜	10,000,000
市场园艺、上等果物	33,000,000
其他临时的劳动	12,000,000
总计	70,000,000

要是强健的壮丁(男女都包括在内)的半数愿意从事于农业，则七千万日的劳动，分配与一百二十万人，每人每日劳动五小时，每年只要劳动五十八日便够了。那么，这两省的居民所必需的一切面包、牛乳、菜蔬、果物等，无论是作日常品用的或作奢侈品用的，都可以得到了。在今天一个工人要得到他的一家必需的食物(其实大体上他们的需要总没有得到满足过)所费的时间，至少要占去他的一年三百天劳动日的三分之一，即并不是二百九十小时，而是一千小时。换句话说，他竟然要多劳动七百小时来喂肥那些游民和所谓支配者；那班人不能够生产自己的食物，却花钱从商人那里去买，商人又向农夫那里去买；农夫因为被**国家**和**地主**掠夺了，不能够得到良好的器具，只好用粗恶的器械，勉强打起精神去做工，这样一来他们自然得不到良好的收获。

后　记

《面包与自由》的法文本原名 *La Conquête du pain*，出版于1892年。在1909年就有了幸德秋水的日文译本(《面包略取》，平民社版)。最早的中文节译本刊于二十年前。全译本的出版也是十三年前(1927)的事。我这次重译仍以我的旧译文作根据，不过参照英、法、德文本把它修改了一遍。(我在1925年翻译本书时，曾参考过幸德秋水的日译本，后来这书被人借去失落了，现在我手边有的是1930年黑色战线社的新译本。)我另外还补译了德文本的序言。法文本的序言也是我新译的，旧译本中用的是震天兄的译文。至于俄文本的两序，在旧译本中有贾维兄的译文，这次我根据(其实只能说参照)小池英三的日译文改译了。我没有见到俄文原文，我恐怕我的译文里一定有错误的地方，只得留待将来的改正。这几篇序文中的注释都是我加上的。

"面包略取"这个名称，一般的中国读者都说不易了解。这次改译我便采用俄文译本的题名：《面包与自由》。这个名称是作者自己起的，而法文本的题名倒是作者的友人爱利赛·邵可侣代取的。

译　者

1940年3月

图书在版编目(CIP)数据

面包与自由/(俄罗斯)克鲁泡特金著;巴金译.—北京:商务印书馆,2017
(汉译世界学术名著丛书:120年纪念版:珍藏本)
ISBN 978-7-100-14546-6

Ⅰ.①面… Ⅱ.①克… ②巴… Ⅲ.①无政府主义②资产阶级自由化 Ⅳ.①D091.6②D081

中国版本图书馆CIP数据核字(2017)第153623号

汉译世界学术名著丛书
(120年纪念版·珍藏本)
面包与自由
〔俄〕克鲁泡特金 著
巴 金 译

商 务 印 书 馆 出 版
(北京王府井大街36号 邮政编码100710)
商 务 印 书 馆 发 行
北京新华印刷有限公司印刷
ISBN 978-7-100-14546-6

2017年12月第1版 开本710×1000 1/16
2017年12月北京第1次印刷 印张17¾
定价:90.00元